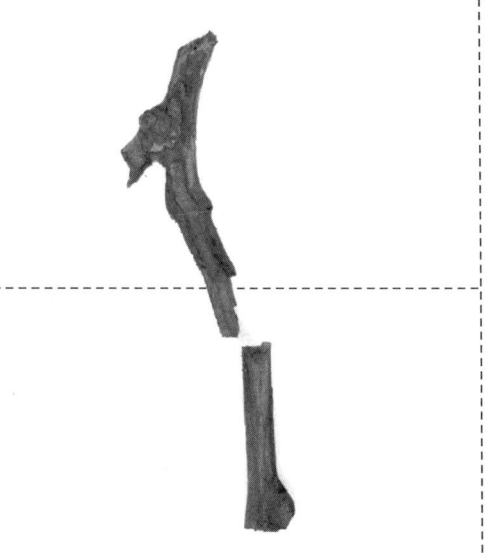

종교와 세계관

이학사

04 신화 종교 상징 총서

Worldviews
종교와 세계관

지은이/ 니니안 스마트
옮긴이/ 김윤성
펴낸이/ 강동권
펴낸곳/ (주) 이학사

1판 1쇄 발행/ 2000년 10월 18일
1판 6쇄 발행/ 2017년 8월 31일

등록/ 1996년 2월 2일 (등록번호 제03-948호)
주소/ 서울시 종로구 윤보선길 65(안국동 17-1) 우03061
전화/ 02-720-4572 · 팩스/ 02-720-4573
홈페이지/ ehaksa.kr
이메일/ ehaksa1996@gmail.com
페이스북 / facebook.com/ehaksa · 트위터 / twitter.com/ehaksa

한국어판 ⓒ (주) 이학사, 2000. Printed in Seoul, Korea.
ISBN 89-87350-26-6-04200(세트)
　　　89-87350-28-2-04200

Copyright ⓒ 2000 by Prentice-Hall, Inc.
All rights reserved.
No part of this book may be used or reproduced in any manner whatsoever without written permission in the case of brief quotation embodied in critical articles reviews.

Korean edition is published by arrangement with the original publisher, Pearson Education Inc. through Bestun Korea literary Agency.

Korean Translation Copyright ⓒ 2000 by Ehak Publishing Co., Ltd.
Worldviews: Crosscultural Explorations of Human Beliefs, 3rd Edition

이 책의 한국어판 저작권은 (주) 이학사가 가지고 있습니다.
저작권법에 의해 한국 내에서 보호를 받는 저작물이므로
무단 전재와 무단 복제를 금합니다.

＊책값은 뒤표지에 표시되어 있습니다.

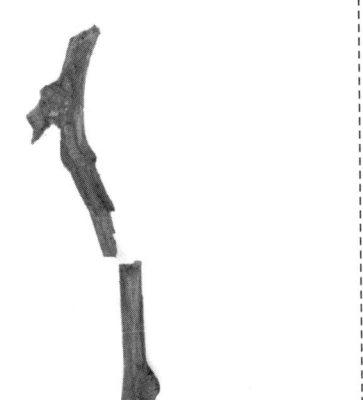

04
신화 종교 상징 총서

종교와 세계관
Worldviews

니니안 스마트 지음 **김윤성** 옮김

이학사

마릴리스에게……

■ 일러두기

1. 책 내용에 언급된 외국 인명이나 지명은 현행 외래어 표기법을 기준으로 하였다.
2. 저자 및 옮긴이의 주석은 모두 각주로 처리하였으며, 저자의 주석은 각주 번호 뒤에 [원주]라고 표기함으로써 옮긴이의 주석과 구분하였다.
3. 원서의 이탤릭 부분은 진한 서체로 강조하였다.
4. 부호의 쓰임은 다음과 같다.
   『 』: 책의 제목
   「 」: 논문 및 책 속의 장, 편 제목

재판 머리말

 나는 이 책이 현대 종교학을 공부하는 데 좋은 길잡이가 되기를 바란다. 비록 이 두 번째 판본이 대체로 전통 종교들을 이해하는 데 초점을 맞추고 있기는 하지만, 인간의 믿음과 감정 그리고 이에 수반되는 실천을 이해하기 위해서는 이를 넘어 좀더 많은 것을 다룰 필요가 있다. 그래서 나는 이 책에서 종교적 세계관뿐 아니라 민족주의, 휴머니즘, 마르크스주의 같은 세속적 세계관도 함께 다루었다. 간단히 말해, 세상을 움직이는 믿음과 감정의 힘을 지닌 모든 것은 내 관심의 대상이다.
 이 책은 다양한 연령의 학생들과 다양한 삶을 살아가는 성인들 그 누가 읽어도 쉽게 이해할 수 있도록 쓰여졌다. 나는 이 책이 좀더 풍부한 지식과 분명한 이해를 얻는 데 초석이 되기를 바란다. 이 책이 다루는 것은 주로 다른 사람들을 어떻게 이해할 것인가 하는 문제이다. 이것은 인문학 교육과 사회 과학에서 핵심을 차지하는 부분이다.
 나는 영국의 랭카스터와 미국 캘리포니아의 산타바바라에 있는 학생들과 동료들에게 많은 신세를 졌다. 나는 캘리포니아에서 열성적인 학생이 많이 있는 대형 강의를 진행하면서 많은 도움을 받았다. 그들은 대개 종교학이나 세계관 분석을 처음 접해 보는 학생들이었기 때문에, 나는 이때의 경험에서 많은 것을 배울 수 있었다. 또한 랭카스터에서 대학원생들과 지속적으로 깊이 있는 토론을 하면서도 많은 것을 배웠다. 다양한 국적과 직업을 가진 그들은 생생한 경험에서 나온 중요한 자료를 제공해 주었다.

이 책의 초판이 출판된 이래 중요한 사건들이 많이 일어났다. 소련이 무너지고, 카자흐스탄에서 에스토니아에 이르기까지 새로운 국가들이 출현했다. 동유럽에서는 공산주의가 해체되었으며, 심지어 중국에서조차도 새로운 시장 경제가 기존 체제를 대체하고 있다. 북한과 쿠바를 제외하면 마르크스주의 국가는 이제 거의 남아 있지 않다. 민주 자본주의의 주요한 대안 이데올로기였던 마르크스주의가 유물론의 망령을 포기한 것이다. 마르크스주의의 붕괴는 그것이 악의 제국을 지배하고 있었다는 사실을 여실히 보여 주는 듯하다. 물론 다른 곳에는 악이 전혀 존재하지 않는다는 말은 아니다. 다만 세상 어느 곳에도 소련만큼 그렇게 뿌리깊게 냉소적이고 비능률적인 체제는 없었다는 말이다. 내가 이 책의 재판을 펴내는 주요한 이유는 초판에서 제시했던 사례와 증거들이 더 이상 적용될 수 없었기 때문이다.

최근의 세계적 사건들은 어떤 면에서 내가 이 책에서 말하고 제시하는 것의 중요성을 확인시켜 준다. 인간의 실존에서 세계관이 중요한 위상을 차지한다는 사실이 확인되고 있는 것이다. 소련이 무너진 것은 부분적으로 그 체제를 신봉하는 사람이 거의 사라졌기 때문이다. 실천적 마르크스주의는 별다른 결실을 맺지 못했다는 사실이 드러났다. 약간의 민주적 장치가 없었다면 그것은 낡아 빠진 전제주의가 되었을 것이다. 하지만 다른 이데올로기나 종교에도 역시 짚어 보아야 할 점이 있다. 이탈리아는 세계에서 출생률이 가장 낮으면서도 그 국민의 상당수가 인공 피임법에 반대하는 교황의 지도하에 있는 가톨릭 신자들이다. 피임을 하는 이들의 상당수는 중산층이며, 이들로 인해 교권주의의 낡은 체제가 무너지고 있다. 다른 예를 들 것도 없이 이 한 가지 사실만 놓고 보아도 우리가 새로운 종교적 세계에서 살아가고 있다는 것은 분명하다. 개인주의를 버리고 보수주의로 회귀하려는 움직임도 있지만, 이는 부패한 교권에 저항하는 목소리를 더욱 커지게 만들 뿐이다. 이런 일이 벌어지는 것은 여전히 사람들이 『성서』와 교황을 받아들이고 있기 때문이다. 그들이 은총을 받을 수 있을지는 모르지만, 특별한 선택을 받지는 못한다. 교황과 『성서』가 권위를 갖는 것은 오직 그들의 지속적인 충성심 덕분이다.

이 책의 재판을 펴낸 출판사 측에 감사해 마지않는다. 나는 이 책을 어느 여름에 이탈리아의 코모 호숫가에 있는 아내의 멋진 별장에서 썼다. 그녀는 훌륭한 조언자이자 멋진 동료이다. 나는 논의를 가다듬어 재판을 펴내게 된 것을 초판을 펴냈을 때만큼이나 정말 기쁘게 생각한다. 이 책은 일반인을 위해 쓰여진 것이다. 그러나 나는 역사와 인간의 삶을 공부하는 학생들도 이 책을 읽을 필요가 있다고 생각한다. 나는 이 책이 그들이 잊지 말아야 할 중요한 진리를 담고 있다고 믿는다.

캘리포니아 산타바바라에서 니니안 스마트

제3판 머리말

　이 책의 제3판을 펴내는 데 도움을 준 프렌티스 홀 출판사의 카리타 프랜스에게 고마움을 표하고 싶다. 나는 이번에 내용을 상당히 많이 수정했는데, 이는 주로 그동안 동유럽에서 여러 가지 사건이 벌어지고 소련이 무너졌기 때문이다. 또한 다른 지역에서도 아주 중요한 변화들이 있었다.
　제3판을 꼼꼼하게 살펴준 이들에게도 인사하고 싶다. 걸프 연안 공동체 대학의 리처드 볼드윈, 휘튼 대학의 바바라 달링-스미스, 앰허스트 대학의 자날 J. 엘리아스, 휘튼 대학의 제프리 팀에게 감사 드린다.

캘리포니아 산타바바라에서 니니안 스마트

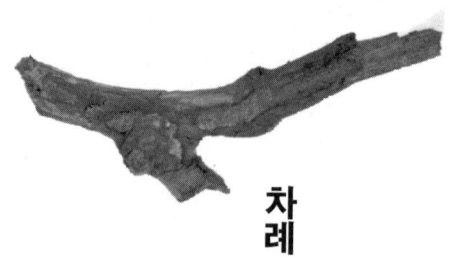

차례

재판 머리말	007
제3판 머리말	011
서론	015
제1장 종교 연구와 세계관 분석	**031**
19세기 종교 연구의 전개	031
"비교" 종교학	037
이탈리아 가톨릭의 사례	043
과거와 현재에 대한 연구	050
연구 방법	051
상징적 주제에 대한 연구	055
신학과 종교 철학	059
제2장 세계관의 종류	**063**
현대 서구	065
이슬람 세계	066
남아시아와 동남아시아	067
동아시아	068
라틴 아메리카	069
광범위한 아프리카	071
태평양 지역	072
민족주의의 흥기	073
과거의 유산	077
20세기의 세속적 휴머니즘	079
우주에 대한 다양한 견해들	082
제3장 경험적 차원	**092**
누미노제 경험과 신비 경험	094
가치와 진리의 문제	105
제4장 신화적 차원	**114**
역사의 힘	115
신화의 힘	119
신화의 해석	130

제5장 교리적 차원   **137**
   교리의 기능   138
   불교의 교리   149
   교리와 진리   153

제6장 윤리적 차원   **162**
   비교 종교 윤리학   164
   도덕의 본질   176
   규범적 입장   180

제7장 의례적 차원   **183**
   희생 제의   185
   통과 의례   195

제8장 사회적 차원   **202**
   현대 사회 이론들   203
   종교에 대한 사회학적 이론들   207
   종교, 사회, 세속 국가   212

제9장 20세기에 대한 성찰   **222**
   민족주의의 중요성   222
   자본주의의 발전   226
   지구촌 세계의 종교   228
   종교와 과학, 그리고 자유주의   231
   환경주의   232
   페미니즘과 동성애자 해방 운동이 종교와 종교학에 끼친 영향   234
   근본주의와 보수주의의 반격   236
   연방주의, 교육, 그리고 함께 살아가기   238

후기 : 세계관 분석의 탐험 계속하기   **245**
더 읽을 만한 책들   **251**
옮기고 나서   **256**
찾아보기   **264**

서론

　불교와 유대교 같은 종교나 마르크스주의와 휴머니즘 같은 이데올로기를 연구하는 것은 현대 학문에서 핵심적인 위치를 차지하고 있다. 더욱이 우리가 매일의 삶에서 부딪히는 문제들을 놓고 볼 때 세계관에 대한 이해는 점점 더 중요해지고 있다. 우선, 모든 문화는 언제나 일정한 세계관과 밀접하게 얽혀 있다. 그 세계관을 믿느냐 안 믿느냐 하는 것은 중요하지 않다. 중요한 것은, 서양 문화는 가톨릭이나 개신교와 밀접한 관계에 있고, 마찬가지로 스리랑카 문화는 불교와, 현대 서양 문화는 휴머니즘과, 중동 문화는 이슬람교와, 러시아 문화는 정교회와, 인도 문화는 힌두교와 각각 밀접히 관련되어 있다는 사실이다. 다음으로, 종교적 가치 그리고 좀더 넓게 말해 세계관들이 제시하는 가치는 인문학 안에서 진지하게 논의되고 있다. 인간이 추구하는 가치에 대해 생각해 보려는 사람이라면, 종교들이 제시하는 가치를 어느 정도는 고려해야 한다. 그리고 그러기 위해서는 종교들에 관한 지식이 조금이라도 있어야 한다.

　현대에 이루어지고 있는 세계관 연구는 지속과 변화의 동력이 되어 온 다양한 전통적 세계관과 세속적 세계관을 이해하는 데 도움을 준다. 세계관에 대한 연구는 감정과 관념을 탐구하고, 사람들의 머릿속에 무엇이 들어 있는지를 이해하고자 한다. 사람들이 무언가를 믿고 있다면, 그것이 진실이든 아니든 간에 그 무언가는 바로 실재의 중요한 측면을 담고 있는 법이다. 그런데 불과 50년 전만 해도 종교나 이데올로기는 그 자체로 연구된 적이 없었다. 그때까지만 해도 다른 사람의 종교와 이데올로기에 대해서는 적대감과 비난으로만 가득 찬 서술이, 그리고 "우리의" 종교일 경우에는 호감으로만 가득 찬 서술이 전부였다. 물론 당시에도 인류학은 낯선 종교들에 대해 어느 정도 객관적인 설명을 하려고 노력하고 있었다. 하지만 당시의 인류학은 종종 다른 문화들을 미개하고 열등한 것으로 취급했다. 한편 어떤 이들은 종교들을 비교함으로써 낯선 신앙들에 대한 서술을 시도하기도 했으며, 때로는 기독교 선교사들도 다른 종교들에 대해 호의적인 설명을 하기도 했다.

현대 인문학과 사회 과학에서 제기된 가장 중요한 개념 가운데 "에포케 epoche", 즉 판단 중지라는 개념이 있다. 판단 중지란 무언가를 좀더 사실적으로 서술하기 위해 타자(다른 문화, 다른 집단, 또는 다른 사람)에 대한 자신의 생각을 잠시 접어 두는 것이다. 만일 우리가 타자에 대해 서술할 때 오직 자기 자신의 관점에서만 서술한다면 그것은 전혀 사실적이지 않다. 사실 그것은 우리 자신에 대한 서술일 뿐 결코 타자에 대한 서술이 아니기 때문이다. 그렇기 때문에 에포케를 행하는 것은 현상학적 작업을 뒷받침하는 주요한 힘이다.

종교와 이데올로기에 대한 연구는 "세계관 분석"이라고 부를 수 있다. 우리가 이를 통해서 하려는 것은 인간 의식과 사회의 구조를 형성하는 데 영향을 끼쳤던 상징이나 신념의 역사와 성격을 서술하는 것이다. 이것이 바로 현대 종교학의 핵심이다. "세계관 분석"이라는 말은 객관성에 대한 추구를 함축한다. 그리고 바로 그렇기 때문에 세계관 분석이라는 것 자체는 비교적 현대적인 현상이다. 물론 그 뿌리는 좀더 멀리까지 거슬러 올라가지만, 적어도 일반 대학에서 세계관 분석을 가르치고 연구하기 시작한 것은 1960년대 이후부터로 이제 겨우 30년밖에 되지 않는다. 비교 종교학comparative study of religion의 뿌리는 19세기까지 거슬러 올라가는데, 당시의 주된 작업은 다양한 종교의 경전들을 번역하는 일이었다. 한편 19세기에는 『성서』에 역사학적인 방법을 적용한 연구가 시작되기도 했다. 그러나 이런 변화에도 불구하고 일반적으로 서구에서 이루어진 종교 연구의 대부분은 전통적이고 신학적인 것이었다. 그리고 물론 이는 다른 문화권들에서도 마찬가지였다. 더욱이 종교와 관련된 것들을 연구하는 것은 신앙을 가진 사람들에게나 어울리는 일이라는 생각이 지배적이었다.

심지어 오늘날에도 미국종교학회American Academy of Religion의 구성원 대부분은 신학자들이다. 그중에 약간의 유대교 신학자들과 다른 종교 연구자들이 있기는 하지만 절대 다수는 바로 기독교 신학자들이다. 종교 공동체들이 그들의 전통을 위해 종사할 사제와 목사와 학자를 길러 내기 위해 신학교를 설립하는 것은 당연한 일이다. 그러나 그런 시설들에서 어느 정도 훌륭한 교육을 받을 수 있을지는 몰라도, 거기서 추구되는 지식은 종종 온전치 못하며, 또한 다른 세계관들을 간과하기도 한다.

인류 역사의 대부분의 기간 동안 인간은 다른 사람의 신념과 가치에 대해 극히 초보적인 지식만 갖고 있었다. 사람들은 자신의 문화나 신조 안에 갇혀 다른 사람들의 사상이나 가치를 살펴볼 생각을 거의 하지 않았다. 또한 대개 다른 사람들의 종교를 진지하게 연구하려고도 하지 않았다. 그러나 식민지 시대가 열린 18세기 이후, 스페인, 포르투갈, 영국, 프랑스, 네덜란드, 러시아 등이 그들의 제국을 확장하면서 사람들은 피정복 국가의 언어와 문화를 연구하는 데 관심을 갖기 시작했다. 그리고 이런 상황이 계속되면서 19세기 후반에 비로소 비교 종교학이 탄생했다. 당시 비교 종교학은 부분적으로 진화론의 영향을 받고 있었으며 비교 동물학을 그 학문적 모델로 삼고 있었다. 비교 종교학은 종교가 선사 시대에서 시작하여 고등 종교로 진화해 왔다고 보았으며, 특히 종교 개혁 이후의 기독교가 가장 세련된 고등 종교라고 여겼다. 이런 식의 연구는 대개 낯선 신앙들을 업신여겼다. 서구인들은 너무 쉽게 다른 신앙들을 원시적이라고 불렀다. 그러나 사회 과학이 성장하면서 19세기 후반에는 종교사학, 인류학, 사회학 같은 다양한 학문의 역사를 조합한 현대 종교학이 출현했다. 좀더 넓은 맥락에서 바로 이런 연구를 세계관 분석이라고 할 수 있을 것이다.

오늘날의 세계는 인터넷과 보잉747기 같은 요소들로 인해 서로 밀접히 연결되어 있다. 또한 세계는 정치적으로도 서로 얽혀 있다. 특히 지난 20여 년을 돌아보면 종교와 다문화주의가 얼마나 중요해졌는지를 알 수 있다. 예를 들어 힌두교인과 이슬람교인 간의 분쟁, 이슬람 세계와 서구 세계의 정치적 충돌, 보스니아에서의 정교회와 다른 세력들 간의 대립, 아일랜드와 남아메리카에서의 가톨릭과 개신교의 갈등, 마르크스주의와 기독교와 과학적 인문주의의 경쟁, 그리고 티베트 불교에 대한 중국 공산당의 탄압 등이 계속되고 있다. 이런 상황들은 현대 세계에서 세계관의 중요성이 급속하게 부각되고 있다는 것을 보여 준다. 그 외에도 다양한 국적과 신앙을 가진 수많은 사람들이 세계 주요 대도시들로 이주한 결과 다종교화되지 않은 도시는 거의 찾아볼 수 없게 되었다. 인간은 더불어 살아가야 하기 때문에 서로 다른 사람의 세계관에 대해 더 잘 이해해야 한다. 학교 교육은 보다 관대해질 필요가 있다. 의복이나 식사 습관 같은 것은 종교 전통과 관련되는 경우가 많기 때문에 이로 인해 학교 안에서 마찰이 생길 것이 분명하기 때문이다.

우리 시대의 산물 중에 눈길을 강하게 잡아끄는 것이 하나 있는데, 그것은 바로 우주 상공에서 찍은 지구의 사진이다. 지구는 얇은 구름 띠로 둘러싸여 있으며, 푸른색과 갈색이 뒤섞인 공 모양을 하고 있고, 믿을 수 없을 정도로 아름답다. 또 거기서 낯익은 대륙의 모습을 희미하게나마 볼 수도 있다. 이 아름다운 지구 위에 세계 모든 문명이 보이지 않게 자리 잡고 있으며, 이들은 이제 전 지구적인 차원에서 인식되고 있다. 어떤 이들은 지구를 우주선에 비유하기도 하고, 어떤 이들은 대지의 어머니 가이아 여신에 비유하기도 한다. 지구는 아주 쉽게 부서질 것 같은 모습을 하고 있다. 우리는 미사일이 엄청난 폭발물을 싣고 지구를 가로질러갈 수 있다는 것을 알고 있다. 미사일이 발사되면 아마 엄청난 재앙이 찾아오게 될 것이다. 지구는 도처에서 찢겨 나가고 있다. 그럼에도 불구하고 여전히 그 경이로움을 간직하고 있는 지구는 수십억의 인구가 그들의 감정과 생각과 운명을 간직한 채 살아가고 있는 곳이다. 이렇게 지구의 사진을 볼 때마다 우리 모두가 서로 긴밀히 연결되어 있다는 사실을 새삼 깨닫게 된다. 따라서 그동안 우리가 세계관을 연구하고 탐구하는 일을 게을리해 왔더라도 이제부터는 이를 시작해야 한다. 다양한 세계관들은 인간의 다양한 소망과 감정을 담고 있기 때문이다.

우리의 세계가 밀접하게 얽혀 있다는 사실은 어디에서 위기가 발생하더라도 이것이 주변에 파장을 일으킬 수 있다는 것을 의미한다. 바로 이 점이 설교가 아닌 이해를 강조하는 현대 종교학이 중요해지는 한 가지 이유이다. 아무리 서로의 생각이 다르고 또 일부 잘못된 정치 체제가 눈에 띈다 하더라도 우리는 다른 사람들의 정신을 이해해야 하며, 적어도 무지에서 서로를 공격하지는 말아야 한다. 현대 종교학에서는 바로 이런 메시지가 매우 두드러지게 나타난다. 이것은 또한 삶의 모든 영역에서 존중되어야 하는 메시지이기도 하다.

이제 현대 종교학, 또는 세계관 분석에 무엇이 포함되어야 하는지 자세히 살펴보도록 하자. 우선, 현대 종교학은 종교와 세계관을 인간 삶의 한 측면으로 살펴보고자 한다(그 삶 안에는 경험, 윤리, 신념, 의례, 제도 등의 요소들이 들어 있다). 그것은 정치학과 비슷하다. 정치적 행위는 정도의 차이가 있기는 하지만 삶의 전 영역에 걸쳐 있다. 그것이 삶의 전부는 아니지만 삶의 일부인 것은 틀림없다. 이것은 종교도 마찬가지이다.

다음으로 종교학은 다양한 학문을 활용한다. 그것은 다학문적이다(또는 다원 방법적이라고 불러도 좋다). 종교학은 역사학, 현상학(이 분야가 특히 중요하다), 사회학, 인류학, 철학, 고고학, 예술사, 사상사 등을 활용한다. 이렇게 볼 때 현대 종교학은 관점주의적이고 다학문적이다.

따라서 세 번째로 현대 종교학은 경제학이나 정치학 같은 다른 관점주의적 학문과 겹치는 경향이 있다. 나는 우리 모두가 어느 정도는 종교적이라고 생각한다(물론 이는 종교 외에 다른 세속적 세계관도 포함한다는 전제 아래 하는 말이다). 그러나 이렇게 말한다고 해서 우리 모두가 똑같이 그렇다는 것은 아니다. 사실은 전혀 그렇지 않다. 어떤 사람들은 매우 돈독한 신앙심을 갖고 있고, 주교나 승려 그리고 종교화를 그리는 화가 같은 사람들은 종교를 통해 그들의 삶을 영위하기도 한다. 그리고 착실한 신자이기는 하지만 그리 경건하지는 않은 사람들도 있다. 반면 거의 종교적이지 않은 사람들도 있다. 또 어떤 사람들은 아예 종교를 혐오하기도 한다. 하지만 우리 모두가 어느 정도는 정치와 관련이 있는 것처럼, 우리는 모두 어느 정도는 종교와 관련이 있다.

네 번째로 종교학은 반드시 비교 문화적이 되어야 한다. 다시 말해 종교학은 불교, 기독교, 유대교, 마르크스주의 등과 같은 세계의 다양한 세계관들을 다루어야 한다. 물론 모든 세계관을 다 포용한다는 것은 어려운 일이다. 하지만 종교학은 우리에게 동양 종교들, 아프리카 종교들, 서구 종교들을 비롯한 다양한 종교들에 대해 알려 주어야 한다. 여기서 흔히 비교가 중요한 방법으로 사용된다. 비교를 통해 우리는 서로 다른 종교들 간에 비슷한 요소들이 있는지를 알 수 있다. 예를 들어 힌두교에서 신에 대한 헌신적 숭배를 뜻하는 박티bhakti는 다른 종교들은 물론 심지어 (마오쩌둥이 거의 신격화되었을 때의) 마오쩌둥주의 같은 세속적 세계관들에서도 다른 형태로 반복해서 나타난다. 이러한 비슷한 요소들을 이해하면 우리는 종교들 사이에 왜 벽이 쌓이는지를 어느 정도 이해할 수 있게 된다. 그러나 차이점을 발견하는 것 역시 중요하다는 점이 분명히 강조되어야 한다. "비교"는 차이를 파악하는 것을 의미하기도 한다. 그러므로 유사성과 차이점을 모두 살펴보아야 한다. 이를 통해 우리는 종교의 다양한 모습을 고찰할 수 있다.

다섯 번째로 종교학은 경계가 없다. 다시 말해 종교를 정의할 방법이 없기 때문에 종교학 역시 일정한 테두리를 갖지 않는다. 정의를 내리게 되면 종교적 영역들 중 일부를 배제할 수도 있기 때문에 종교학은 세속적 세계관들까지도 포괄하려고 한다. 종교의 정의는 오스트리아 출신의 영국 철학자인 루드비히 비트겐슈타인Ludwig Witgenstein(1889~1951)이 제시한 가족 유사성family resemblance 개념에 기반을 둔다. 예를 들어 게임을 생각해 보자. 혼자서 하는 카드 놀이의 일종인 페이션스는 여럿이서 하는 카드 놀이의 하나인 브릿지와 비슷하고, 브릿지는 테니스와 비슷하다. 또 테니스는 하키의 일종인 라크로스와 비슷하고 라크로스는 필드하키와 비슷하다. 그러나 페이션스와 필드하키는 전혀 다르다. 어쨌든 종교학의 연구 대상을 서구인들이 정의 내려 온 종교에 국한시키는 것은 바람직하지 않다. 불교나 유교를 (또는 마르크스주의를) 종교라고 부르는 것에 반대하는 사람은 늘 있게 마련이기 때문이다. 그래서 나는 무엇을 종교나 세계관으로 볼 것인가에 대해 유연한 입장을 취하는 것이 옳다고 생각한다.

여섯 번째로 현상학을 이용하는 것이 중요하다. 다시 말해 제대로 된 지식에 근거한 감정 이입을 수반하는 방법과 다른 사람의 세계관을 판단할 때 자신의 신념을 접어 두는 방법, 이 두 방법을 모두 사용해야 한다. 이처럼 자신의 신념을 접어 두는 판단 중지를 에포케(이 말은 그리스어에서 온 것으로, 여기서 "케"는 "케"와 "헤"의 중간 정도 발음이다. 그리고 "에"는 "에이"에 가까운 발음이다)라고 한다. 우리는 우리 자신의 믿음과 판단을 다른 사람에게 강요하지 말고 에포케를 통해 그들의 낯선 믿음과 감정을 이해해야 한다. 이는 어떤 경기를 관람할 때는 그 경기의 규칙에 따라 관람해야 하는 것과 마찬가지다. 축구를 보러 가서는 야구를 생각하며 "저 친구 투수 맞아?" 하고 묻는 사람은 없을 것이다. 그렇다. 축구와 야구의 경기 규칙은 전혀 다르다.

위에서 언급했듯이 나는 이런 에포케에 근거한 현상학을 제대로 된 지식에 근거한 감정 이입이라고 부르기를 선호한다. 종교학에서 "현상학"이라는 용어는 "형태론morphology"이라는 의미로 쓰이기도 한다. 형태론은 종교 영역 안에 있는 현상들을 과학적으로 분류하는 것이다. 그래서 현상학은 비교 연구의 결과들을 활용한다. 예를 들어 우리는 많은 문화권에서 지고신에 대한 관념을 발견할 수 있다. 지고신은 다른 신들과 완전히 구별되는 것은 아니지만 어느 정도 최고의 위치를 차지하는 신이다. 이런 지고신은 그리스의 제우스와 로마의 주피터에게서 찾아볼 수 있다. 또 베다 시대 인도의 인드라와 일본 고유 종교인 신도神道의 아마테라스 오오미카미天照大神에서도 찾아볼 수 있다. 또 다른 예로 우리는 모든 문화권마다 (장례식을 비롯한) 다양한 통과 의례들을 발견할 수 있다. 이런 것들이 모여서 종교학이 추구하는 형태론을 구성한다. 이 밖에도 신비 경험, 예배, 초월자 개념 등에서도 종교 간에 서로 겹치는 부분이 있다. 이렇게 지금까지 살펴본 바와 같이 현대 종교학은 관점주의적이고, 다학문적이며, 교차 문화적이고, 비교 방법적이다.

그러나 대부분의 사람들은 아직까지도 현대 종교학이 무엇을 하는 학문인지 잘 이해하지 못하고 있다. 이는 그들이 종교학을 전통적인 방식으로만 인식하려 들기 때문이다. 사람들은 교황 요한 바오로 2세, 빌리 그레함 목사, 달라이 라마 같은 이들을 종교 전문가들이라고 생각한다. 물론 어떤 의미에서 그들은 분명 종교 영역의 전문가들이다. 그렇지만 그들은 종교와 세계관을 연구하고 분석하는 종교 연구 전문가는 아니다. 그들은 그들 자신의 종교를 내면으로부터 경험한, 해당 종교의 전문가들일 뿐이다. 그들은 종교의 대표자이자 전도자이며 경건한 사람들이다. 그러나 아무리 교황이라고 해도 불교에 대해 언급하다가 심각한 실수를 저질러 불교인들의 반감을 불러일으킬 수도 있다. 종교인들의 말은 공감과 감정 이입을 적절하게 불러일으키기도 하지만, 때로 다른 종교에 대한 무지를 드러낼 수도 있는 것이다.

예를 들어 주교는 신앙의 모범일 뿐이지, 다른 종교는 물론 자기 종교에 대해서조차도 결코 전문가가 아니다. 종교에 관한 그의 전문 지식은 종교학 교육을 얼마나 제대로 받았는가에 의해 좌우될 것이다. 물론 주교 중에는 종교에 관한 전문 지식을 갖춘 사람도 간혹 있다. 그러나 어떤 주교가 종교에 대해 무언가를 말했을 때, 이를 주교가 한 말이니까 무조건 정확할 것이라고 여기는 것은 옳지 않다. 마찬가지로 개신교 부흥사인 빌리 그레함 같은 사람을 종교 전문가로 여기는 것 역시 잘못된 생각이다. 그렇다고 개신교 신자들까지 그의 설교를 의미 있게 경청하지 말라는 말은 아니다. 다만 설교와 교육은 서로 다르다는 말이다. 빌리 그레함은 신자들의 신앙심을 일깨워 주고 마음을 움직일 수 있다. 또한 교황은 가톨릭 신자들을 포함한 기독교 세계 전반에서는 권위를 가지지만, 다른 종교들에서까지 권위를 갖는 것은 아니다. 말할 필요도 없이 그는 가톨릭 교회의 가장 핵심적인 구성원일 뿐이다.

   종교학을 설교의 준비 단계 정도로 여기는 낡아 빠진 생각이 현대 종교학의 중요성을 이해하는 데 방해가 되는 것과 마찬가지로, 지식 영역의 지나친 세분화도 이에 방해가 된다. 불행하게도 학문 영역에서 사람들은 전통적인 학문 분류 방식에 너무도 익숙해져 있을 뿐만 아니라 그런 분류가 이루어지게 된 역사적 과정 자체도 잊고 있다. 인류학과 사회학은 모두 사회를 객관적으로 연구하는 데 공헌해 왔다. 인류학은 주로 원시적이라고 여겨지는 소규모 사회들에 전념해 왔다. 이는 인류학이 식민지 시대, 즉 유럽 열강들이 남반구의 아프리카와 여타 지역들을 정복하고 미국이 아메리카 원주민들을 다스리고 정복하던 시대에 시작되었기 때문이다. 그런데 최근 들어 인류학은 인도, 독일, 알제리, 이란 등과 같은 좀더 큰 규모의 사회들에도 점점 관심을 돌리기 시작하고 있다. 그러나 (이른바) 발전된 사회들에 대한 연구는 사회학에서도 언제나 가장 중요한 관심 대상이었다. 그렇기 때문에 사회학과 인류학을 구분하는 것 자체가 관념적인 구분일 뿐이다. 아무리 사회학이 규모가 크고 산업과 기술이 발달한 문화들을 다루고 인류학이 원시 문화들을 다룬다는 식으로 구분한다 해도, 이 때문에 인류학자가 대규모 산업 사회의 문화에 대해 연구하고 가르칠 수 없는 것은 결코 아니다. 결국 인류학과 사회학을 명확히 구분하는 것은 관념적이고 자의적인 것일 뿐이다. 마찬가지로 우리는 학문 전통들을 비판적으로 바라볼 필요가 있다. 예를 들어 하나의 학문적 주제로서의 신학은 결코 절대적인 타당성을 갖지 않는다. 신학에서 가르치고 연구하는 내용의 일부가 최고의 수준이라는 것은 물론 사실이다. 하지만 기독교의 계시가 신과 종교의 본질을 탐구하는 유일한 기반이라는 생각은 받아들일 수 없다. 이 점에 관해서 신학은 무엇이 진리인가에 관한 사회 전반의 합의가 존재했을 것으로 여겨지는 과거로 소급해 스스로를 정당화하려고 하기도 한다. 그러나 아무리 그렇게 하려고 해도 사회가 언제나 다양했다는 사실은 부인할 수 없다. 영국과 스코틀랜드에서 신의 계시는 전혀 다른 방식으로 이해되었다(영국은 성공회의 교권에 의존하고 있었고, 스코틀랜드는 칼뱅John Calvin이 공표한 칼뱅주의의 일반 원칙들에 의존하고 있었다). 또 미국에는 가톨릭, 개신교, 유대교, 모르몬교를 비롯한 다양한 교파들이 제각기 운영하는 수많은 신학 대학과 신학 대학원들이 있다.

  종교학에는 기독교 신학이나 다른 종교의 신학들과 중복되는 부분이 있기도 하다. 예를 들어 우리는 종말론이 다양한 종교에서 매우 중요한 인간적 현상으로 존재해 왔다는 사실을 알고 있다. 따라서 우리는 다양한 종말론에 대해 연구해 볼 수도 있다. 하지만 물론 이 고찰은 종말의 본질이나 종말의 모습에 대한 내용을 세세히 묘사하는 식의 작업과는 다른 작업이 될 것이다. 만일 우리가 이런 현상에 대해 고찰할 때 일반적인 언어를 사용하고자 한다면, 그것은 아마도 "종교 철학"의 언어가 될 것이다. 우리는 특정 종교나 세계관을 지지하는 주장이나 증거 자체를 한 걸음 떨어져서 냉정하게 들여다보고자 한다. 물론 이런 작업에는 감정이 중요하게 작용하기 때문에 우리는 쉽게 우리의 과거―어린 시절과 특히 젊은 시절―에 크게 영향을 받기도 한다. 그러나 아무리 우리가 종종 전통에 얽매여 있는 듯이 보인다 해도 우리는 그 전통에 대해 일관성 있게 생각할 수 있기를 희망하고, 따라서 때로 우리가 받아들이고 있는 그 전통을 변화시킬 수 있기를 희망하기도 한다. 나는 삶의 방향을 탐구하는 데 있어서 나 자신의 신념과 가치를 명확하게 표현한다. 나는 나만의 세계관을 구성하고 이를 명확히 한다. 세계의 다양한 종교들과 전통들을 탐험하면서 나는 나 자신의 감정과 판단을 들여다보고 싶어할 수도 있다. 이것은 그 자체로 하나의 탐구이다. 따라서 세계관 분석을 통해서 도대체 인간을 움직이는 것이 무엇인지에 대해 약간의 지식을 얻기도 한다는 사실을 접어 두더라도, 나는 이 작업을 통해 바로 나 자신의 정신적인 모습도 가다듬을 수 있는 것이다. 내 영혼의 얼굴을 과연 어디에다 맞추어야 할 것인가?

이 책은 내가 설정한 종교의 여섯 차원에 관한 모델에 기초를 두고 있다. 나는 이 모델을 나의 다른 책인 『종교 경험The Religious Experience』에서 처음으로 도입하고 상술한 바 있다. 내가 이렇게 여섯 차원에 근거해 종교와 세계관을 서술하려고 하는 것은 이를 통해 전통의 폭넓은 모습을 보여 주기 위해서이다. 예를 들어 기독교에 관한 기존의 책들은 대부분 교리나 교회 분열의 역사 같은 것만 다루고 있다. 예배나 그 밖의 다른 것에 관해 다룬 책은 거의 없다. 마찬가지로 참선에 대해 아무 언급도 하지 않는 불교 서적이 있다면 과연 그 책이 얼마나 쓸모가 있을까? 물론 여섯 차원이 종교의 모든 것을 다 보여 주지 못할 수도 있다. 그러나 적어도 이들은 하나의 전통이 보여 주는 주요한 측면들 대부분을 망라할 수 있다.

이 각각의 차원은 각각의 종교와 세계관에서 똑같은 중요성을 갖지 않을 수도 있다. 각 차원의 중요성은 심지어 같은 전통 안에서도 시대와 장소에 따라 달라질 수 있다. 그러나 정도의 차이는 있지만 일반적으로 모든 종교는 대체로 이 여섯 차원을 모두 갖고 있다. 그 차원들은 다음과 같다.

- 교리적 · 철학적 차원
- 신화적 · 서사적 차원
- 윤리적 · 율법적 차원
- 의례적 · 실천적 차원
- 경험적 · 감정적 차원
- 사회적 · 조직적 차원

반복해서 말하지만 이 차원들은 그 중요성에 따라 나열된 것은 아니다. 예를 들어 가톨릭 신자에게는 교리적 차원이 매우 중요하지만, 개방된 신조를 갖고 있는 유니테리언파 신자에게는 그다지 중요하지 않다. 또 일반적으로 불교 신자들에게는 철학이 매우 중요하지만, 대부분의 소규모 사회들에서 철학은 별로 중요하지 않다. 이는 부분적으로 이런 소규모 사회들이 그들의 신앙과 실천을 위협하는 외부로부터의 자극을 별로 받지 않고 어느 정도 동질성을 유지해 왔기 때문이다. 또 의례는 정통 유대교에서는 매우 중요하지만, 모든 의례 형식을 거부하는 퀘이커교에서는 전혀 중요하지 않다. 이와 같이 일반적으로 각 종교와 세계관이 무엇을 더 강조하는지는 천차만별이다. 물론 이는 하나의 종교 전통 안에 포괄되는 다양한 교파들과 종파들 사이에서도 마찬가지이다. 이제 이 여섯 차원 각각에 대해 좀더 자세하게 살펴보도록 하자.

1. 교리적 · 철학적 차원

종교는 대체로 일정한 교리 체계를 갖고 있다. 예를 들어 기독교는 하느님이 아무것도 없는 상태로부터 세상을 창조해 냈고, 예수 그리스도로 육화하여 우리의 구세주가 되었으며, 성령을 통해 영적으로 활동하고 있다는 믿음을 갖고 있다. 이런 명제들은 신학자들에 의해 고도로 정교하게 다듬어졌는데, 13세기의 토마스 아퀴나스Thomas Aquinas(1224~1274) 같은 신학자가 그 대표적인 인물이다. 불교는 우주 안에 있는 것치고 영원한 것은 없으며, 그 어떤 것도 변함없는 자체의 본질을 지니지 않으며, 그저 모든 것이 고통으로 가득 차 있다고 본다. 불교의 이런 개념들 역시 고도로 정교하게 다듬어졌는데, 그 대표적인 인물로 2세기의 학자 승려인 나가르주나 Nagarjuna(龍樹)를 들 수 있다. 이런 것들은 비록 추상적으로 보이기는 하지만 다른 측면들과 관련해서 중요한 위치를 차지한다. 예를 들어 기독교인이라면 당연히 창조 교리를 의식적으로 견지하려 할 것이다. 그리고 이를 바탕으로 주변의 모든 것 안에 신이 현존한다는 사실을 끊임없이 환기한다. 간단히 말해서 교리는 예배와 명상을 강화하는 데 도움을 준다.

2. 신화적 · 서사적 차원

종교는 이야기를 매우 중시한다. 여기에는 하느님이나 다양한 신들, 종교 창시자, 종교의 조직 등에 관한 이야기들이 포함된다. 예를 들어 힌두교에는 남신인 비슈누와 시바를 비롯해서 다양한 여신에 관한 수많은 신화들이 있다. 고대 그리스와 로마 종교에도 역시 신화들이 있다. 히브리 성서(『구약 성서』)에는 고대 이스라엘의 설화들이 담겨 있으며, 기독교 성서(『신약 성서』)에는 그리스도의 삶과 부활에 대한 이야기들이 있다. 이슬람교에서는 예언자 무함마드(마호메트)에 관한 이야기들이 매우 소중히 여겨지는데, 그 이야기들은 『하디스Hadith』라 불리는 책에 기록되어 있다. 불교에도 석가모니의 전생과 현생의 삶에 관한 이야기들이 불경을 비롯한 여러 곳에 자세히 서술되어 있다. 이 모든 이야기들은 어떤 형태로든 신격이나 초월자와 관련을 맺고 있다. 예를 들어 무함마드의 중요성은 그와 알라 사이의 관계에서 나오는 것이다. 그런데 신화의 영역은 세속의 역사에까지 확장되기도 한다. 세속의 역사에서 신화는 민족주의와 같은 세계관을 옹호하는 데 사용된다. 예를 들어 이탈리아에서는 무솔리니의 파시즘을 지지하기 위해 줄리어스 시저와 그 이후의 로마 제국 시대까지 역사를 거슬러 올라가기도 했는데, 그것은 그 자체로 성스러운 역사의 일부였다. 미국의 경우 성스러운 이야기는 미국을 창건한 이들과 헌법에까지 거슬러 올라간다.

3. 윤리적 · 율법적 차원

모든 종교는 나름의 윤리적 가치들을 지니며, 때로 이는 충분히 다듬어진 율법 체계로 성문화되기도 한다. 신자들에게는 특정한 가치나 교훈을 따를 것이 요구된다. 예수는 그를 따르던 이들에게 하느님을 사랑하고 이웃을 사랑하라고 가르쳤다. 석가모니는 자비심을 기르고, 남의 아픔을 자기 아픔으로 여기며, 남의 기쁨을 자기의 기쁨으로 여기고, 평정심을 기르라는 네 가지 중요한 덕목을 제시했다. 십계명은 하느님에 대한 의무뿐 아니라 다른 사람에 대해 나쁜 짓을 하는 것을 금하는 다양한 금지를 담고 있다. 또한 종교 전통의 창시자는 역할 모델로 기능하기도 한다. 예언자 무함마드의 생애에 관한 이야기는 이슬람 신자의 행위 모범이 된다. 그리스도를 본받는 것은 모든 기독교인의 이상이다. 그 밖에도 종교 전통은 사회를 다스리는 법체계의 근간이 되기도 한다. 이슬람 사회의 법체계인 샤리아Shari'a는 그 대표적인 예이다. 또 로마 가톨릭 교회는 고유의 교회법을 갖고 있다. 법체계의 세세한 조목 하나 하나가 모두 도덕적 의의를 갖는 것은 아니지만 대부분은 도덕적으로 중요하다. 예를 들어 재산 상속과 이혼에 대한 이슬람 율법들은 여성의 권리를 보호하려는 의도에서 나온 것이며, 이는 바로 윤리적 문제에 해당된다.

4. 의례적 · 실천적 차원

대부분의 종교들은 의례를 매우 강조한다. 가톨릭 신자는 주일마다 미사에 참여한다. 이슬람 신자들은 날마다 일정한 방식에 따라 하루 다섯 번씩 기도한다. 힌두교 신자들은 사원에서 행해지는 의례에 자주 참여한다. 불교 신자라면 종종 절에 가서 부처에게 경의를 표할 것이다. 개신교 신자들은 대체로 설교가 의례의 핵심을 차지하는 예배를 드린다. 또 어떤 종교는 명상을 수행의 일부로 포함시키기도 한다. 명상은 일정하게 정해진 여러 방법에 따라 정신을 훈련시키는 것이다. 그리고 이런 행위의 실천적 측면은 넓은 의미에서 의례의 범주에 포함된다.

5. 경험적·감정적 차원

종교에서 경험과 감정은 매우 중요하다. 때로 경험과 감정은 종교 전통의 형성을 촉발하기도 한다. 석가모니는 신비적이고 관조적인 내적 경험을 했고, 이 경험을 통해 불성佛性을 실현하는 깨달음의 길로 들어서게 되었다. 기독교 신자들을 박해하러 다마스커스로 가던 바울이 극적으로 회심한 경험은 기독교에서 매우 중요한 역할을 했다. 나낙이라는 사람도 젊어서 회심을 경험했는데, 이는 시크교를 성립시킨 요인 중 하나가 되었다. 히브리 예언자들의 경험은 이스라엘과 훗날 유대인들의 신앙이 형성되는 데 결정적으로 기여했다. 그러나 이런 사람들과 달리 일반 신자들은 평범한 예배를 통해 외경심을 갖기도 하고, 명상을 통해 내적인 평정을 체험하기도 한다. 이 밖에도 장례식의 슬픈 감정이나 결혼식의 기쁜 감정에도 숭고함이 배어 있다.

6. 사회적·조직적 차원

일부 종교들은 종교적 실천과 교훈을 실행하기 위해 가톨릭 교회, 감리교회, 불교 승단 같은 독특한 제도를 만들기도 한다. 그러나 좀더 느슨한 조직을 가진 종교에서도 언제나 핵심적인 전문가 집단이 있기 마련이다. 예를 들어 유대교에는 랍비들이 있고 이슬람교에는 율법학자인 물라들이 있다. 더욱이 모든 종교는 어느 정도는 사회 깊숙한 곳까지 뻗어 있기 때문에 사회와 다양한 상호 작용을 주고받는다. 또 비록 세속적이기는 하지만 종교 전통과 비슷한 세계관들 역시 나름의 조직을 창출한다. 쿠바의 공산당 같은 것이 그 예이다.

  이 책에서 나는 경험적 차원부터 다루기 시작할 것이다. 여러 가지 면에서 이 차원이 가장 중요하기 때문이다. 경험적 차원은 종교의 지속적인 생명력을 보여 준다. 이 차원이 없다면 종교는 활기를 잃고 죽어 버릴 것이며, 헌신과 정신적 고양 그리고 영성을 이끌어 내지 못할 것이다.

제1장 종교 연구와 세계관 분석

내가 현대 종교학이라고 지칭하는 학문은 주로 19세기에 나타났던 사상과 지식의 수많은 극적인 변화를 통해 발전해 왔다.

19세기 종교 연구의 전개

19세기에 서구 세계는 광대한 식민지를 정복해 가고 있었는데, 이 덕분에 유럽인들은 동양이나 남반구의 사람들과 좀더 밀접한 관련을 맺게 되었다. 이로 인해 아시아와 그 외 다른 지역의 언어들에 대한 연구에 박차가 가해졌고, 이 언어들은 이슬람, 인도, 불교, 중국 전통, 아프리카 등이 간직해 온 종교의 보물 창고를 열어 보여 주었다. 서구인들은 차츰 기독교나 유대교가 세계 주요 종교들 가운데서 어떤 위치를 차지하는지에 대해 생각하기 시작했으며, 그리하여 종교들을 비교하고 연구하기 위한 자료들이 축적되어 갔다.

또한 19세기는 많은 논쟁을 불러일으킨 다윈의 진화론이 등장한 시기이기도 하다. 인류의 기원에 대한 이 새로운 사고 방식은 이제껏 신이 인간을 창조했다고 여겨 왔던 서구인들의 믿음에 정면으로 도전장을 던졌다. 진화론은 「창세기」의 신빙성에 의문을 제기하기 시작했다. 그러나 더 중요한 것은 진화론이 인류가 오랜 기간에 걸쳐 서서히 진화해 왔을 뿐 아니라, 사회적으로나 그 밖의 여러 차원에서 지금도 여전히 진화하고 있다고 주장했다는 점이다. 그리하여 종교 자체도 진화해 왔다고 주장하는 많은 새로운 이론들이 나오게 되었다. 이런 이론들은 소규모 사회들을 연구하는 새로운 학문인 인류학이 수집한 자료를 근거로 하고 있었다. 예를 들어 인류학자들은 오스트레일리아 원주민의 문화적 발전 단계가 인류 문화 발전의 초기 단계와 비슷하다고 가정하고 자신들이 인류 역사의 일반적인 발전 단계를 그려낼 수 있다고 생각했다. 그리고 그들은 종교의 역사에 대해서도 마찬가지 작업을 할 수 있다고 여겼다.

인류학자들은 종교가 애니미즘animism(사물이나 자연물 안에 들어 있는 생명력에 대한 믿음)에서 다신교polytheism(다양한 인격신들에 대한 믿음)를 거쳐 유일신교monotheism(하나의 신에 대한 믿음)로 발전해 왔으며, 아마도 결국에는 무신론atheism으로 나아가게 될 것이라고 주장했다. 그런데 이런 이론들 대부분은 오늘날 더 이상 타당한 것으로 받아들여지지 않고 있다. 이는 부분적으로 이 이론들이 종종 서구 문화가 가장 발전된 단계에 있다는 전제를 반영하고 있고, 또 이런 전제가 과학적인 분석이 아니라 오만한 가치 판단에 불과할 수 있기 때문이다. 그럼에도 불구하고 어쨌든 문화가 진화해 왔다는 생각은 서로 멀리 떨어져 있는 사회들의 신화와 상징, 그리고 의례들 사이에 나타나는 유사성에 대해 고찰하는 데 많은 영향을 주었다.

또한 진화론은 역사학, 고고학, 언어학 등에서 나타난 일련의 성과와 함께 고대 근동이나 유대교와 기독교의 초기 단계를 새로운 시각에서 연구할 수 있게 해주었다. 이러한 새로운 연구들로 인해 이제 『성서』는 성스럽고 오류 없는 경전이 아니라 학자들이 규명해야 할 역사적 기록물로 다루어지게 되었다. 이는 기독교의 정통성에 어느 정도 도전이 되었고, 지금까지도

『성서』의 문자적 진리성에 대해 논란이 벌어지고 있다. 어쨌든 이러한 태도의 변화는 모든 나라와 전통이 갖고 있는 경전들을 좀더 객관적으로 들여다보게 만드는 자극제가 되었다. 그리고 이러한 분위기는 종교학의 창시자인 막스 뮐러Max Müller(1823~1900)가 "종교학science of religion"이라 부르고 다른 학자들이 "종교사학history of religions"이라 불렀던 학문을 형성하는 촉진제가 되었다.

　19세기의 또 다른 사상가들은 종교에 대한 심리학적이고 사회학적인 새로운 이론들을 제시했다. 이 이론들은 신이 하나의 투사에 불과하다고 보았다. 즉, 신은 스크린에 비춰진 그림과 같은 것으로서 우리에게는 실재적이고 "저 너머에" 존재하는 듯이 보이지만 사실은 인간의 감정이나 문화에서 비롯된 것에 불과하다는 것이다. 칼 마르크스Karl Marx(1818~1883)는 이러한 생각을 받아들여 전통적인 종교를 봉건 사회와 자본주의 사회의 경제 관계가 낳은 부산물이라고 주장했다. 인간은 지상의 경제적·사회적 문제들을 완전히 해결할 수 없기 때문에 그들의 욕망을 우주에 투사한다는 것이다. 하늘은 억압 받는 자들을 보살핀다. 그러나 지배 계급 역시 자신들의 이익을 챙기고 노동자와 농민을 지배하기 위해 권위 있는 신적 존재를 이용한다. 후에 지그문트 프로이트Sigmund Freud(1856~1939)는 또 다른 투사 이론을 제시하였다. 그는 사회 전체보다는 가족 내에서 벌어지는 역동적인 관계와 부모에 대한 어린아이의 감정 발달을 강조했다. 그에 따르면 신은 거대한 아버지이다. 이러한 투사 이론들은 종교에 대한 사회학적 연구와 심리학적 연구를 촉발했다.

　그러나 이 이론들은 그 자체로 비판을 받았다. 이 이론들은 신이 환상에 불과하며 물질적인 힘을 통해 인간의 발전 단계를 설명할 수 있다는 하나의 세계관을 전제로 하고 있지 않은가? 마르크스주의는 그 자체가 물질적 낙원이라는 환상을 하늘에 있는 천국이 아닌 인간의 미래에다 투사하는 일종의 투사 이론이 아닌가? 또 프로이트주의는 정신분석가를 사제로 하는 종교의 일종이 되지 않았는가? 종교가 우리의 환상에 불과하다는 견해 자체가 또 하나의 환상이라고 볼 수 있지 않을까?

종교에 대해 어떤 이론으로 결론을 내리고 또 어떤 식으로 비교 연구를 하든 간에 우리가 맨 먼저 해야 할 일은 종교와 세속적 세계관을 있는 그대로 서술하는 것이다. 현대 종교학자들이 "다른 사람의 신발 신고 걸어보기"라고 불렀던 연구 방법을 추구해 온 것은 바로 이 때문이다. 이 방법은 종교적 진리나 문화적 우월성을 주장하지 않고, 종교와 세속적 세계관을 그 자체의 용어로 이해하려고 애쓴다. 또한 이 방법은 해당 종교의 신자가 갖고 있는 관점을 존중한다.

이 방법은 때로 독일 철학자 에드문트 훗설Edmund Husserl(1859~1938)을 따라 **현상학적** 방법이라고 불린다. 훗설은 기존의 신념이나 전제 때문에 생기는 왜곡을 배제하고 경험을 있는 그대로 기술하고자 했다. 현상학은 우리의 감정과 인식 그리고 전체적인 의식의 흐름을 한 걸음 물러서서 새롭게 바라볼 것을 요구한다. 예를 들어 "장미"라는 단어가 암시하는 모든 연상 관념을 배제하고 장미를 그 자체로 새롭게 보자는 것이다. 현상학은 (예를 들어 불교 전통에서와 같은) 종교적 명상에 잠겨 있는 수행자들의 방법과 약간 비슷하다. 하지만 종교학을 이해하고자 하는 이 자리에서 훗설의 현상학에 너무 얽매일 필요는 없다. 종교학자들은 "현상학"(보이는 그대로에 대한 연구)이라는 용어를 약간 다른 의미로 사용해 왔기 때문이다. 종교학자들이 훗설에게서 빌려 온 것은 신앙인의 세계는 연구자의 가설이나 관점을 끌어들이지 않고도 서술될 수 있다는 생각이었다. 이런 여러 가지 이유에서 나는 "현상학"이라는 용어보다는 "구조화된 감정 이입structured empathy"이라는 용어를 사용하는 것이 더 낫다고 생각한다.

감정 이입은 말 그대로 "내면에서 느끼는 것feeling in"이다. 다시 말해 다른 사람이나 다른 집단의 내면에 있는 감정을 파악해 내는 것이다. 이는 "함께 느끼는feeling with" 공감sympathy과는 다르다. 왜냐하면 공감은 내가 다른 사람에게 동의한다는 것을 뜻하기 때문이다. 그러나 나는 다른 사람에게 동의하지 않고도 감정 이입을 할 수 있다. 예를 들어 우리는 나치즘이나 히틀러의 목적에 전혀 공감하지 않고도 히틀러를 숭배하는 나치 당원이 느꼈을 감정을 느껴 볼 수 있다. 나치 당원이 어떤 세계관을 갖고 있었는지를 느낄 수 있다면 히틀러가 어떻게 그토록 성공적일 수 있었는지도 이해할 수 있을 것이다. 그러나 더 중요한 것은 감정 이입이 사실을 좀더 잘 파악하는 데 도움을 준다는 것이다. 사실 안에는 나치 당원이 세계에 대해 느끼고 생각했던 방식이 담겨 있기 때문이다. 그런데 요즘에는 "감정 이입"이라는 말의 뜻이 이상하게 변해 버려서 흔히 "공감"이라는 뜻으로 사용되기도 한다.

감정 이입이 **구조화**되어야 하는 것은 바로 이 때문이다. 우리는 다른 사람의 세계가 갖고 있는 구조를 이해해야 한다. 일반적으로 우리는 신앙인의 머릿속에 있는 신념의 구조를 이해하려고 노력해야 한다. 예를 들어 스리랑카의 불교 신자나 아일랜드의 가톨릭 신자를 어떻게 이해해야 할까? 그렇게 하려면 우리는 스리랑카 불교의 사상과 의례에 대해서나 아일랜드 로마가톨릭의 신념과 의례에 대해 아주 많은 것을 알 필요가 있다.

이런 문제들은 많은 설명을 필요로 하기 때문에 나중에 다시 살펴볼 것이다. 우선 당장은 다양한 종교와 세속적 세계관에 대한 중립적이고 공정한 연구—내가 세계관 분석이라고 부른 작업—가 종교에 대한 비교 연구의 중요한 이상이 되어 왔다는 점을 확인하는 데서 그치도록 하자. 19세기에 이런 연구는 세계의 종교들을 그 자체의 용어로 이해하는 새로운 방법으로 제기되었다.

우리는 지난날 대부분의 서구 종교학이 기독교 신학으로 이해되었다는 사실을 기억해야 한다. 기독교 신학은 기독교 신앙이 참 진리이며 다른 어떤 신앙보다도 우월하다는 전제 위에서 기독교의 경전과 문헌, 그리고 교회사와 교리 등을 연구한다. 때로 기독교 이외의 종교들이 연구되기도 했지만, 그 종교들은 언제나 불공정한 방식으로 기독교와 비교되곤 했다. 예를 들어 기독교 이외의 종교들에 대한 연구는 아프리카와 아시아 등지에서 기독교 선교를 할 때 필요한 배경 지식을 얻기 위한 것에 불과했다. 이때 다른 종교들은 나쁘게는 우상 숭배의 증거로 간주되었고, 좀 낫다고 해도 기껏해야 기독교가 가진 고차원적 진리를 불완전하게 가리킬 뿐이라고 여겨졌다. 예를 들어 19세기의 영국 성공회 주교 헤버Heber는 그 유명한 찬송가에서 "장님이나 다름없는 이교도들이 나무와 돌에게 절을 한다"고 힌두교를 묘사하기도 했다. 또한 힌두교는 그 가장 고귀한 측면이 힌두교의 왕관인 그리스도—유명한 스코틀랜드인 선교사 파쿠하J. N. Farquhar는 『힌두교의 왕관The Crown of Hinduism』이라는 책에서 그리스도를 이렇게 불렀다—에 의해 완성되어야 할 종교로 여겨지기도 했다. 하지만 세계관 분석에 관심이 있는 종교학자들은 사물을 좀더 공정하게 이해하고자 노력한다. 그들의 견해에 따르면 힌두교가 우월한 종교인지 열등한 종교인지 하는 것은 판단과 편견, 그리고 평가와 신념의 문제일 뿐이다. 더욱이 이런 문제에 집착하는 것은 힌두교가 어떤 종교이고 힌두교 신자들이 무엇을 느끼는지에 대해, 다시 말해 힌두교의 다양한 측면에 대해 서술하는 데 적절하지도, 도움이 되지도 않는다.

세계관 분석가는 두 부류의 사람들과 갈등을 겪어 왔다. 한쪽에는 "전통적인" 종교인들이 있다(여기에는 기독교와 기타 여러 종교들의 신자들이 포함되지만, 우리는 지금 서구의 경우에 대해 이야기하고 있으므로 여기서는 주로 전통적인 기독교와 유대교 신자들에 대해서만 생각하기로 하자). 이들은 세계의 종교들에 대한 공정하고 가치 중립적인 서술이 은연중에 자신들의 종교를 위협하고 있다고 생각한다. 다른 한쪽에는 휴머니스트와 마르크스주의자들이 있다. 이들은 종교를 비합리적인 것이라고 보며, 종교가 일종의 투사로 설명되어야 한다고 주장한다. 이 두 부류의 사람들은 모두 종교가 우리가 보는 바 그대로 현존하고 있으며, 우리가 종교의 가치나 진리 또는 그 합리성 여부에 대해 어떻게 생각하는지에 관계없이 일정한 영향력을 행사하고 있다는 사실을 잊고 있다. 이들은 또한 다원주의 사회에서 어떤 한 종교가 다른 종교에 대해 우월성을 주장하는 것은 옳지 않으며, 따라서 우리가 서로의 의견에 귀를 기울여야 한다는 사실을 잊고 있다.

"비교"종교학

오랫동안, 그리고 특히 유럽에서는 주로 기독교 신학교에 소속된 학자들과 종교학에 종사하는 학자들 사이에 미묘한 갈등이 있어 왔다. 기독교 계통의 학자들은 기독교(그리고 같은 "계시" 종교 전통에 속하는 유대교) 이외의 다른 모든 종교가 별개의 집단으로 취급되어야 한다고 여겼다. 그들은 기독교는 특별한 종교이며 다른 종교와는 결코 비교될 수 없다고 주장했다. 그러다가 1960년대에 들어서 영어권 세계와 북유럽 일부에서 좀더 광범위하고 체계적인 종교학이 성립됨으로써 기독교를 포함한 다양한 종교와 세계관들이 동등하게 다루어지기 시작했다. 그 결과, 부분적으로 비교 종교학에서 생겨났다고 할 수 있는 현대 종교학은 기독교를 기독교 신학자의 전유물이 아닌 "세계 종교"의 하나로 간주하게 되었다.

그러나 저명한 종교학자들의 상당수는 기독교인이었다. 비교 종교학이 사람들을 어느 정도 종교적으로 만들 수 있다고 보는 기독교 신학자들의 생각(이는 로마 가톨릭 저술가인 로날드 녹스Ronald Nox의 유명하고 오만한 발언과 비슷한 점이 있다)에 문제가 없는 것은 아니지만, 사실 많은 기독교인들은 현대 종교학에 대해 대단히 긍정적인 견해를 갖고 있다(사실 내가 경험한 바에 따르면 녹스의 견해는 상당히 잘못된 것이다).

지금까지 나는 종교학의 구조 안에 얽혀 있는 여러 요소들을 살피면서 "종교사학"과 "비교 종교학"이라는 두 용어를 번갈아가며 사용했다. 이 두 용어는 흔히 이런 식으로 혼용되어 쓰이고는 한다.

종교학자들은 막스 뮐러가 말했듯이 "하나만 아는 것은 아무것도 모르는 것"이기에 "비교 종교학"이라는 용어를 즐겨 사용해 왔다. 이는 어떤 종교에 대한 지식을 가지면 다른 종교에 대해서도 더 잘 이해할 수 있고, 다른 종교에 대한 지식을 가지면 자신의 종교나 자기가 속해 있는 문화권의 종교를 더 잘 이해할 수 있다는 것을 의미한다. 예를 들어 물은 많은 전통에서 혼돈과 죽음의 상징이다. 이를 안다면 기독교 세례식에서 온몸을 물에 담그는 침례의 의미를 더 잘 이해할 수 있게 된다. 기독교인은 죽었다가 부활한 그리스도와 함께, 지금까지의 자신을 버리고 혼돈과 죽음을 의미하는 물로부터 다시 태어난다. 또 다른 예로 일부 기독교 신비주의자들은 가장 높은 명상의 단계에서는 모든 말과 이미지가 쓸모없어지기 때문에 신을 언어로 표현하는 것 자체가 불가능하다고 말하기도 한다. 불교와 힌두교에도 이와 비슷한 이야기가 수두룩하다. 이런 비슷한 표현들은 일종의 보편적인 인간 경험이 존재한다는 사실과 비교 종교학이 그 보편성을 밝혀낼 수 있다는 사실을 시사하는 것이기도 하다.

게다가 만일 내가 나 자신이 속해 있는 문화권을 넘어 다른 전통에 속한 사람들의 가슴속과 머릿속으로 여행을 한다면, 이때 나는 다른 사람들의 삶을 나 자신의 삶에 근거하여 이해하는 방식으로라도 어쨌든 비교할 수밖에 없게 된다. 만약 내가 기독교인이고 이런 입장에서 유대교의 안식일이 어떤 의미를 갖는지를 밝히고자 한다면, 나는 "안식일"이라는 똑같은 단어를 사용하고 있음에도 불구하고 나와 유대교인들의 태도에서 커다란 차이를 느끼게 될 것이다. 또 만약 내가 스리랑카와 태국의 불교를 이해하고자 한다면 나는 신앙의 최고 대상은 신이라는 생각을 접어 두어야만 한다. 왜냐하면 스리랑카의 불교에는 창조주라는 관념이 없으며, 우주의 모습에 대해 「창세기」에 나오는 것과는 전혀 다른 견해를 갖고 있기 때문이다. 축구를 이해하고자 할 때 야구의 규칙을 갖고 이해해서는 안 되는 법이다. 마찬가지로 다른 전통을 연구할 때는 비슷한 점보다는 대조되는 점에 좀더 초점을 맞추어야 한다. 이것이 바로 비교 연구의 특징이다. 이와 같이 어떤 의미에서 우리는 우리가 속해 있는 전통이나 사회의 정신적 경계를 넘어설 때마다 늘 비교를 행하는 것이다. 그리고 사실 비교는 자신의 전통이나 사회 밖에서뿐만 아니라 그 안에서도 가능하다. 나는 성공회 신자이지만 기독교의 또 다른 흐름인 남침례교, 모르몬교, 가톨릭 등을 이해하기 위해서는 이들에 대해 많은 것을 알아야 한다. 우리는 우리가 이웃에 대해 잘 알고 있다고 착각해서는 안 된다. 그리고 때로 기독교와 불교라는 종교에 대해 이야기하는 것이 유용할 수도 있지만, 실제로는 기독교 신자들과 불교 신자들에 대해 이야기하는 것이 좀더 현실적이다. 왜냐하면 기독교와 불교는 저마다 수십 개의 분파를 갖고 있기 때문이다. 결국 간단히 말해서 다양한 문화권을 넘나드는 이해의 작업 전체가 비교 연구인 것이다.

현대 종교학자들은 또한 다양한 문화권에서 비슷하게 나타나는 현상에 관심을 갖고 이러한 주제와 유형에 대한 연구를 많이 해왔다. 앞에서 언급했던 신비주의를 예로 든다면, 우리는 다양한 종교 전통의 명상가들 사이에 어떤 단일하고 핵심적인 내적 체험이 존재하는지를 살펴볼 수 있다. 다른 예로 우리는 창조에 관한 신화들이나 홍수 같은 대재앙을 말하는 신화들에서도 공통적인 유형을 찾아볼 수 있다. 또 우리는 동양과 서양의 종교들에서 수사, 수녀, 사제, 예언자 등과 같은 종교 지도자들의 유형을 찾아볼 수도 있다. 마찬가지로 희생 제의 역시 널리 발견되는 종교 현상이다. 이러한 설명들은 모두 종교 현상의 **유형**들을 밝히려고 노력한다.

그런데 네덜란드의 반 데어 레우Gerardus van der Leeuw와 스웨덴의 비덴그렌Geo Widengren 그리고 인도의 다바모니Mariasusai Dhavamony 같은 유명한 학자들은 종교 현상의 주제나 유형에 대한 자신들의 비교 연구를 다소 혼란스럽게 "종교 현상학"이라고 부른 바 있다. 그 결과 "현상학"이라는 용어는 또 다른 의미를 갖게 되었다. 하지만 내 생각에 이런 연구를 지칭할 때는 "유형론typology"이나 "주제별 비교thematic comparison"라고 하거나, 또는 종교 현상의 형태를 정리한다는 뜻에서 "형태론morphology"이라고 하는 것이 좀더 명확할 것 같다.

그러나 비교 연구가 종교학의 주요 방법인 것은 틀림없는 사실이지만, "비교 종교학"이라는 용어는 어딘가 어색하기 때문에 점점 낡은 용어가 되어 가고 있다. 더욱이 비교 종교학이라는 용어는 때로 약간 부정적인 의미를 내포하기도 한다. 앞에서 살펴본 바와 같이 한때 이 용어는 다른 종교와 비교함으로써 서구 종교의 우월성을 주장하는 의식적이거나 무의식적인 수단이기도 했기 때문이다. 한편으로는 작고한 엘리아데Mircea Eliade(1907~1986)를 중심으로 한 시카고 학파의 영향 덕에, 그리고 다른 한편으로는 세계종교학회International Association for the History of Religions의 명칭 덕에 현재는 "비교 종교학"보다는 "종교사학history of religions"이라는 용어가 좀더 일반적으로 사용되고 있다. "종교사학"은 주로 개별 종교의 역사를 서술하거나 대조와 비교를 통해 다양한 종교 현상을 주제별로 연구하는 학문이다.[1] 또한 어떤 이들은 우리가 세계의 종교들을 함께 다루어야 한다는 점을 강조하기 위해 "교차 문화적crosscultural"이라는 용어를 사용하기도 한다. 이 용어는 일방 통행적인 비교가 아니라 동양과 서양이나 남반구와 북반구의 쌍방 통행적인 비교를 의미한다는 점에서 많은 장점을 갖는다. 여기서 중요한 것은 단순히 서양 종교의 주제나 범주를 비서구 종교에 그대로 적용하기만 하지 말고, 거꾸로 서양 종교를 이해하기 위해서 동양을 비롯한 비서구 종교의 범주들을 이용하기도 해야 한다는 점이다. 예를 들면 힌두교에서 중요한 부분을 차지하는 요소들 중에는 비슈누, 크리슈나, 시바 같은 남신들과 칼리 같은 여신들에 대한 열렬한 숭배가 있다. (칼리 여신에 관한

---

1) "history of religions"는 흔히 국내에서 "종교학"으로 번역되어 왔으며, 세계종교학회를 중심으로 종교학의 공식 호칭으로 쓰여져 왔다. 하지만 최근에는 "religious studies"나 "academic study of religion"이라는 용어가 더 널리 쓰이고 있다.

일화가 하나 있다. 한 힌두교 지도자가 텔레비전에 나와 인터뷰를 하던 중 신이 어떤 존재인지에 대해 질문을 받게 되었다. 그러자 그는 "그녀는 검은 피부를 갖고 있다"라고 답을 해서 인터뷰를 하던 백인 남자 사회자를 깜짝 놀라게 만들었다.) 어쨌든 박티라고 불리는 이러한 숭배—또는 신앙—는 힌두교에서뿐만 아니라 훗날 불교에서도 중요한 위치를 차지하게 되었다. 그런데 우리는 기독교에 대해 다룰 때도 개신교 찬송가나 바울의 신학 같은 것들이 다양한 박티를 표현한다는 식으로 말할 수도 있다. 이렇게 비서구 전통이 갖고 있는 다양한 범주들 중에는 서구 전통을 이해하는 데 도움이 되는 것들이 많이 있다. 그렇다면 우리는 "기독교적인 박티에 나타나는 특색은 무엇인가?" 하는 물음에서 출발할 수도 있을 것이다. 이와 같이 현대 종교학은 교차 문화적인 관점을 지니고 있다.

이는 분명 중요한 의미가 있다. 결국 우리는 모두 같은 지구 위에서 살아가고 있으니까 말이다. 우리는 지금 조상들과 문화적 유산들을 서로 공유하는 지구 문명의 시대를 향해 나아가고 있다. 동경에서는 베토벤의 음악이 연주되고, 뉴욕에서는 인도 음악이 연주된다. 그리고 세계의 시민들은 소크라테스와 공자의 사상은 물론 파리의 예술과 나이지리아의 예술을 같이 향유하고 있다. 이렇게 변화하는 시대 속에서 현대 종교학은 진정한 의미에서 비교 문화적이고 세계적인 학문이 될 수 있다.

이러한 비교 연구는 거시적인 종교 이론들을 검증할 때 특히 중요하다. 예를 들어 사회학의 거장 막스 베버Max Weber(1864~1920)는 개신교가 서구 자본주의 발생의 주된 요인이었다는 가설을 제시한 적이 있다. 이 가설을 검증하기 위해 그는 이슬람권, 인도, 중국 등지의 경우와 비교 고찰을 시도했다. 어떤 한 문화권에서 A와 B라는 종교적 요인이 C를 발생시켰다고 말할 수 있으려면, A와 B가 있으면서도 C가 나타나지 않는 문화권이 있는지 없는지를 살펴보아야 한다. 문화권에 따라서는 A와 B 자체가 없거나 아니면 A와 B는 있는데 C가 없을 수도 있다. A와 B는 있는데 C가 나타나지 않는 문화권이 존재한다면, 이 경우에는 또 다른 D라는 요인을 찾아내야만 한다. 우리는 사회나 역사를 실험의 대상으로 삼을 수는 없다. 그러나 세계의 역사를 일종의 실험실로 이용할 수는 있다. 사회 과학자들이 사용하는 교차 문화적 방법은 바로 이런 것이다. 베버는 종교학과 경제학 분야에서 최초로 교차 문화적 방법을 사용한 선구자이다. 그는 자본주의 발생에 커다란 영향을 끼쳤다고 생각하는 종교적 태도들을 서술했다. 베버에 따르면 개신교는 세상에서 능동적이고 검소한 삶을 살 것을 강조하는 현세적 금욕주의를 지향한다(반면 개신교 이외의 다른 종교들에서는 수도원에서와 같은 명상적인 삶을 지향한다). 그는 특히 제네바에 신정 국가를 설립했던 종교 개혁가 칼뱅(1509~1564)의 영향력이 중요했다고 지적한다. 칼뱅의 가르침 덕분에 중산층 사람들은 검소하게 살면서 열심히 일을 하였으며, 바로 이 점이 자본주의 성립에 결정적인 요인이 되었다는 것이다. 우리는 베버의 이런 관심을 더 밀고 나아가 이런 물음을 던질 수도 있다. 그렇다면 일본의 사회 구조 깊숙이 내재해 있는 불교와 유교의 가치들에 대해서는 무어라 말할 수 있을까? 이런 가치들은 일본의 놀라운 경제적 발전과 기술 발전에 어떤 영향을 끼쳤을까?

현대 종교학이 교차 문화적이라는 사실은 그 연구 대상에 세속적 이데올로기들도 포함시켜야 한다는 생각에 힘을 실어 준다. 왜냐하면 서구에서는 성과 속을 뚜렷이 구분하는 것이 "당연해" 보이고 따라서 마르크스주의 같은 정치 이데올로기는 종교와는 다른 범주에 속한다고 여겨지지만, 비서구 문화권에서는 이런 구분이 뚜렷하지 않기 때문이다. 예를 들어 중국에서 마오쩌둥주의는 전통적인 유교를 직접 계승하고 있으며, 이는 유교와 마찬가지로 나름의 사회 철학을 지니고 있다.

이제 현대 종교학의 특징에 대해 지금까지 살펴본 바를 요약해 보자.

첫째, 현대 종교학은 지구 위에 있는 다양한 종교들과 세속적 세계관들을 함께 연구한다.

둘째, 현대 종교학은 개방적이다. 그것은 전통 종교의 울타리를 넘어 다른 신념 체계와 상징도 함께 연구한다.

셋째, 현대 종교학은 세계관들을 역사적으로 그리고 체계적으로 연구하며, 구조화된 감정 이입을 통해 다른 사람들의 관점 속으로 들어가 보려고 애쓴다.

넷째, 현대 종교학은 다양한 전통들 간의 유사성과 차이를 밝히기 위해 주제별 비교를 행한다.

다섯째, 현대 종교학은 다학문적이다. 그것은 역사학, 예술사, 언어학, 고고학, 사회학, 인류학, 철학 같은 다양한 학문에서 제기되는 이론들을 활용한다.

여섯째, 현대 종교학은 종교적인 사상과 실천이 어떤 영향력을 가지며, 이들이 삶의 다른 측면들과 어떤 상호 작용을 하는지 밝히고자 한다.

일곱째, 현대 종교학은 세계와 다양한 신념 체계에 대한 이해뿐 아니라 영적 진리에 대한 개인적인 탐구에도 관심을 가진다.

이 모두에서 중요한 부분을 차지하는 것은 구조화된 감정 이입이다. 우리가 경계를 넘어 다른 사람들의 세계로 나아갈 수 있는 것은 바로 이 방법을 통해서이다.

이탈리아 가톨릭의 사례

여기서 잠시 기독교의 특정한 형태를 이해하고자 할 때 생기는 구조적 문제들에 대해 살펴보기로 하자. 우리가 지금 이해하고자 하는 대상이 이탈리아의 로마 가톨릭이라고 가정해 보자.

우선 우리는 이탈리아의 로마 가톨릭이 기독교라는 종교의 일부라는 점을 염두에 두어야 한다. 그리고 기독교의 주요 교리와 의례에 대한 일반적인 지식을 약간이나마 알아야 한다. 이때 앞에서 설명한 여섯 차원의 목록을 이용하는 것이 바람직하다. 우리는 이미 앞에서 이런 논의를 통해 기독교의 일반적인 구조를 살펴본 바 있다.

다음으로 우리는 로마 가톨릭의 독특한 특징을 이해해야만 한다. 예를 들어 로마 가톨릭은 "로마"와 관련이 있다. 여기서 "로마"라는 단어는 수많은 의미를 함축하고 있다. 로마는 영원한 도시요, 고대 제국의 중심이며, 지금까지도 이탈리아인들의 뇌리에 생생하게 살아 있다. 따라서 로마는 지금까지도 중요한 순례지이다. 주요 종교 전통들에서 순례는 중요한 종교적 실천이다. 대표적인 순례지로는 인도의 성스러운 갠지스 강 기슭에 있는 바라나시, 수많은 이슬람교인들이 매년 순례를 하는 메카, 중세에는 위험을 감수해야만 순례를 할 수 있었고 오늘날에도 수많은 유대교인들과 기독교인들이 순례를 하는 예루살렘, 그리고 성모 마리아와 관련된 순례지인 스페인의 콤포스텔라와 멕시코의 과달루페 등이 있다. 이와 같이 우주의 "중심"으로, 또는 우주의 영적인 축으로 여행을 해야 한다는 순례 관념은 상당히 오래된 것이다.

로마의 중요성은, 베드로―현재 성 베드로 성당이 서 있는 바로 그 자리에서 순교했다―의 후계자인 교황 및 말년을 로마에서 보낸 위대한 사도 바울의 중요성과 맥을 같이한다. 따라서 로마는 기독교 신화를 이어가는 하나의 구성 요소이다. 기독교 신화는, 위로는 그리스도의 생애와 부활을 거쳐 더 멀게는 기독교 이전의 유대교까지 이어지고, 아래로는 (그리스도가 직접 세웠고, 신성한 본질을 지니고 있으며, 성령에 의해 움직이고, 베드로를 계승한 교황에 의해 영도되며, 생명을 주는 기독교 의례가 행해지는 곳인) 교회의 삶으로 이어진다.

이와 같이 로마 가톨릭의 신화적 차원은 신자들에게 신이 만들어 준 조직에 속해 있다는 정체감과 소속감을 느끼게 해주는 일련의 이야기들로 이루어져 있다. 한편 로마 가톨릭 신자들이 교회를 통해 경험하는 가장 핵심적인 의례적 차원은 미사이다. 미사라는 의례적 차원을 고려하지 않는다면 우리는 결코 로마 가톨릭의 영향력과 의미를 이해할 수 없을 것이다.

여기에서 몇 가지 방법론적인 문제가 생긴다. 로마 가톨릭을 이해하려면 어떤 식으로든 미사에 참석해 보아야만 할까? 물론 우리는 미사 장면이 나오는 영화나 문학 작품을 참고할 수도 있고, 이를 통해 많은 도움을 얻을 수도 있다. 하지만 적어도 신자와 같은 심정으로 한두 번이나마 미사에 참석해 본다면 훨씬 더 많은 도움을 받을 수 있을 것이다. 인류학에서는 연구 대상이 되는 사람들과 한동안 같이 생활하는 방법을 보통 "참여 관찰"이라고 부른다. 이는 현지 조사의 한 방법이다. 종교학에서도 현지 조사는 중요하다. 물론 종교학자가 항상 현지 조사를 행해야 하는 것은 아니다. 하지만 종교학자는 언제나 현지 조사를 염두에 두어야 한다. 살다 보면 여행이나 탐험을 할 기회가 얼마든지 있게 마련이기 때문이다. 다른 사람을 진정으로 이해하고자 하는 마음이 있는 사람에게 이런 기회는 다른 사람에 대한 지식과 이해를 심화하는 기회가 된다.

만일 어떤 사람(물론 가톨릭 신자가 아닌 사람)이 미사에 참석하는 신자들의 마음을 진정으로 이해하고자 한다면, 그는 자신이 갖고 있는 신앙을 잠시 접어야 한다. "이 종교 의례는 받아들이기 힘든 황당한 교리들에 근거한다"는 식으로 말하는 것은 결코 옳지 않다. 그보다는 그 받아들이기 힘든 교리를 이해해 보려고 노력하는 자세가 필요하다. 자신의 선입견과 신념은 보류되어야 한다. 이와 같이 자신의 생각을 접어 두는 태도를 에포케라고 한다. 이는 또한 "괄호치기bracketing"라고 불리기도 하는데, 이는 자신의 신앙을 잠시 "괄호 속에 넣어 둔다"는 의미이다.

이는 매우 어려워 보일 수도 있다. 하지만 그 쉽고 어려움은 개개인에게 달려 있다. 예를 들어 만일 지나치게 열성적인 신자에게는 이러한 괄호치기 자체가 아예 불가능할 수도 있다. 그 사람의 강한 신앙이 다른 종교를 이해하는 것을 방해하기 때문이다. 마찬가지로 열렬한 무신론자도 역시 종교를 이해하기가 힘들다. 그러나 일반적으로 나는 자신의 신앙이나 감정을 다른 사람의 신앙이나 감정과 구분하는 것이 그리 어렵기만 한 것은 아니라고 생각한다.

하나의 의례로서 미사는 많은 설명을 필요로 한다. 참여 관찰자는 종종 실황 중계를 하는 식으로 설명을 할 수도 있다. 관찰자는 미사에 참여하는 신자들이 미사를 통해 그리스도의 권능에 다가간다고 느낀다는 사실을 알아야만 한다. 관찰자는 로마 가톨릭에서 빵과 포도주가 단순히 그리스도를 상징하기만 하는 것이 아니라, 미사를 통해 정말로 그리스도의 진짜 살과 피로 변한다고 믿어진다는 사실을 이해해야만 한다. 또한 관찰자는 미사에서 사제가 얼마나 중요한 종교 지도자의 역할을 맡고 있는지를 알아야만 한다. 예를 들면 사제는 설교를 하기도 하지만 결코 단순한 설교자가 아니다. 또 가톨릭에서 수사가 중요한 부분을 차지하고 간혹 사제의 역할을 하기도 하지만, 사제는 이런 수사와도 전혀 다른 존재이다. 관찰자는 가톨릭에서 미사가 정말 핵심적인 의례이며, 이 의례를 집례할 수 있는 권한을 가진 사람은 사제뿐이라는 사실을 알아야만 한다. 즉, 가톨릭에서 미사를 통해 그리스도와 신자의 위대한 만남을 지속적으로 유지해 줄 수 있는 사람은 오직 사제뿐이다. 이와 같이 참여 관찰을 통해 미사를 이해하고자 한다면 미사에 참여하는 신자들의 감정을 헤아려야 할 뿐 아니라 교회라는 제도와 그 본질에 관련된 복합적인 신념 체계도 함께 고려해야 한다.

전통적으로 미사에서는 빵과 포도주가 성화聖化되어 평범한 음식물에서 신의 성스러운 실체로 바뀌는 순간에 종을 울린다. 이때는 종종 종각이나 교회의 종루 위에 있는 종을 경건하게 울리기도 한다. 이 엄숙한 순간은 독특한 감정을 불러일으킨다. 이 독특한 감정은 루돌프 오토Rudolf Otto(그에 대해서는 3장에서 살펴볼 것이다)의 표현을 빌자면 매혹과 두려움을 동시에 불러일으키는 누미노제적인numinous 감정이다. 신자들은 이 경건한 종소리를 들으며 조용히 고개를 숙인다. 관찰자는 이런 종소리를 들으며 역시 이러한 누미노제적인 감정을 느껴 보려고 해야 한다.

종교가 세속적 세계관과 다른 점은 바로 이 부분이다. 세속적 세계관은 절대 타자에 대한 이러한 감정, 신의 현존에 대한 느낌, 보이지 않는 힘에 대한 감지 등에 아무런 관심을 기울이지 않는다. 하지만 그럼에도 불구하고 세속적 세계관과 전통적인 종교 사이에는 유사성이 존재하기도 한다. 과거에 모스크바를 찾는 사람들은 날마다 줄을 이어 러시아 혁명의 지도자이자 그들이 살고 있는 새 세상을 건설한 레닌의 방부 처리된 육체를 참배했다(이 점에서 이들은 일종의 순례자라고 할 수 있다). 비틀즈 같은 그룹도 열성적인 팬들에게 신기한 영향력을 행사했다. 또 존 레논의 죽음은 일종의 엄숙한 종교적 사건 같은 분위기를 띠고 있었다. 왜냐하면 그는 "신자"처럼 그를 따르던 팬들에게 평화, 사랑, 온건한 저항의 음악 같은 가치관을 심어 주었기 때문이다. 마찬가지로 중국에서 문화 혁명이 한창 진행되고 있던 당시에 마오쩌둥의 사상과 인품에 대한 존경은 거의 종교적인 것에 가까웠다.

경건한 가톨릭 신자들은 성체성사에서 그리스도의 권능을 느낄 뿐 아니라 그리스도의 선함과 거룩함을 믿게 된다. 그러므로 그들은 성체성사를 통해 그리스도의 실체를 자신 안에 모실 때는 먼저 스스로 정결해져야 한다고 여긴다. 가톨릭 신자는 죄의 상태, 다시 말해서 신으로부터 멀어지고 단절된 불결한 상태에 있어서는 안 된다. 그래서 교회는 신자들에게 죄를 고백하는 기회를 제공한다. 신자들은 고백성사를 함으로써 죄를 고백하고 사제를 통해서 신으로부터 용서를 받는다. 이로써 그들은 더 이상 죄로 인해 고통 받지 않고 다시 정결한 상태로 돌아오게 된다. 그리고 나서야 비로소 신자는 선한 양심을 가지고 그리스도를 받아들일 수 있게 된다.

바로 이 점에서 가톨릭의 의례적·경험적 차원은 윤리적 차원과도 관련을 맺게 된다. 사실 이탈리아인들은 종종 교회가 제시하는 도덕적·사회적 가르침을 무시하기도 한다. 다른 지역의 가톨릭 신자들과 마찬가지로 이들 역시 이혼과 낙태에 대한 교회의 가르침을 항상 따르는 것은 아니다. 그러나 일반적으로 그들은 교회가 도덕적 권위를 지녔다고 여기며, 따라서 개인의 일상 생활은 종교와 밀접하게 얽혀 있다.

로마 가톨릭이 추구하는 가치를 느껴 보는 또 다른 방법은 그 상징들을 이해하는 것이다. 대표적인 예로 십자고상十字苦像과 성모상이 있다. 그리스도가 십자가에 고통스럽게 매달려 있는 모습을 나타내는 십자고상(그 모습은 종종 매우 세세하게 묘사되기도 한다)은 신이 인류의 고통을 대신 짊어졌다는 것을 상징한다. 성모상 역시 가톨릭에서는 매우 중요한 상징이다. 복되신 동정녀 성모 마리아에 대한 신앙을 고려하지 않고 과연 어떻게 로마 가톨릭 전통이나 이탈리아 가톨릭을 이해했다고 할 수 있겠는가? 예수의 어머니에 대한 많은 이야기들은 훗날 교회에 의해 첨가되기도 했는데, 그중에는 성모 마리아가 죽은 후에 그 몸과 영혼이 함께 하늘로 올라갔다는 이야기도 있다. 성모 마리아는 이상적인 여성이요 이상적인 어머니의 전형이기 때문에 이탈리아인들에게 매우 중요한 존재이다. 그리고 신자의 어머니이면서 동정인 성모 마리아는 신자의 아버지이면서 동정인 사제에게 영감을 불어넣어 준다.

성모상과 십자고상은 가톨릭 의례에서 실제로 사용된다. 이러한 상징물들은 단순한 예술품이 아니며, 그 이상의 의미를 갖고 있다. 이러한 성상들은 살아 있는 그리스도와 성모 그리고 남녀 성인들을 표상한다. 결국 이런 성상들은 돌이나 석고 또는 금속 안에 응결된 숭배 행위나 다름없다. 우리는 종교 경험이 조각이나 그림 또는 그 밖의 다른 사물로 표현되는 방법을 통해서도 종교에 대해 많은 것을 알 수 있다. 한편 우리는 이런 것들이 없다는 사실을 통해서도 많은 것을 배울 수 있다. 대부분의 개신교 예배당이나 건물에는 장식이나 조각 같은 것이 전혀 없다. 개신교 신자들은 이런 것들이 조각한 형상을 만들지 말라는 『성서』의 가르침에 위배된다고 생각한다.

그들은 성상이 진정한 신과는 아무 상관없는 우상 숭배를 조장한다고 여긴다. 마찬가지로 이슬람교에서도 성상을 금지한다. 그러나 로마 가톨릭과 정교회는 그리스도와 성모 마리아는 물론 수많은 남녀 성인들의 성상과 도상을 갖고 있다.

가톨릭과 정교회는 또한 성인을 숭배한다. 하지만 관찰자는 이탈리아인들이 성 안토니우스나 성 펠레그리노 같은 성인들이나 성모 마리아에게 기도를 한다고 해서 이들이 성인들을 신으로 숭배하는 것이라고 생각해서는 안 된다. 그들은 하늘에 있는 신과 좀더 가까이 있는 성인들에게 자기를 대신해서 도움을 빌어 달라고 기도하는 것이다.

관찰자는 이러한 일련의 방식들을 통해 미사의 온전한 의미와 맥락 속으로 들어가게 되고, 그리하여 이탈리아에서 가톨릭 신자로 살아간다는 것이 무엇인지를 이해할 수 있게 된다.

그런데 이탈리아인이 아무리 독실한 가톨릭 신자라 할지라도 그 사람은 가톨릭 신앙 이외에 또 다른 세계관을 함께 갖고 있기 마련이다. 예를 들어 이탈리아라는 국가와 관련된 신념과 가치도 있을 수 있다. 또한 기독교 신앙은 과학과 같은 또 다른 지식과의 관련 속에서도 이해되어야만 한다. 이렇게 볼 때 결국 이탈리아인이 갖고 있는 세계관 안에는 온갖 종류의 세계관이 얼기설기 얽혀 있는 셈이다. 그러나 종교와 세계관을 이해하고자 하는 우리의 목적에서 볼 때, 이탈리아의 가톨릭은 비록 종교적 가치와 세속적 가치가 뒤섞여 있기는 하지만 그럼에도 불구하고 분명히 가톨릭 신앙의 한 형태라고 할 수 있다. 이탈리아의 가톨릭 신자들은 신앙이 세상의 궁극적인 의미와 관련되어 있다고 생각하며, 신이 교회뿐 아니라 국가와 물질적 우주까지도, 그리고 종교뿐 아니라 과학까지도 주재하는 존재라고 믿는다.

이와 같이 관찰자는 이탈리아의 가톨릭 신자가 갖고 있는 신앙의 여러 차원과 구조를 살피고, 이들이 삼위일체, 성모, 교황, 신부에 대해 지니는 태도를 느껴봄으로써 이탈리아에서 가톨릭 신자로 살아간다는 것이 무엇인지를 제대로 이해하려고 노력한다.

과거와 현재에 대한 연구

이탈리아 가톨릭의 사례에서 우리는 20세기라는 특정한 시기의 기독교를 살펴보았다. 그러나 우리는 4세기에 콘스탄티누스 대제가 기독교로 개종한 이후의 기독교, 13세기의 위대한 성인이자 철학자인 토마스 아퀴나스 시대의 기독교, 16세기 종교 개혁 당시의 기독교, 그리고 이탈리아가 독립과 통일을 위해 싸우던 19세기의 기독교에 대해서도 살펴볼 수 있다. 여기서 우리는 시대의 다양한 단편들을 다루게 될 것이다. 각각의 단편은 "동시대적인" **공시적**synchronic 모습을 보여 준다.

물론 지나간 시대의 종교가 어떤 모습이었는지를 이해하는 것은 쉬운 일이 아니다. 역사적 기록은 종종 부적절하다. 그리고 대개 일상적인 삶은 사소하다고 여겨지기 때문에 거의 기록되지 않는다. 우리가 타임머신을 타고 젊은 시절의 아퀴나스를 만나러 이탈리아 남부의 아퀴노로 찾아가거나, 콘스탄티누스 대제의 로마 군단이 그리스도의 영광스런 깃발 아래 밀비아 다리 전투에서 승리하던 당시로 돌아가거나, 또는 베르디의 오페라가 이탈리아 전국을 전율시키고 그의 이름이 이탈리아 독립의 대명사가 되었던 당시로 돌아간다는 것은 불가능하다.

하지만 과거가 우리에게 철저하게 감추어져 있는 것은 아니다. 종교학자는 현대의 종교들이 과거의 사람들이나 사건들과 어떤 복잡한 상호 작용을 통해서 형성되었는지를 파악하고자 한다. 또 종교학자는 종교 전통의 핵심이 되는 것들, 이를테면 누미노제적 경험, 경건한 성인들, 주요 종교 사상, 매력적인 종교 의례, 역동적인 신화, 강력한 종교 제도 같은 것들을 살핌으로써 그 종교가 사회에 어떤 영향을 끼쳤고 거꾸로 사회가 그 종교에 어떤 영향을 끼쳤는지를 살필 수도 있다. 종교와 사회는 항상 복잡하게 상호 작용을 한다. 그래서 종교학자는 종교의 역사를 각 시기별로 따로따로 연구할 뿐만 아니라 종교의 역사적인 변천 과정에도 관심을 가진다. 이와 같이 종교학자는 "시대를 관통하는" **통시적**diachronic 모습도 연구한다.

연구 방법

어떤 종교를 통시적이고 역사적인 맥락을 고려하면서 구조적인 감정 이입을 통해 공시적으로 연구할 때는 보통 인류학에서 사용하는 분석 방법과 같은 방법이 사용된다. 사회 인류학자들이 대개 제3세계의 소규모 문화들에 관심을 갖고 있는 것은 사실이다. 그리고 앞으로 이들이 종교나 세계관 이외의 것들에도 점점 더 많은 관심을 기울이게 될 것이라는 점도 사실이다. 예를 들면 그들은 친족 제도 같은 것을 연구할 수도 있다. 친족 제도는 문화권에 따라 다양하게 나타나며, 어떤 문화권의 친족 제도는 그 문화권에 지대한 영향력을 행사하기 때문이다. 그런데 종교학자는 인류학에서 많은 것을 얻을 수 있다. 종교학과 인류학은 서로 밀접한 관계를 맺고 있기 때문이다. 이는 사회학의 경우도 마찬가지이다. 사회학은 현대 산업 사회의 신념 구조를 포함한 여러 가지 구조에 관심을 가지며, 종교학은 여기서도 많은 것을 얻을 수 있다. 흔히 농담 삼아 인류학은 그들에 관한 학문이고 사회학은 우리에 관한 학문이라 말하기도 한다. 그러나 어쨌든 사회학과 인류학이 함께하면 모든 문화를 포괄할 수 있다. 그리고 비록 이들의 주된 관심이 주로 문화의 사회적 측면(자신이 관련되어 있는 사회 관계의 그물망 안에서 그리고 그 그물망을 통해 행동하는 방식)에 있기는 하지만, 어쨌든 이들은 종교 현상을 이해하는 데에도 많은 도움을 줄 수 있다. 종교 인류학이나 종교 사회학 같은 세부적인 학문 분야가 생겨난 것은 바로 이 때문이다. 종교는 그 자체로 사회적인 차원을 갖고 있다. 따라서 우리는 역사학자가 과거에 대해 던지는 것과 똑같은 질문을 현대에 대해서도 던질 수 있다. 예를 들어 우리는 종교적 신앙, 감정, 가치, 경험, 의례, 제도는 사회 전체나 세속적인 사상 및 감정과 어떤 상호 작용을 주고받는지를 물을 수 있다. 현대의 사례를 들자면 이런 물음들이 가능하다. 미국의 종교는 대중 매체에 어떤 영향을 미치는가? 또 거꾸로 대중 매체는 미국의 종교에 어떤 영향을 미치는가? 텔레비전 설교가가 대중 매체에 영향을 끼치는 것인가, 대중 매체가 텔레비전 설교가에게 영향을 끼치는 것인가? 아니면 둘 다인가? 이런 물음들은 매우 흥미로운 것들이다. 여기에는 여러 가지 이유가 있는데, 그중 한 가지는 바로 이것이다. 종교가 사회 속에서 여전히 강력한 기능을 발휘하고 있다면 우리는 종교의 미래에 대해 어느 정도 예측할 수 있을 것이기 때문이다.

　종교학자가 종교의 역사를 연구할 때는 다양한 방식으로 역사학에 토대를 제공해 주는 수많은 학문의 도움을 필요로 한다. 오래된 불상, 사해 문서 Dead Sea Scroll, 고대 사원, 중국 고대 유적 같은 것들을 발굴해 내는 고고학자, 고대 언어를 해독하거나 옛날 경전을 이해하는 데 결정적인 도움을 주는 언어학자, 종교에 대한 시각적 이해가 변천해 온 과정을 설명해 줄 수 있는 예술사가 같은 이들이 바로 그들이다.

　종교학자는 문학으로부터도 많은 도움을 받을 수 있다. 현대의 소설가들은 종종 종교의 살아 있는 모습을 종교학자들보다 더 생생하게 묘사한다. 영국 작가 포스터E. M. Forster(1879~1970)는 『인도로 가는 길A Passage to India』에서 영국의 지배하에 있던 20세기 초의 인도에서 힌두교, 이슬람교, 기독교 같은 종교들과 인도 민족주의나 영국 제국주의 같은 세계관들이 어떻게 서로 미묘한 갈등을 겪고 있었는지를 잘 묘사하고 있다. 러시아의 위대한 작가 도스토예프스키Fëdor Dostoevski(1821~1881)는 『카라마조프가의 형제들The brothers Karamazov』에서 19세기 후반 러시아 정교회의 가치관과 문제점을 아주 드라마틱하게 묘사했다. 또 쾨스틀러A. Kœstlor(1905~1988)는 『칠흑 같은 한낮Darkness at Noon』에서 마르크스주의적 신념과 그 붕괴를 마르크스주의자 내면의 입장에서 묘사하였다.

이런 작품들은 "문학을 통한 세계관 분석"을 행하고 있다고 볼 수 있다. 문학을 통한 세계관 분석은 그것이 꾸며 낸 이야기라는 점에서 물론 종교학의 세계관 분석과는 다르다. 역사학자는 자신이 알 수 있는 것에 대해서만 써야 한다. 물론 역사학자도 가령 간디나 교황 요한 23세의 전기 같은 것을 쓸 때는 생생한 묘사를 위해 살을 붙일 수도 있다. 그러나 대개 이는 너무 간략해서 간디나 교황의 내적인 삶을 소설가나 극작가처럼 생생하게 묘사하지는 못한다. 소설가나 극작가는 그들의 창조적 상상력을 이용한다. 그들 역시 창조적으로 구조화된 감정 이입을 사용하는 것이다. 다시 말해 그들은 상상 속에서 작중 인물을 설정하고 그들이 어떻게 움직이고 느끼는지를 주시한다. 그들은 때로는 작중 인물을 관찰하기도 하지만 때로는 자신이 직접 작중 인물이 되기도 한다.

물론 우리는 소설 속의 허구적 이야기에만 의존할 수는 없다. 허구적 이야기는 실제적인 증거와 기록에 나타나는 사실들로 보완되어야 한다. 종교 문헌에는 종종 개별적인 인물이나 적어도 고독한 수행자의 이야기가 담겨지기도 한다. 이는 다양한 종교 전통들의 명상 안내서와 위대한 종교인들이 쓴 자서전적인 시와 산문(예를 들어 불교의 남녀 승려들이 지은 『장로게長老偈』 같은 것), 그리고 가톨릭 신비주의자인 아빌라의 성 테레사St. Theresa of Avila(1515~1582)가 자신의 내적 삶을 적은 책 등에서 볼 수 있다. 종교적인 경험이나 감정에는 어떤 보편적인 측면이 존재하는가? 이런 물음에 대한 관심은 현대의 새로운 학문 분야를 태동시키는 동인이 되었는데, 이는 미국의 철학자이자 심리학자인 윌리엄 제임스William James(1842~1910)의 『종교 경험의 다양성The Varieties of Religious Experience』 같은 저서에 잘 나타난다. 그리하여 제임스, 프로이트, 융C. G. Jung(1875~1961) 같은 심층 심리학자들에 의해 "종교 심리학"이라 불리는 학문 분과가 성립되었다. 최근의 연구들을 통해 우리는 매우 강렬한 종교 경험이 우리가 지금까지 생각했던 것보다 훨씬 더 보편적이며 다양하다는 사실을 알게 되었다. 이런 현상들을 어떻게 이해해야 할까? 이는 천상의 비밀을 알려 주는가? 아니면 그저 환상에 불과한가?

이제 왜 우리가 현대 종교학을 다원 방법적이라 부르는지 그 이유를 알게 되었을 것이다. 현대 종교학은 서로 중첩되는 다양한 학문 분야의 방법과 이론을 이용한다. 인간이 서로 복잡한 상호 관계를 맺고 있고 또 인간이 결코 존재의 어떤 단일한 차원으로 환원될 수 없다는 점을 생각한다면 이는 그리 놀라운 일이 아니다. 따라서 인간의 삶 곳곳에 이러저러한 방식으로 자리 잡고 있는 종교 역시 다양한 측면을 지닌다. 그래서 종교의 역사적 측면을 이해하기 위해서는 역사학이 필요하고, 사회적 측면을 이해하기 위해서는 사회학이 필요하다. 또 종교는 인격 발달과 관계가 있기 때문에 이를 이해하기 위해서는 심리학이 필요하고, 종교의 종교적 맥락을 이해하기 위해서는 세계관 분석이 필요하다. 그리고 종교는 인간의 의식과 관계가 있기 때문에 다른 사람의 감정 속으로 들어갈 수 있게 해주는 문학 같은 것이 필요하다. 그리고 우리는 이 모두를 결합하면서 구조화된 감정 이입을 행하려고 시도해야 한다.

아주 희한한 병에 걸린 어떤 사람에 관한 재미있는 이야기가 하나 있다. 그의 병이 하도 심각해서 한 친구가 그를 병원으로 데려갔다. 의사들은 심장, 허파, 눈, 뇌를 비롯한 그의 몸 전체를 일일이 검진했다. 몸에는 아무 이상이 없었다. 하지만 그는 여전히 아프다고 호소했다. 이에 친구가 "의사들은 모두 네가 아무 이상이 없다고 하잖아" 하고 말했다. 그러자 그는 "그렇지만 의사들은 하나같이 나를 보지 않았어"라고 답했다. 마찬가지로 아무리 우리가 다양한 방법으로 종교의 여러 측면 각각을 세밀하게 연구했다고 해도 결국 종교가 인간 자신과 관련된 것이라는 사실을 잊어서는 안 된다.

상징적 주제에 대한 연구

　모든 사람은 다 나름대로 독특하다. 하지만 아무리 그렇다 해도 사람들의 생각과 감정에는 일정한 유형이 있기 마련이다. 현대 종교학은 종교와 상징이 표현하는 형태들을 서술하면서 이미지나 행위 같은 삶의 언어에 형태를 부여한다. 만일 우리가 모든 종교에서 공통적으로 나타나는 주제들을 이해할 수 있다면, 그때는 우리가 살아가는 삶의 의미를 좀더 분명하게 밝혀낼 수 있을 것이다. 이때 중요한 것이 바로 종교 유형론typology of religion이다. 유형론은 다른 말로 바꾸면 종교 상징에 대한 연구라고도 할 수 있다.

　우리는 앞에서 이탈리아의 가톨릭을 다루면서 미사를 예로 들어 종교 상징에 대해 언급한 바 있다. 미사는 먹고 마시는 간단한 행위에 불과하지만, 어디까지나 거룩한 식사이다. 미사는 예수가 그의 제자들과 가졌던 최후의 만찬을 새롭게 상기시켜 준다. 미사는 함께 음식을 먹는 행위가 어떤 상징적 의미를 갖는지를 말해 준다. 우리는 동창회, 정당 회합, 정년 퇴임식, 결혼식 같은 행사를 할 때 종종 잔치를 연다. 이 특별한 식사는 보통 일정한 명분을 공유하는 집단의 공동체 의식을 표현한다. 이때 우리는 누구를 잔치에 초대할지를 결정해야 한다. 잔치에 초대할 사람과 초대하지 않을 사람을 어떻게 구분해야 할까? 이런 질문은 음식 금기와 관련이 있다. 모든 종교 전통은 제각기 나름의 음식 금기를 갖고 있다. 대부분의 서양 사람은 아무리 세속적인 사람이라고 하더라도 개고기나 말고기를 절대 먹지 않는다(물론 다른 사회에서는 개고기를 먹기도 하고, 유럽 일부 지역에서는 말고기를 별미로 여기기도 한다). 이는 애완 동물인 개와 말이 어느 정도 인격적인 존재로서 우리와 친밀하다고 여겨지기 때문일까?

　일단 먹고 마시는 행위의 의미에 대해 생각하기 시작하면, 우리는 너무나 평범한 일상 생활의 일부이기에 미처 생각하지 못했던 이 행위의 의미를 다른 각도에서 볼 수 있는 놀라운 기회를 얻게 된다. 즉, 우리의 모든 삶과 행위가 의미로 가득 차 있다는 사실을 발견하게 되는 것이다.

이번에는 도시가 갖는 상징성에 대해 살펴보자. 종교에는 종종 성스러운 도시들이 있기 마련이다. 『신약 성서』의 마지막 부분인 「요한계시록」에는 천국이 보석으로 장식된 웅장한 도시로 묘사되어 있다. 그리고 순례의 목적지는 보통 성스러운 도시이다. 성스러운 도시는 중심에 자리 잡고 있다고 여겨지기 때문이다. 중심 상징은 가장 중요한 종교 상징들 중의 하나이다. 기독교인들은 예루살렘이 세계의 중심이라고 여겼다. 왜냐하면 예수가 바로 예루살렘에서 죽었다가 부활했기 때문이다. 현대 세계에서는 대체로 수도가 중심이라고 여겨진다. 모든 권력은 바로 그곳에서 나온다. 그래서 국가를 새로 창건할 때는 과거를 청산한다는 의미에서 새로운 수도를 건설하기도 한다. 파키스탄은 피정복 시대를 청산한다는 의미에서 새로운 수도인 이슬라마바드(이슬람의 도시)를 건설했다. 영국인들은 무굴 제국을 대신할 새로운 제국의 시작을 과시하기 위해 (올드 델리 위에) 뉴델리를 건설했다. 오스트레일리아는 모국인 영국과의 관계에서 벗어난 뒤 곧바로 황무지를 개척해 그 위에 새로운 연방 정부의 수도인 캔버라를 건설했다("모국"이나 "조국"이 갖는 상징성에 대해서도 한번쯤 생각해 볼 만하다). 150여 년 전에 미국도 워싱턴에 새로운 수도를 건설했다. 이런 도시들은 비교적 새로운 중심지들이다. 하지만 사람들을 끌어 모으는 도시들은 종종 바라나시, 로마, 메카, 아테네, 이스탄불 등과 같이 오래된 중심지들이다.

서유럽의 전통적인 도시들에도 우리의 관심을 끌 만한 점이 있다. 캔터베리, 솔즈베리, 쾰른 같은 도시들을 멀리서 바라보면 이 도시들의 중심부엔 하늘로 치솟은 대성당들이 하나씩 서 있다는 것을 알게 된다. 하늘을 향해 솟아 있는 고딕 양식의 뾰족탑은 하늘을 향해 조금이라도 더 가까이 나아가려는 열망을 담고 있다. 대성당 내부의 기둥들도 위로 높이 솟아 있다. 이들은 쪼그린 자세로 무거운 천장을 떠받치는 모습이 아니라 저 높은 곳을 동경하는 듯한 모습을 하고 있다. 따라서 대성당이라는 건물 자체가 기도와 열망과 숭배를 돌 속에 담아 내고 있는 것이다. 이와 같이 서구의 전통적인 도시들은 그 중심에 천국의 상징을 갖고 있다. 그러나 오늘날 현대 도시에는 대성당보다 더 높은 빌딩들이 많이 있다. 뉴욕에 있는 성 패트릭 대성당은 고층 빌딩들로 둘러싸이는 바람에 예전에 비해 한참 왜소해 보인다. 하늘 높이 솟아 있는 고층 빌딩들은 이제 천국을 가리키고 있는 것이 아니라 인간의 무한한 능력을 상징하고 있다. 부와 역동성의 건축적인 표현인 이 고층 빌딩들은 성 패트릭 대성당의 뾰족탑을 더욱 초라해 보이게 한다. 한편 신세계의 다른 도시들과 마찬가지로 뉴욕도 바둑판 모양으로 구획되어 있는데, 이는 합리적 사고와 땅에 대한 정복을 상징한다고 할 수 있다. 이후에 건설된 미국 중서부의 도시들이 직사각형 모습을 하고 있는 것도 마찬가지 이유에서다. 이와 달리 유럽의 전통적인 도시들은 꼬불꼬불하고 오르락내리락하는 길들로 뒤엉켜 있어 전혀 질서가 없는 듯하다. 또 맨하탄은 브로드웨이를 중심으로 구부러진 모양을 하고 있는데, 이는 합리적 정신을 나타내는 직사각형과 달리 예술과 드라마를 꿈꾸는 감정과 관련이 있는 듯하다.

　주위를 살펴보면 이내 우리는 우리의 삶이 의미로 가득 차 있으며, 모든 것이 상징적인 의미를 담고 있고, 그 의미는 종종 시대와 지역에 따라 달라진다는 것을 알 수 있게 된다. 종교와 상징에 대한 교차 문화적 연구는 이 의미의 세계를 이해하기 위한 하나의 방법이다. 그리고 세계관 분석은 바로 이런 상징 분석과 관련이 있다. 종교 사상은 상징을 통해 세상을 이해하고 또 상징을 통해 행위를 유발하기 때문이다. 그러므로 교리와 윤리적 행위 사이에 신화가 가로놓여 있는 것도 우연은 아니다. 우리에게 정체성과 삶의 방향을 제시해 주는 신화 역시 상징적 요소로 가득 차 있기 때문이다. 예를 들어 성만찬은 그리스도의 희생을 의미한다. 우리가 가족과 함께 식사를 할 때 강한 유대감을 느끼듯이, 성만찬에서 우리는 그리스도의 고통과 영광을 함께 공유한다.

지금까지 우리는 현대 종교학에서 **상징 분석**이 얼마나 중요한 위치를 차지하는지를 살펴보았다. 상징 분석은 다양한 세계관에 대한 연구를 통해 교차 문화적으로 발견되는 여러 가지 주제들의 의미를 밝히고자 한다. 여기서 상징 속에 보편적인 것과 특수한 것이 결합되어 있다는 사실은 매우 중요하다. 십자가에 매달린 그리스도의 모습은 고통 받는 영웅이라는 좀더 보편적이고 일반적인 주제의 한 사례이다. 그러나 이것은 또한 예수의 삶과 죽음 그리고 부활이라는 사건과 관련하여 특별한 의미를 지니고 있기도 하다.

상징 분석을 통한 교차 문화적 연구는 낯설었던 것을 친숙하게 만들고 친숙했던 것을 낯설게 만들고자 한다. 한편으로 교차 문화적 연구는 이란의 이슬람 신자나 태국의 불교 신자처럼 우리에게 낯선 사람들을 좀더 잘 이해할 수 있게 해준다. 그러나 동시에 교차 문화적 연구는 우리가 그동안 우리의 삶과 종교 전통들에 대해 너무도 당연하게 여겨 왔던 많은 것들을 새로운 시각에서 바라볼 수 있게 해준다. 일상적인 것들을 새로운 시각에서 바라보면 친숙했던 것들이 낯설어 보이게 된다.

친숙했던 것이 낯설어 보이게 될 때 우리는 비로소 새로운 질문을 던지게 된다. 얼마 전에 나는 한 학기 동안 기독교에 대한 강의를 한 적이 있었다. 그때 나는 한편으로 구조화된 감정 이입을 사용하면서 (또는 그렇게 하려고 애쓰면서) 동시에 마치 기독교가 우리가 전혀 모르는 낯선 종교인 양 객관적이고 냉정하게 가르쳤다. 그러자 학기가 끝날 즈음에 한 학생이 찾아와서는 자기가 기독교인이 되었다고 말했다. 그 학생은 이전까지만 해도 목사들의 설교에 아무런 흥미도 느끼지 못했다고 한다. 그런데 기독교를 전혀 새로운 시각에서 이해하게 되면서 기독교가 전에 생각했던 것보다 훨씬 더 흥미롭고 매력적인 종교라는 사실을 발견하게 되었다는 것이었다. 다시 말해 그 학생은 기독교에 대해 새로운 질문을 던졌던 것이다. 이와 반대로 어려서부터 자신의 삶을 지배해 온 가치나 신념에 대해 아무런 의심도 제기해 본 적이 없는 사람들은 종교의 세계가 얼마나 다양한지를 알게 된 뒤 종종 자신의 신앙에 대해 회의를 품기도 한다. 이런 사례를 통해 볼 때, 지금까지 내가 누차 강조해 왔듯이 현대 종교학이 세계관에 대해 자신의 입장을 괄호 속에 넣어 두는 서술적 작업을 추구하기는 하지만 결국 언젠가는 진리의 문제가 반드시 제기되기 마련이라는 것을 알 수 있다.

신학과 종교 철학

특정 종교 전통의 맥락에서 진리의 문제를 다루는 것은 **신학**의 영역에 속한다. 사실 엄밀하게 말하자면 신학이라는 용어 앞에는 수식어가 붙어야 한다. 기독교 신학, 유대교 신학, 가톨릭 신학, 개신교 신학, 정교회 신학, 이런 식으로 말이다. 신학은 특정 종교 전통에서 말하는 진리를 대체로 인정한다는 전제 아래 이루어진다. 기독교 신학자는 기독교의 신앙을 인정한다. 아우구스티누스Augustine, 아퀴나스, 루터Martin Luther, 바르트Karl Barth 등과 같은 서구의 위대한 신학자들은 바로 이런 기독교 신앙의 토대 위에서 작업을 했다. 그들은 그들이 속해 있던 종교 전통을 세상의 변화에 맞추어 새로운 방식으로 적응시키려고 애썼다. 마찬가지로 오늘날의 기독교 신학자들은 광활한 우주와 지구의 유구한 역사를 밝혀낸 현대 과학의 성과에 비추어서 신이 우주를 창조했다는 교리를 새롭게 설명해야만 한다. 그들은 과연 「창세기」와 거기에 실린 창조 신화를 어떻게 이해하고 있을까? 또한 현대 기독교 신학자들은 급변하는 현대 사회 속에서 기독교의 사랑이 어떤 의미를 갖는지를 설명해야만 한다. 그들은 과연 이혼이나 행복에 대해 어떻게 생각하고 있을까? 이와 같이 신학자는 모든 방법을 동원해서 『성서』에 나타난 계시의 의미가 현대 사회를 위해 설득력을 가질 수 있도록 그것을 재해석해야만 한다. 다시 말해 기독교 신학은 세상의 변화하는 지식과 행위가 제기하는 새로운 문제들에 대한 전통 내부로부터의 대응인 것이다.

그러나 종교에 대해 생각하는 사람이 모두 똑같은 신앙을 갖고 있는 것은 아니다. 주어진 신앙의 울타리를 넘어 종교적 진리의 문제에 대해 좀더 일반적인 물음을 던지는 이들도 있다. 그 물음은 종교와 진리에 대해 진지하게 생각해 본 사람이면 누구나 한번쯤은 던져 보았을 법한 것들이다. 보통 이런 물음은 "철학적" 물음이라 여겨지기 때문에, 종교에 대한 철학적 사고를 일반적으로 "종교 철학"이라고 부른다.

종교 철학자는 종교 경험의 타당성에 대해 물음을 제기한다. 예를 들면 이런 물음들이다. 종교 경험을 통해 우리는 인생과 세계의 본질을 파악할 수 있을까? 아니면 종교 경험은 단순히 주관적인 느낌에 불과할까? 내가 자연과 하나가 되었다고 느끼고, 이 아름다운 우주 안에 있는 모든 것이 서로 연관되어 있다는 것을 생생하게 경험했다면, 이 충격적인 통찰은 과연 믿을 만한 것일까? 아니면 단지 마약을 복용했을 때와 같은 육체적인 반응에 불과한 것일까? 아니, 혹시 마약을 통해 실재를 인식할 수는 없을까?

신이 존재한다고 믿을 만한 타당한 이유가 있을까? 사람들은 신을 경험했다고 말하는데, 이 말은 도대체 무엇을 의미하는 걸까? 우주에는 기원이 있을 텐데, 그렇다면 우주의 기원은 창조주를 상정해야만 설명되는 걸까? 또 그(그녀)는 언제부터 있었을까? 창조주가 시작도 끝도 없이 스스로 있는 존재라면, 우주도 그 자체로 아무런 시작도 끝도 없이 스스로 존재한다고 생각할 수는 없을까?

세상의 수많은 종교와 이데올로기 중에 과연 어느 것이 진리를 말해 주고 있을까? 이들은 모두 진리에 대해 조금씩이나마 무언가를 말해 주고 있을까? 만일 그렇다면 과연 이들 중에 어느 것이 좀더 많은 진리를 말해 주고 있을까? 그리고 우리가 도대체 이를 어떻게 알 수 있을까?

이런 물음들은 매우 당혹스러운 것들로 우리를 난처하게 만든다. 하지만 우리는 어떤 식으로든 이런 물음들에 대해 대답해야 한다. 어떤 점에서 우리는 이런 물음들에 대한 나름의 해답을 근거로 삶을 살아가기 때문이다.

만일 내가 종교 경험이 아무런 타당성도 갖지 않는다고 생각한다면 나는 그것을 추구하지 않을 것이다. 그러나 이 경우에도 나는 여전히 하나의 세계관을 필요로 한다. 그러나 이때의 세계관은 예를 들어 석가모니의 가르침 같은 것을 너무 진지하게 받아들이는 그런 식의 세계관은 아닐 것이다. 그의 가르침 역시 해탈이라는 또 다른 종교 경험에 근거하고 있으니까 말이다. 또한 나는 『신약 성서』에서 바울이 이야기한 대부분의 내용을 하찮게 여길 것이다. 그의 이야기는 그리스도와의 만남이라는 종교 경험에 기반을 두고 있으니까 말이다. 나는 최고의 가치는 인류를 사랑하는 것이라고 생각하는 휴머니스트일 수도 있다. 또는 더 좋은 세계를 만들기 위해서는 혁명이 필요하다고 믿는 마르크스주의자일 수도 있다. 아니면 나는 나 자신의 기쁨과 만족만을 위해 사는 쾌락주의자일 수도 있다. 그러나 심지어 이 경우에도 나는 "먹고 마시고 놀아라. 우리는 내일 죽을지도 모른다"는 하나의 세계관을 갖고 있는 것이다.

이와 같이 세계관 분석이나 상징 분석을 행할 때는 세계관의 성격과 그 결과에 대한 문제 외에 가치 판단의 문제가 제기되기도 한다. 다시 말해 세계관의 진리 여부와 과연 이것을 어떻게 해결할 것인가 하는 문제가 생기는 것이다.

기독교나 유대교 또는 힌두교의 사상가들은 각자의 종교 전통이 갖고 있는 진리의 근거를 경험과 이성과 계시 중 하나나 둘 또는 셋 전부에 두고 있다. 그렇기에 우리는 필연적으로 경험이 무엇을 보여 주는지, 이성이 무엇을 증명하는지, 그리고 계시가 무엇을 드러내는지에 대해 생각하게 된다. 이러한 문제들에 대한 전반적인 성찰은 "종교 철학"이라는 이름 아래서 다루어진다.

진리에 관한 이런 문제들은 모두 규범적이다. 이들은 결국 우리가 무엇을 믿어야 하며 어떻게 살아야 하는가, 즉 가치에 관한 문제로 귀결된다. 세계관에 대한 서술적이고 과학적인 연구는 가치의 문제를 괄호처 둔 채, 우리가 그 가치를 인정하는지 여부와 상관없이 세계관을 하나의 주어진 사실로 취급한다. 그러나 이와 달리 신학이나 종교 철학 같은 종교에 대한 규범적 연구는 좀더 개인적이고 사회적인 성격을 갖는다. 한 개인이나 한 사회는 어느 가치를 선택할 것인가 하는 문제를 해결해야만 하기 때문이다. 그렇기에 세계관에 대한 규범적 연구는 무엇을 하고 무엇을 하지 말아야 할지를 결정하는 도덕적 사고나 윤리학과 관련이 있다.

현대 종교학이라는 동산에는 수많은 오솔길들, 온갖 종류의 꽃과 열매, 그리고 이리저리 쳐져 있는 울타리가 있다. 거기에는 아주 오래된 식물도 있지만 대부분은 아직 어리다. 이곳은 산책하기에 아주 매력적인 곳이고, 마음만 먹는다면 얼마든지 수많은 보화를 찾아낼 수 있는 곳이다. 물론 그 누구도 이 동산을 전부 다 돌아다닐 수는 없으며 결코 완벽하게 이해할 수도 없다. 그러나 지금까지 내가 그려 준 지도는 이 동산을 처음 찾는 이들에게 많은 도움을 줄 수 있을 것이다. 그리고 앞으로도 이 지도를 가지고 좀더 많은 곳을 돌아다닐 수 있을 것이다.

종교와 세계관에 대한 연구는 인간 삶의 실재들에 대한 연구이다. 이제부터 이 아름다운 지구 위에 존재하는, 그리고 존재했던 개별적인 종교들과 세계관들에 대한 지도를 그려 보도록 하자.

제2장 세계관의 종류

세계는 많은 지역권으로 나눌 수 있다. 지역권의 구성은 구 소련에서 마르크스주의가 사실상 무너지면서 계속 변해 왔다. 이론상으로 공산주의를 유지하고 있는 중국에서조차도 시장 경제의 힘이 실질적인 변화를 일으키고 있으며, 그 결과 사람들은 이제 그동안 억압 받던 전통 종교들을 신봉할 수 있는 자유를 좀더 많이 누리게 되었다. 1990년대 초반에 북한, 베트남, 라오스, 쿠바 등은 여전히 공산주의를 유지하고는 있었지만, 이들 중 그 어디서도 순수한 마르크스주의를 고집하지는 않았다. 이렇게 변화된 상황을 염두에 두면서 우리는 세계를 몇 개의 주요 지역권으로 나누어 볼 수 있다. 이는 다음과 같다.

현대 서구
대체로 다원적인 특성을 갖고 있지만 대개 기독교적 배경을 갖고 있다. 미국의 태평양 연안에서 시작해 동쪽으로 유럽을 거쳐 시베리아까지, 그리고 북쪽의 노르웨이에서 시작해 남쪽의 아르메니아까지 이르는 지역이다.

이슬람 세계
인도네시아에서 시작해 서쪽으로 남인도 일부, 중동, 북아프리카를 거쳐 서아프리카의 나이지리아까지, 그리고 북쪽으로 구 소련에 속했던 중앙아시아까지 이르는 초승달 모양의 지역이다.

남아시아와 대부분의 동남아시아
인도 문명의 배경을 가진 지역으로, 티베트, 인도, 스리랑카, 미얀마, 태국, 라오스, 캄보디아 등이 해당된다.

동아시아
중국, 베트남, 한국, 일본 등 주로 중국의 문화적 영향을 받은 지역이다.

라틴아메리카
리오그란데 강에서 파타고니아에 이르는 지역이다.

검은 아프리카와 카리브해 연안.

태평양 지역.

이 외에도 비교적 작은 국가들과 문화들이 이 거대한 지역권들 사이사이에 끼여 있다. 이들은 남북 아메리카와 시베리아는 물론 태평양과 남아시아 그리고 동남아시아 등지에 널리 분포되어 있다. 이 작은 문화들을 지역권으로 부르기에는 좀 무리가 있지만, 어쨌든 이들은 점차 하나의 세력을 구축해 가고 있는 중이다. 한편 주요 지역권들의 주변에는 이들을 호위하고 있는 다른 세력들도 있다. 예를 들어 서구에는 호주와 뉴질랜드가 있고, 동아시아에는 상당수가 중국인인 싱가포르가 있으며, 이슬람 세계에는 타타르족과 잔지바르족이 있고, 남아시아에는 나탈과 피지 등지의 인도인들이 있다.
이러한 지역권들은 인류 문명의 거대한 구조적 덩어리들이다. 이들이 서로 부딪칠 때 역사적 지각 변동이 일어난다. 그리고 물론 이들 속에는 매우 중요한, 좀더 하위의 문화 경계선들이 존재한다. 만일 이 거대한 구조들을 이해할 수 있다면 우리는 이들을 특징짓는 특성들의 일부를 조금이나마 더 명확히 알 수 있게 될 것이다.

현대 서구

"서구"라고 했을 때, 이는 유럽, 러시아, 코카서스 같은 러시아 "인근의" 일부 지역, 북미, 호주 등지에 있는 나라들을 말한다. 이 나라들은 대체로 유대-기독교 유산을 간직하고 있지만, 현대에는 신앙과 관습의 다원주의를 지지하고 있다. 20세기에는 이들 중 많은 나라들이 나치즘이나 파시즘 그리고 공산주의 같은 광기에 짓눌리기도 했으며, 자유주의를 거부하고 유대-기독교 유산을 거부함으로써 고통을 겪기도 했다. 1989년에 소련 제국이 붕괴되면서 이 지역에서 전통 종교와 휴머니즘이 되살아났으며, 그리하여 캘리포니아에서 시작해 서유럽을 거쳐 블라디보스톡에 이르는 보다 다원적인 문명이 창출되었다. 또 벨로루시, 우크라이나, 몰도바, 아르메니아, 그루지야 같은 독립 국가들이 새롭게 탄생하였다. 또한 발트해 연안에는 세 개의 공화국이 출현했다. 한편 체코슬로바키아는 체코 공화국과 슬로바키아로 분할되었으며, 유고슬라비아는 슬로베니아, 크로아티아, 마케도니아 (그리스의 추잡한 요구를 받아들인 탓에 피롬Fyrom이라고 불리기도 하는데, 첫 글자를 따 약어를 만들기에는 어쩐지 좀 신통치 않다), 그리고 보다 확장된 세르비아 등으로 갈라졌는데, 이들은 모두 유고 연방에 속해 있다.

다양한 형태의 기독교가 전통적으로 서구 세계 전역을 지배해 오고 있다. 개신교는 핀란드와 영국 같은 북유럽 대부분 지역과 북아메리카에서 지배적이다. 또 기독교는 근대 서구를 지배하는 민주주의, 자유주의적 사고, 교회와 국가의 분리 등의 근간이 되기도 했다. 기독교는 또한 계몽주의와 산업 자본주의의 중요한 동력이 되었다. 공산주의를 포기한 동유럽의 국가들은 다원주의적 상황에 적응하는 데 어려움을 겪고 있다. 하지만 폴란드의 가톨릭, 몰도바의 정교회, 아르메니아의 아르메니아 기독교 등과 같은 전통적인 종교들이 활발하게 부활하고 있다. 더욱이 인구 통계상으로 볼 때 이 국가들에는 다양한 민족이 섞여 사는 경우가 많다. 따라서 인종 집단 간의 갈등이 존재하기는 하지만 어쨌든 이 지역들에는 나름대로 다원주의가 존재한다.

이슬람 세계

이슬람 세계의 중심은 아라비아이다. 현재 이 지역은 지배 왕조인 사우드 가문의 이름을 따 사우디아라비아라고 불린다. 이 커다란 반도의 북서부에 있는 메카에서 예언자 무함마드가 신의 계시를 받았고, 그 계시를 통해 이슬람교라는 종교가 생겨났다. "이슬람"이라는 말은 유일신 알라에 대한 "복종"을 뜻한다. 이슬람교는 7세기와 8세기에 급속히 확산되어 중동을 중심으로 북아프리카와 스페인, 그리고 중앙아시아와 인도까지 뻗어나갔다. 이슬람교는 11세기에 무굴 제국이 성립되면서 인도 깊숙한 곳까지 세력을 확장하였다. 오늘날의 파키스탄과 방글라데시는 대부분의 국민이 이슬람 신자이다. 한편 인도 안에만도 무려 1억 명 이상의 이슬람 신자들이 살고 있다. 말레이시아와 인도네시아도 주요 이슬람 국가들인데, 특히 인도네시아는 단연 세계 최대의 이슬람 국가이다. 북아프리카의 이슬람 지역들도 중요한데, 이들 지역의 이슬람 세력은 사하라 사막의 교역로를 따라 분포해 있다. 이슬람 문명은 한때 강력하고 찬란했던 때도 있었지만, 19세기와 20세기 초에는 전체 이슬람 세계가 사실상 서구(영국, 러시아, 프랑스, 이탈리아)의 식민지로 전락했다. 일반적으로 이슬람 세계는 주류인 수니파Sunni와 소수의 시아파Shi'i로 나뉜다. 이란에서는 1979년 이슬람 혁명을 통해 시아파가 핵심 세력으로 부상했다. 이슬람의 또 다른 분파로는 신비주의적이고 명상적인 신앙을 추구하는 수피즘Sufism이 있다. 한편 현대에 일고 있는 이슬람 부흥 운동은 흔히 서구에서 이슬람 근본주의 내지 이슬람주의라고 불리기도 한다. 이 밖에 이슬람교에 속하지는 않지만 바하이교Baha'i는 이슬람적인 분위기에서 발생한 종교이다. 터키는 1923년 이후 확실하게 세속 국가로 변모했지만, 최근 들어 다시 이슬람 세력이 강해지고 있다.

남아시아와 대부분의 동남아시아

이 지역권은 북인도에서 시작된 힌두교 문화와 불교 문화가 지배하는 지역권이다. 인도의 종교들은 이미 기원후 2~3세기에 인도차이나 전역으로 확산되었다. 오늘날 인도에서는 힌두교가 중심적인 종교이지만, 동남아시아 대부분의 나라—버마(미얀마), 태국, 캄보디아, 라오스, 그리고 특히 수세기 동안 미얀마 및 태국과 밀접한 종교적 관계를 유지해 온 스리랑카(실론) 등—에서는 상좌부上座部Theravada 불교가 지배적이다. 인도에는 힌두교 외에도 불교, 자이나교, 조로아스터교(페르시아의 이슬람을 피해 도망쳐 온 파르시들Parsees이 들어왔다), 시크교, 유대교, 기독교 같은 소규모 종교들이 존재한다. 특히 기독교는 아주 오래전에 남인도에 정착하였다. 네팔과 티베트는 힌두교 문명의 영향을 깊게 받은 지역들로, 네팔은 힌두교와 불교 문화가 섞여 있으며, 티베트는 불교가 지배하고 있다. 티베트의 독특한 불교는 몽고에도 전파되었다. 중국이 티베트를 장악하고 지배권을 주장해 왔지만, 티베트는 그들의 불교를 고수하면서 인도와의 관계를 유지하고 있다.

대체로 힌두교가 우세한 인도는 다양한 소수 종교들에 대해 매우 관대하다. 인도는 1959년에 달라이 라마와 그를 따르던 티베트인들이 중국의 지배에 대해 저항하다가 실패해 고국을 떠나 인도로 망명해 오자 그들에게 피난처를 제공하기도 했다. 반면 스리랑카에서는 불교를 믿는 다수의 신할리즈족과 주로 힌두교를 믿는 소수의 타밀족 사이에 길고 긴 내전이 벌어지고 있다. 캄보디아에서는 크메르 루주가 정권을 탈취한 후 유사 마르크스주의를 표방한 급진적 민족주의 이데올로기가 등장했으며, 이로 인해 불교도들을 포함한 수백만 명의 국민이 학살당했다. 미얀마는 제2차 세계 대전 이후 줄곧 군사 정권의 지배 아래 있었으며, 대체로 고립주의적인 정책을 취하고 있다.

동아시아

이 지역권의 문화를 움직이는 중심축은 중국이다. 중국 문명은 한국과 일본 그리고 베트남에 많은 영향을 끼쳐 왔다. 중국에서 공자 전통과 노자 전통은 1세기 이후 종교로 자리 잡으면서 크게 발전하기 시작했다. 한편 역시 1세기 이후 불교가 중국으로 유입되기 시작했는데, 이는 주로 실크로드를 통해서 이루어졌으며 후에는 바닷길로도 유입되었다. 그리하여 중국에서는 유교, 도교, 불교의 세 종교가 서로 영향을 주고받으며 공존하게 되었다. 한국에서는 얼마 전까지만 해도 유교와 불교가 지배적인 종교였지만, 현재는 기독교, 그중에서도 특히 개신교가 지배적인 위치를 차지하고 있다. 일본에서는 불교가 지배적인 종교이지만, 최근에는 전통적인 신도의 관습이 국가 의례로 격상되었다. 19세기와 20세기에 일본에서는 많은 신종교 운동이 발생했는데, 이들 대부분은 신도에 기반을 두고 있다. 한편 중국은 베트남 전역에, 특히 북부 지역에 강한 영향력을 행사하고 있다.

20세기에 중국과 일본은 서구 식민주의의 위협에 직면해서 진정한 독립을 이루기 위해 서로 다른 노선을 택했다. 일본은 1868년 메이지 유신 이후 확실한 근대화를 추구하며 서구로부터 사상, 기술, 제도 등을 도입했다. 일본은 쓰시마 전투에서 러시아 함대를 격퇴시키기도 했다. 일본은 또 한국을 정복하여 사실상의 식민지로 만들었다. 제2차 세계 대전에서 패배한 후 일본은 군사력이 아니라 자본주의를 바탕으로 한 경제 성장을 추구하기 시작했다. 여기서 일본은 냉전 전략을 구사하던 미국의 지원을 받기도 했다. 이와 대조적으로 1911년 혁명을 통해 (근대화의 본질에 대한 이해가 크게 부족했던) 낡은 왕조 체제가 무너진 후, 중국의 지적·종교적 전통들은 중국의 옛 영화를 재건하는 데 필요한 새로운 민족주의에 적합하지 않다는 것이 판명되었다. 또 중산층은 낡은 체제와 새로운 체제 사이에서 어느 정도 타협할 수 있었지만 힘이 미약했다. 결국 중국은 마르크스주의라는 낯선 서구 이데올로기로 방향을 전환했다. 이 이데올로기는 마오쩌둥에 의해 수정되었으며, 중국의 부흥을 위한 발판을 제공하였다. 그러나 이 과정에서 중국의 수많은 전통이 희생되었으며, 그중에서도 특히 많은 종교들이 억압 받게 되었다―이는 유교, 불교, 도교 같은 전통 종교들은 물론, 민간 신앙이나 북서부에서 융성했던 기독교와 이슬람교 같은 소수 종교들도 마찬가지였다.

1990년대에 중국 이외의 지역에서 마르크스주의적 가치들이 유지되고 있던 곳으로는 북한, 베트남, 라오스 등이 있다. 한편 대만은 1949년에 국민당 정부가 패배한 이후 중국 본토와 분리된 채로 남아 있으며, 과거 중국의 정신을 되살려 왔다. 또한 홍콩은 20세기 내내 매우 성공적인 자본주의 지역으로 남아 있었다. 말레이시아 등지에는 중국인들이 소수 집단을 이루고 있지만, 싱가포르에서는 중국인들에 의해 놀라운 경제 발전이 이루어지면서 중국 문화가 점차 지배적으로 자리 잡아 가고 있다. 1980년대와 1990년대에 중국은 시장 경제를 실험하면서 당이 통제하는 권위주의 체제와 유사 자본주의를 결합시키려고 애쓰고 있다.

라틴아메리카

중앙아메리카와 남아메리카는 북아메리카와 약간의 공통점을 갖기도 하지만, 역사적으로나 종교적으로 크게 다른 길을 밟아 왔다. 이 지역은 주로 스페인과 포르투갈(브라질을 차지했었다)에 의해 정복되었기 때문에 로마 가톨릭의 영향을 강하게 받았다. 15세기부터 16세기까지 계속된 정벌로 인해 아즈텍이나 잉카 같은 유명한 도시 문명들이 완전히 파멸되지는 않았지만 정복당했으며, 그 밖의 다른 작은 문화권들도 정복당했다. 게다가 아프리카 문화가 유입되어 이 지역의 문화를 대체하게 되었다. 특히 카리브해 일대는 아프리카 문화가 우세해졌기 때문에 이 지역은 광범위한 아프리카의 일부로 포함될 수 있다. 일반적으로 라틴아메리카 사회는 세 계층으로 이루어져 있다. 우선은 이베리아 반도에서 온 이주민의 후손들이 있고, 이들과 인디언 사이의 혼혈 후손들이 있으며, 마지막으로 토착민인 인디언의 후손들이 있다. 라틴아메리카 대부분의 지역에서는 대지주가 지배력을 행사하고 있기 때문에 부유한 상류층과 가난한 인디언들 사이의 빈부 격차가 심해 이로 인한 충돌이 종종 일어나기도 한다. 그래서 멕시코를 비롯한 일부 국가들에서는 부분적인 사회주의가 대안이 되기도 했다. 그러나 이 지역권의 국가들 중 백인화가 가장 많이 이루어진 나라인 아르헨티나와 칠레에는 자본주의가 확실하게 정착되었다.

  이 지역권에서는 전통적인 가톨릭이 지배적이지만, 제2차 바티칸 공의회(1962~1965) 이후 가톨릭과 마르크스주의를 결합한 해방 신학이 활발하게 성장하였으며, 이는 교회의 개혁에도 막대한 영향을 끼쳤다. 한편 개신교도 라틴아메리카에서 활발한 선교 활동을 펼치고 있다. 라틴아메리카 전역에는 인디언들의 토착 종교들이 곳곳에 퍼져 있는데, 특히 중앙아메리카에 많이 분포되어 있다. 한편 가이아나에는 힌두교인들과 이슬람교인들로 이루어진 수많은 남아시아인들이 이주해 와서 무시 못할 세력을 형성하고 있다는 사실도 잊지 말아야 한다.

광범위한 아프리카

사하라 사막 이남의 아프리카 대부분은 문화적으로 검은 아프리카이다. 그러나 아프리카인들은 브라질에서 가이아나와 카리브해를 거쳐 미국까지 이르는 남북아메리카 전역에도 많이 살고 있다. 대서양을 사이에 끼고 있는 이 두 대륙의 아프리카 사람들이 모여 보다 광범위한 아프리카를 구성한다. 이 두 개의 아프리카는 종교적으로 많은 유산과 유사성을 공유한다. 기독교는 종종 아프리카의 오래된 전통들과 혼합되어 활발한 독립 교회들과 신종교들을 창출하기도 했다. 한편 기독교는 또한 전통적인 모습 그대로 자리 잡기도 했다. 말리, 콩고-브라자빌, 콩고(과거의 자이레), 중앙아프리카 공화국 등과 같이 프랑스나 벨기에의 지배를 받았던 불어권 지역들에는 전형적으로 로마 가톨릭이 지배적이다. 로마 가톨릭은 또한 앙골라와 모잠비크처럼 포르투갈의 식민지였던 곳에서도 강세를 보인다. 영어권 지역에는 영국 성공회와 그 밖에 다른 형태의 개신교가 우세하지만, 남아프리카 공화국의 백인들과 혼혈들은 네덜란드의 개혁 교회와 그 분파들을 믿고 있다. 오늘날까지 외세의 지배를 받은 적이 거의 없는 에티오피아에는 고대 이집트 기독교에 뿌리를 둔 독특하고도 전통적인 기독교가 자리 잡고 있다. 한편 검은 아프리카에는 이슬람교 역시 강한 세력을 이루고 있어서 사하라 사막 이남의 나이지리아 북부와 부르키나파소를 비롯해 동아프리카의 소말리아와 잔지바르 등지에서 강한 세력권을 형성하고 있다.

모로코에서 이집트에 이르는 북아프리카는 아프리카 지역권에서 제외해도 무방하다. 이 지역은 아랍 세계의 일부로 간주될 수 있으며, 이슬람교가 지배적이기 때문이다. 이 지역은 사실상 앞에서 언급했던 이슬람 세계의 서구적 분파이다.

남아공은 18세기 후반부터 영국의 지배를 받았는데, 영국인들은 19세기에 들어 대규모 농장을 경작하기 위해 수많은 인도인들(그들은 대개 힌두교나 이슬람교 신자였다)을 이곳으로 끌어들였다. 이들은 현재 거의 백만 명에 달한다. 간디는 여기서 20년 이상을 변호사로 활동했으며, 이곳에서 인도인들의 권리를 보장 받기 위해 정치적 비폭력 운동을 벌였다. 한편 케냐와 우간다 같은 동아프리카에도 약간의 인도인들이 살고 있었지만, 이들은 대개 영국으로 이주했다.

그러나 대부분의 검은 아프리카 사람들은 아프리카의 고전적인 전통 종교들이나 기독교, 또는 이 둘이 혼합된 형태의 종교나 이슬람교를 신봉한다. 한편 대서양 맞은편 대륙에서는 아프리카와 밀접히 연결되어 있는 신종교 운동들이 나타나기도 했는데, 그중에는 에티오피아의 마지막 황제인 라스 타파리Ras Tafari를 숭배하는 라스 타파리교 같은 것들이 있다. 이 밖에 부두교Voodoo 같은 종교는 가톨릭적 요소와 아프리카적 요소가 혼합된 것으로, 브라질의 움반다Umbanda 운동이나 쿠바의 산테리아Santeria 운동과 비슷하다. 아프리카의 막강한 흑인 교회들은 대부분 개신교의 영향을 받고 있지만 치병이나 조상 숭배 같은 아프리카적 요소들과도 혼합되어 있다. 이중 가장 대표적인 것으로는 예언자 시몬 킴방구Simon Kimbangu(1885~1951)가 창시한 중앙아프리카 공화국의 킴방구교, 그리고 예언자 이사야 셰베Isaiah Shembe(1870~1935)가 창시한 줄루족의 시온교 등이 있다. 1950년대 이후로 식민주의가 쇠퇴하고 남아공의 인종 차별 정책이 누그러지면서 신대륙과 아프리카 대륙 사이에는 점점 더 많은 교류가 이루어지고 있다.

태평양 지역

태평양의 민족들은 세 개의 주요 집단으로 나눌 수 있다. 우선 폴리네시아인들이 있다. 이들은 놀라운 항해를 한 덕분에 이스터 섬과 뉴질랜드를 포괄하는 넓은 지역에 분포하게 되었다. 다음으로 멜라네시아인들은 파푸

아뉴기니를 포함한 태평양 남서부에 분포한다. 끝으로 미크로네시아인들은 태평양 서부 섬들에 흩어져 살고 있다. 여기에다가 오늘날 새로운 전성기를 맞이하고 있는 오스트레일리아 원주민들을 포함시켜야 한다. 태평양 섬들에서는 대부분의 사람이 기독교로 개종을 했으며, 따라서 기독교가 대표적인 종교가 되었다. 기독교 선교사들은 위대한 항해가였던 쿡 선장Captain Cook(1728~1789)이 이 지역을 발견한 이후 주로 19세기부터 이곳으로 와서 선교를 시작했다. 20세기에 이 지역에서는 화물숭배cargo cult라고 불리는 새로운 종교 운동이 일어났다. 화물숭배는 원주민의 조상이 서양 상품을 가득 실은 배를 타고 올 것이라고 믿는 예언자적 운동인데, 이런 운동이 일어나게 된 배경에는 식민 지배를 겪었던 쓰라린 경험과 제2차 세계 대전의 전장이 됨으로써 겪었던 충격이 놓여 있다.

현대의 학자들은 태평양 종교의 몇몇 특성들에 대해 많은 관심을 기울여 왔다. 이러한 것들로는 예를 들어 폴리네시아인들이 신비스런 어떤 힘 자체를 지칭할 때 사용하는 마나mana 개념이나, 오스트레일리아 토착 종교에서 사용하는 토템totem 같은 것이 있다. 또 오스트레일리아에는 "꿈의 시간"이라는 개념이 있는데, 이것은 부족의 수많은 관습과 의례의 기원이 된 성스러운 시간이다.

민족주의의 흥기

지금까지 일곱 개 지역권을 간단히 살펴보았다. 그러나 현대 사회의 지배적인 특징 중에 아직 살펴보지 않은 것이 있다. 바로 민족주의 사상과 민족 국가의 성장이다. 민족주의는 모든 민족이 원칙적으로 자신의 국가를 가져야 한다는 사상이다. 이 사상은 프랑스 혁명 이전에 나타나기는 했지만, 여기에 결정적인 영향을 끼친 것은 바로 프랑스 혁명이었다. 19세기가 되면서 독일과 이탈리아를 비롯해 그리스, 노르웨이, 벨기에, 네덜란드, 룩셈부르크 등 주요 유럽 국가들이 통일과 독립을 이룩했다. 20세기에 들어 민족주의 운동은 제1차 세계 대전과, 민족주의 이상을 천명한 베르사이유 조약에 의해 더욱 크게 성장했다. 그 결과 폴란드, 핀란드, 루마니아, 유고슬라비아, 체코슬로바키아, 알바니아, 불가리아 등이 현재와 거의 비슷한 모습을 갖추게 되었다. 또 남아프리카 공화국, 캐나다, 오스트레일리아, 뉴질랜드 등도 역시 독립 국가가 되었다. 제2차 세계 대전 이후 민족주의 운동은 다른 세계로까지 확산되었다. 그리하여 아직 독립 국가를 이루지 못한 민족 집단—예를 들면 키프러스의 터키인, 이스라엘의 팔레스타인인,[1] 북아일랜드의 가톨릭교인, 스페인의 바스크인, 필리핀의 이슬람교인 등—이 있는 지역에서는 20세기 후반부터 지금까지 계속 지역 분쟁이 벌어지고 있다.

민족주의는 종교가 아니다. 그러나 종교와 비슷한 특징들을 지닌다. 예를 들어 민족주의는 민족에 대한 애국심과 충성을 요구한다. 국민은 국토 방위와 국민 복지를 위해 세금을 내야만 한다. 또 필요하다면 전쟁터로 나가 기꺼이 죽을 수 있어야 한다. 국가를 배반하면 반역자로 낙인찍히며 때로 총살도 당한다. 오직 혁명만을 중시하는 "일원적monistic" 국가에서 반혁명 인사들은 조금만 이의를 제기해도 감금되거나 처형당한다.

국가 이데올로기도 역시 종교적인 옷을 입고 있다. 거기에는 국가國歌(국가는 가능한 한 엄숙하고 심금을 울리는 곡조여야 한다)와 국기를 비롯한 다양한 상징물들, 그리고 화려한 행렬과 온갖 행사가 펼쳐지는 국경일들이 있다. 국경일에는 종종 엄청난 무기를 앞세운 군대 행진이 벌어지기도 한다. 이는 전쟁이 피흘림을 통해 국민을 결속시키는, 현대 국가의 위대하고도 성스러운 사업이기 때문이며, 또 무기가 집단의 커다란 긍지와 자부심을

---

1) 팔레스타인은 1993년의 오슬로 협정과 1994년 5월의 카이로 협정을 계기로 자치권을 획득했으며, 1994년 7월 5일 자치 정부를 수립하였다.

나타내는 상징물이기 때문이다. 국가는 대체로 부족이나 씨족, 심지어 가족까지도 대체하면서 사람들에게 한없는 복종과 충성을 요구하는 절대 권력으로 군림한다. 교육 제도는 국가를 유지하는 데 없어서는 안 될 제도 중 하나이다. 교육은 나라의 새싹들에게 건국 신화(역사 교과서)를 가르쳐 공통된 가치를 주입하고, 스포츠를 육성하여 집단 정체성을 강화한다. 또 교육은 국가 공용어가 전수되는 통로를 제공한다. 예를 들어 이탈리아에서는 수많은 방언을 제치고 표준 이탈리아어가 국가 공용어가 되었으며, 미국에서는 영어가 미국 내의 다양하고 이질적인 집단들을 묶어 내는 공용어 역할을 하고 있다. 한편 식민 지배를 겪었던 국가들에서는 공용어 정책이 벽에 부딪히기도 한다. 예를 들어 다양한 인종 집단과 언어가 뒤섞여 있는 아프리카 대부분의 국가들에서 새 민족 정부의 공식 언어(예를 들어 영어나 불어)를 구사할 수 있는 계층은 오직 엘리트 계층뿐이다.

　이와 같이 민족주의는 전 세계에 엄청난 영향을 끼쳐 왔다. 실제로 현대 세계의 거의 대부분은 독립된 민족 국가들로 이루어져 있다. 때로 민족주의는 쇼비니즘과 다른 민족에 대한 지배욕을 조장하기도 했다. 영국은 한때 수많은 식민지를 거느린 제국이었다. 나치즘은 유럽 전역을 휩쓸었다. 일본은 동아시아와 동남아시아 대부분을 정복하고자 했다. 소련은 중앙아시아의 이슬람교인들과 우크라이나인들 같은 소수 민족을 지배했으며, 대부분의 동유럽 국가를 위성 국가로 만듦으로써 이들을 지배했다. 이는 어떤 점에서 러시아 쇼비니즘의 표현이기도 했다.

　소련이 붕괴된 이후 이 지역들에서는 강력한 민족주의가 대두되기 시작했다. 우선 폴란드, 헝가리, 루마니아 같은 위성 국가들이 독립을 주장했다. 뒤이어 체코슬로바키아가 체코 공화국과 슬로바키아로 분리되었다. 발트해 연안의 공화국들은 1940년에 빼앗겼던 자유를 되찾았다. 벨로루시, 우크라이나, 그루지야, 아르메니아, 몰도바 등이 독립을 요구했다. 중앙아시아의 국가들도 역시 독립을 쟁취했다. 유고슬라비아는 좀더 철저하게 몇 개의 국가들로 분할되어 슬로베니아, 크로아티아, 세르비아, 보스니아, 피롬 등이 독립 국가를 이루게 되었다.

우리는 종교와 세계관이 종종 민족주의와 밀접한 관련을 맺는다는 사실을 알아야만 한다. 민족주의의 도래는 종교적 태도와 세계관이 펼쳐지는 새로운 배경을 제공하고 있다.

세계의 다양한 지역권들은 서로 상호 작용을 하고 있다. 이 상호 작용은 현대를 그토록 창조적이고 흥미진진한 시대로 만드는 좀더 커다란 전 지구적 상호 작용의 일부일 뿐이다. 오늘날에는 사실상 거의 모든 문화가 서로 접촉하고 있다. 샌프란시스코에는 힌두교 스승인 스와미들swamis이 있으며, 뉴질랜드의 오클랜드에는 사모아인들이 있다. 영국의 브래드포드에는 파키스탄인들이 있으며, 뮌헨에는 터키인들이 있다. 런던, 파리, 싱가포르, 홍콩, 뉴욕, 로스앤젤레스, 라고스, 부에노스아이레스, 콜롬보 등과 같은 세계의 주요 대도시들에는 인종과 종교와 관습이 다른 사람들이 함께 살아가고 있다. 이 도시들은 문화의 새로운 용광로이며 다가오는 지구촌 시대의 축소판이다. 우리 모두는 갈수록 점점 더 서로 밀접히 얽혀 가고 있다. 문화 접촉의 특징은 이를 통해 곧바로 새로운 사회 형태가 생겨난다는 것이다. 이와 같이 거대한 세계 종교들은 서로 간에 점점 더 많은 영향을 주고받고 있으며, 이로 인해 새로운 종교 운동들이 생겨나기 시작하고 있다.

그러나 이러한 상황들은 반작용을 불러일으킬 수도 있다. 이란 혁명은 외부로부터 가해지는 다양한 정신적·물질적 위협에 대응하기 위해 전통을 보수적이고 "근본주의적으로" 해석했던 많은 사례들 중 하나일 뿐이다.

전통 종교들은 종종 변한 것이 아무것도 없는 듯한 인상을 주기도 한다 (이 종교들에서는 "이것은 우리가 항상 해오던 것이다"라든지 또는 "이것은 우리의 선조들이 믿었던 것과 같은 것이다"라는 말이 최고의 가치를 갖는다). 그래서 우리도 덩달아 지금까지 일어났었고 지금도 계속 일어나고 있는 변화를 과소평가하기 쉽다.

오늘날 모든 사회에서는 새로운 종교와 사상을 모색하는 움직임들이 일고 있다. 예를 들어 미국에는 새로운 신종교들이 계속 생겨나고 있고, 아프리카에서는 독립 교회 운동이, 그리고 힌두교와 불교에서는 개혁 운동이 펼쳐지고 있다. 또 마르크스주의 사회도 나름대로 변화를 겪고 있다. 온 세계가 지구촌 시장 경제 안에서 다양한 가치들을 교환하기 시작한다면 종교와 이데올로기의 변화는 더욱 가속화될 것이다.

과거의 유산

오늘날의 세계관들에 대해 고찰할 때 간과하지 말아야 할 것이 있다. 그것은 한때 막강한 영향력을 행사했지만 이제는 거의 사라져 버린 과거의 전통들이다. 이들은 오늘날의 세계관들이 형성되는 데 중요한 영향을 끼쳤다. 서구 문화의 과거로 거슬러 올라가 보면 우리는 신플라톤주의라는 세계관을 발견하게 된다. 신플라톤주의는 플라톤 철학에 근거한 종교 사상으로 초기 기독교에 막대한 영향을 끼쳤다. 신플라톤주의는 우주를 생성시킨 제1 원인인 일자一者와의 합일을 추구하는데, 이는 힌두교 사상과도 비슷하다.

초기 기독교 시대에 기독교의 변방에서는 고대 히브리와 이집트 그리고 지중해 동부 연안 문화의 영향을 받은 일련의 종교 운동이 일어났다. 이 종교 운동은 오늘날 영지주의靈知主義Gnosticism로 알려져 있다. 영지주의라는 명칭은 이들이 영지자靈知者Gnostics, 즉 "지식을 가진 사람"이 되고자 했던 데서 붙여진 것이다(그리스어로 그노시스gnosis는 지식을 뜻한다). 이들은 경험을 통해 신적 존재의 비밀스런 본성에 대한 진정한 지식을 얻고자 했다. 그노시스주의 사상은 한편으로 기독교에 뿌리를 두고 있지만, 다른 한편으로 기독교가 자신의 신앙을 체계화하는 동기를 촉발하기도 했다. 사실 기독교 신학의 많은 부분은 영지주의를 이단heresy으로 규정하는 과정에서 반대 급부로 형성된 것이다. 한편 영지주의는 아우구스티누스가 활동하던 시기(4~5세기)에 중동 지방에서 크게 유행했던 마니교Manicheism에도 영향을 끼쳤다. 마니교는 세상의 본성이 악하다는 사실을 강조하면서 육체로부터 해방되기 위해서는 완전성을 추구해야 한다고 주장했다. 마니교 사상의 흔적은 12세기와 13세기 초의 유럽, 특히 프랑스 남서부 지방에서 발흥했던 알비파Albigensian 운동에서도 나타난다. 이 운동의 추종자들은 가톨릭 교회에 의해 이단으로 지목되어 숙청당했다.

고대 그리스와 로마 종교들 역시 이후 시기의 현대 서구 문화가 형성되는데 중요한 역할을 했다. 로마 종교의 일부 요소들은 가톨릭 전통 속으로 흡수되었으며, 그리스의 신화와 철학과 예술은 15~16세기 유럽 르네상스 문화의 핵심 부분을 차지하고 있었다. 한편 고대 메소포타미아와 이집트의 종교들 역시 중요하다. 이들은 여러 가지 방식으로 고대 유대교에 영향을 끼쳤으며 이로써 서구 문화의 한 토대가 되었다.

후대의 종교 전통들에 일정한 영향을 끼쳤던 종교들 중에는 이제는 완전히 사라져 버린 것들도 있다. 예를 들어 콜럼버스 시대 이전의 중앙아메리카와 남아메리카에는 위대한 종교 문명들이 있었으며, 인도 북서부의 인더스 강 유역에는 신비로운 고대 문명이 있었다. 과거로 더 멀리 거슬러 올라가면 프랑스 남서부 지방과 스페인 북부 지방의 동굴들에 그려진 놀라운 벽화들을 볼 수도 있다. 이 동굴 벽화들은 수렵 문화와 관계된 어떤 의미를 가졌을 것이 분명한 고대적 숭배의 수수께끼 같은 흔적을 간직하고 있다. 유럽과 세계 각지에는 영국 서부 솔즈베리 평원의 스톤 헨지 같은 거석 유적이 남아 있다. 이러한 인공물들은 고대의 신들에 관한 이론에 관심 있는 이들에게 더없이 흥미로운 단서를 제공해 주고 있다. 그러나 문자로 씌어진 기록이 없거나 또는 기록이 있다 하더라도 이를 해독해 낼 방법이 없으면 이러한 고대 종교들을 이해하는 것은 매우 어려울 수밖에 없다. 더욱이 설사 고대 문자를 해독했다고 해도 이것만 가지고는 고대인들이 어떤 생각을 했고 어떤 감정을 느꼈을지 헤아리기가 힘들다. 이는 마치 폐허가 되어 잡초가 무성해진 운동장에 앉아 축구가 무엇인지를 이해하려고 애쓰는 것이나 마찬가지이다.

20세기의 세속적 휴머니즘

지금까지 우리는 인류가 간직해 온 다양한 종류의 종교와 세계관을 개략적으로 살펴보았다. 하지만 현대에 대해서는 이야기할 것이 더 남아 있다. 우리는 앞에서 19세기의 반종교적 이론에서 나온 다양한 형태의 마르크스주의가 세계의 많은 부분을 지배하고 있다는 것을 보았다. 우리는 또 인간 사회 속에서 다양한 신념이 전개되는 배경이 되었던 많은 요소들이 민족주의의 힘과 이상에 의해 대체되었다는 것도 보았다. 그런데 서구 세계의 강력한 근간이 되는 것으로는 기독교와 유대교 외에 휴머니즘이 있다. 오늘날 많은 사람들은 전통 종교의 시대가 지나가 버렸다고 생각한다. 이는 과학적 사고 방식 속에는 신이나 윤회를 비롯한 전통 종교들의 많은 핵심 개념들이 들어설 자리가 없기 때문이다.

한편 현대에는 이른바 "세속화secularization" 과정이 진행되고 있다. 다시 말해 현대 사회에서 사람들은 전통적인 종교들로부터 점점 멀어지고 있다. 예를 들어 오늘날 서구 사회의 많은 사람들은 도시와 도시 근교로 몰려들고 있으며, 사회적 통합도가 비교적 높고 종교가 아직도 큰 영향을 미치고 있는 농촌이나 소도시에서는 더 이상 살려고 하지 않는다. 또 현대인들은 좀더 좋은 일자리를 찾아 이리저리 돌아다니기 때문에 현대 사회는 매우 유동적인 사회가 되었다. 그리고 이로 인해 현대인은 좀더 비전통적이고 좀더 개인적인 성향을 지니게 되었다.

한 개인이 무엇을 믿느냐 하는 것은 개인의 사적인 관심사가 되었다. 게

다가 대부분의 사람들은 이제 더 이상 전통적인 의미의 종교를 선택하지도 않는다. 현대 사회에서 "무종교인"의 수는 점점 늘어나고 있다. 이탈리아처럼 대부분의 국민이 가톨릭을 믿는 나라에서조차도 교회의 권위는 점점 쇠퇴하고 있다. 그런데 이와 달리 마르크스주의의 지배 아래 있던 루마니아와 폴란드 같은 나라에서는 오히려 종교가 강하게 살아남았다. 이는 한편으로 종교가 극심한 억압 속에서 이에 대한 반동으로 더 강해졌기 때문이기도 하고(흔히 순교자의 피는 교회의 씨앗이라고 여겨진다), 다른 한편으로 루마니아의 정교회와 폴란드의 가톨릭이 민족주의와 결합되어 있었기 때문이기도 하다. 이들 나라에서 국민들이 소련의 간섭에 대항해 그들의 민족 정체성을 주장하고자 했을 때 애국심과 종교는 하나로 합쳐져서 강력한 힘을 발휘했던 것이다.

그러나 아무리 전통적인 종교와 결별한 사람이라도 인간 삶의 본질에 대해 일정한 견해를 갖기 마련이다. 이런 사람들이 지니고 있는 가장 두드러진 세계관은 대체로 과학적 휴머니즘이다. 이제부터 과학적 휴머니즘이 무엇인지에 대해 살펴보도록 하자.

휴머니즘, 즉 인간주의는 세상에서 가장 고귀한 가치를 갖는 것은 인간 자신과 인간이 만든 산물들이라고 믿는다. 휴머니즘은 인간에게 사후 세계가 있다거나 또는 인간이 불멸하는 영혼을 갖는다고 생각하지 않는다. 또 인간이 신에 의해 창조되었다고도 생각하지 않는다. 따라서 서구의 전통적인 종교적 교리와 신화는 거부된다. 이와 같이 "휴머니즘"이라는 말은 매우 강력하고 배타적인 의미로 사용된다. 즉, 인간보다 더 높은 것은 아무것도 없다는 주장이다. 여기서는 "하느님을 사랑하고" "이웃을 사랑하라"는 유대-기독교의 커다란 두 계명 중에서 전자는 사라지고 다만 후자가 남아 도덕의 토대가 된다. 그런데 이 휴머니즘은 **과학적**이라고 여겨진다. 휴머니즘적 세계관을 지지하는 사람들은 세계에 대한 모든 진정한 지식이 궁극적으로 과학을 통해, 또는 적어도 과학적인 사고 방식을 통해 밝혀질 것이라고 믿는다. 우리는 망원경과 우주 탐사 그리고 수학 이론과 물리 법칙을 통해 우주에 대한 지식을 얻는다. 또 우리는 생물학을 통해서 생명체에 대한 지식을 얻는다. 물론 우리에게는 여전히 모르는 것이 너무도 많다. 하지만 어쨌든 우리는 실험과 관찰 그리고 탐색과 이론화를 통해 점점 더 많은 것을 알아 가게 될 것이다. 과학에는 신이나 열반이라는 개념이 들어설 자리가 없다. 또 과학은 교황이나 석가모니, 『쿠란』이나 『성서』 같은 것에 아무런 권위도 부여하지 않는다. 실제로 과학은 다양한 이론들이 서로 경쟁할 수 있고 사람들이나 교육 제도가 이데올로기나 종교에 별로 영향을 받지 않는 개방적인 사회에서 잘 발달한다. 한편 과학적 휴머니즘은 자유와 자유로운 사고 방식 그리고 민주적인 제도를 선호하며, 따라서 정통 마르크스주의와는 잘 조화되지 않는 경향이 있다. 그래서 어떤 나라들에서는 마르크스의 사상을 어느 정도 수용한 사회 민주주의나 자유 사회주의 같은 세계관이 나오기도 했다. 하지만 현대 서구 세계에서는 대체로 과학적 휴머니즘이 기독교 및 유대교와 더불어 강력한 영향력을 행사하고 있다.

휴머니즘과 기독교는 다양한 방식으로 상호 작용을 해왔다. 예를 들어 현대 휴머니즘의 흐름 중에는 독일의 하이데거 Martin Heidegger(1889~1976)와 프랑스의 사르트르 Jean-Paul Sartre(1905~1979)가 주창한 실존주의가 있다. 실존주의는 19세기 덴마크의 뛰어난 사상가 키에르케고르 Sören Kierkegaard(1813~1855)의 영향을 많이 받았다. 실존주의는 현대 기독교 신학에 많은 영향을 끼쳤으며, 그와 동시에 기독교는 현대의 휴머니즘을 다시 성찰하는 중요한 원동력이 되었다. 아주 간단히 말하자면 실존주의의 중심 사상은 다음과 같다. 인간의 실존은 정의될 수도 없고 규정될 수도 없다. 인간의 실존은 창조적인 변화에 대해 열려 있다. 그리고 창조적인 변화의 가능성은 개인이 과거의 무게에 짓눌리지 않고 얼마나 새로운 자유와 삶의 진정성을 찾아가느냐에 달려 있다. 인간은 아무런 본질도 갖지 않는다. 하지만 그래도 인간은 자유로운 존재로서의 가능성을 갖고 있다. 기독교적 실존주의자라면 이런 진정한 선택의 모델을 그리스도에게서 찾을 것이다. 그리스도는 그가 살던 시대의 모든 속박과 멍에 그리고 기존의 통념과 율법주의에 정면으로 도전했기 때문이다. 반면 무신론적 실존주의자라면 우리를 자유롭게 해줄 신 따위는 존재하지 않으며, 죽은 후에 들어갈 천국 같은 것도 없다고 주장할 것이다. 그에게 진정한 자유란 이런 것들을 거부한 채 죽음을 직시하고 현재의 삶을 창조적으로 인식하며 살아갈 때에만 비로소 가능하다.

이와 같이 우리는, 특히 서구인들은, 다양한 삶의 방식 속에서 살아가고 있다. 우리는 상호 작용의 시대에, 온갖 종교들과 세계관들이 쇄도하는 시대에, 그리고 온갖 것들이 서로 만나는 새로운 지구촌에 살고 있다. 이 시대는 매우 고무적인 시대이기도 하지만, 또한 혼돈스러운 시대이기도 하다. 하지만 아무리 새로운 사조가 일어나고 새로운 철학이 나타나도 오래된 종교 전통들의 상당수는 지금도 강한 영향력을 발휘하고 있다. 그렇기 때문에 과거의 위대한 종교 전통들은 물론 오늘날 새로 출현하고 있는 온갖 형태의 종교와 휴머니즘을 함께 이해하지 않고서는 결코 우리가 살아가는 이 세계를 제대로 이해할 수 없다. 또 오늘의 세계가 우리에게 제시하는 다양한 선택들에 대해 살펴보지 않고서는 결코 우리 자신의 삶의 방향을 결정할 수 없다. 우리는 스스로 선택해야 한다. 그리고 이제 우리는 한 가지 과일밖에 없는 과수원이 아니라 온갖 종류의 나무와 열매가 무성한 식물원에 있다.

우주에 대한 다양한 견해들

세계의 다양한 신념 체계들은 우주cosmos에 대해 저마다 다른 모습을 제시한다. 우주에 대한 이런 견해들의 구조는 아마 삼각형으로 표시할 수 있을 것이다. 정점에는 우주가 있고, 아래의 한쪽 끝에는 인간이 있으며, 다른 한쪽 끝에는 사회가 있다.

다양한 우주관을 살펴보기 전에 먼저 내가 물리적 우주를 지칭하기 위해 "유니버스universe"나 "세계world"가 아니라 "코스모스cosmos"라는 용어를 사용하게 될 것임을 밝혀 두고자 한다. "코스모스"는 "질서"를 의미하는 그리스어에서 유래된 것으로, 고대 그리스인들이 하늘, 별, 땅, 바다와 같이 그들을 둘러싼 세계가 너무도 질서 정연하게 움직이고 있다는 사실에 놀라움을 금치 못했기 때문에 생겨난 단어이다. 한편 우주를 "유니버스"로 지칭할 때 이는 "존재하는 모든 것"을 의미한다. 물론 신이 있다면 그 신도 역시 여기에 포함된다. 이 경우 "유니버스"는 신과 신이 창조한 물리적 우주를 모두 아우른다. 또한 "유니버스"는 종종 물리적인 우주와 그 안의 모든 생명체를 지칭하기도 한다. 하지만 나는 혼란을 막기 위해서는 물리적인 우주만을 지칭할 때는 "코스모스"라는 용어를 사용하는 것이 더 낫다고 생각한다. 한편 "세계"는 우리가 "세계는 둥글다"라는 말을 할 때처럼 우리가 살고 있는 혹성인 이 지구를 의미하며, 나는 "세계"라는 말을 이런 용법으로 사용하고자 한다.

신을 믿는 유신론자에게 우주란 신이 자신의 영광을 드러내기 위해 창조한 피조물이다. 나는 피조물이고 하느님의 형상에 따라 만들어졌으며 이는 다른 사람들도 마찬가지다. 인간 개개인에게는 구원을 받아 하느님과 만나는 축복을 누릴 수 있는 희망이 있으며, 사회에게는 이 땅 위에 축복된 사회인 하느님의 왕국을 건설할 수 있는 희망이 있다. 나는 하느님을 사랑하고 다른 사람을 사랑함으로써 진정한 나 자신을 발견한다. 이상이 신을 믿는 기독교인들이 우주의 삼각 구도를 바라보는 입장이다.

기독교인이든 유대교인이든 또는 이슬람교인이든 간에 유신론자들은 보통 우주가 과거의 어느 한 순간에 신에 의해 창조되었다고 생각한다. 우주는 비록 적대적인 세력(전통적으로 그 세력의 우두머리를 악마라고 부른다)에 의해 손상되기는 했지만, 본질적으로 선하고 영광스럽다. 우주는 신의 선함을 드러내고 그의 목적을 보여 주는 표시로 가득 차 있다. 이는 우리가 밤하늘의 별과 웅장한 산들을 바라보면서 신의 위엄을 느끼기 때문만이 아니라, 우리가 온갖 일들이 펼쳐지는 것을 보면서 신의 목적을 발견하기 때문이기도 하다. 우주의 지배자인 신은 세계를 창조하기만 한 것이 아니다. 그는 세계를 계속 이끌어 가고 세계가 계속 움직이게끔 하는 힘이기도 하다. 한편 이와 달리 신이 우주를 창조하고 난 후에 우주로부터 멀리 떨어져서 우주가 스스로 움직이도록 내버려 두고 있다고 생각하는 사람들도 있었다. 17~18세기 서구 사상의 한 가지 유형을 차지하고 있던 이들을 흔히 **이신론자理神論者deist**라 부른다. 이러한 이신론적 사고는 오늘날에도 여전히 존재한다.

　이와 같이 유신론자들은 우주가 신의 창조력을 드러낸다고 생각한다. 그러나 이와 달리 우주를 유일한 조물주에 의해 만들어진 것으로 보지 않는 사회들도 많이 있다. 이런 사회들에서 우주는 보다 다양한 요소들이 복합적으로 작용하여 만들어졌다고 여겨진다. 그리고 우주 안에는 우주의 각 부분을 주관하는 다양한 힘들과 존재들이 수없이 존재한다고 여겨진다. 예를 들어 밤하늘에 빛나는 달이 차고 기우는 것은 달을 다스리는 여신의 힘을 드러내는 표시라고 여겨졌는데, 이는 오늘날 우리가 달이 지구 주위를 공전하기 때문에 이런 현상이 생긴다고 알고 있는 것과는 사뭇 다른 견해이다. 태양이 뜨거운 열을 내는 것은 태양신 때문이다. 강과 시내에는 온갖 요정들이 살고 있는데 우리가 목욕을 하러 가거나 가축에게 물을 먹이러 가면 그들의 속삭임을 들을 수 있다. 또 무덤에서도 역시 (아마도) 조상들의 그림자가 속삭이는 소리를 들을 수 있다. 천둥과 번개는 하늘신의 무시무시한 위력을 보여 준다. 이와 같이 우주는 눈에 보이지는 않지만 자연을 통해 스스로를 드러내는 온갖 힘들과 신들로 가득 차 있다. 이렇게 우주가 신들이나 보이지 않는 힘들에 의해 다스려진다고 믿는 신념 체계는 서양에서 흔히 **애니미즘**이라 지칭된다. 이 용어는 "영혼"을 의미하는 라틴어에서 나온 말이다. 한편 이런 신념 체계는 때로 유일신론과 대비되는 "다신론"이라고 불리기도 한다. 로마의 주피터나 그리스의 제우스에게서 볼 수 있듯이, 다신론적 신념 체계에는 대부분 지고신에 대한 관념이 있다. 이 지고신은 제일 높은 신으로서, 여러 가지 면에서 인간과 좀더 가까이 있는 하위 신들과 달리 인간이 쉽게 다가가거나 마음대로 주무를 수 없는 신이다. 어쨌든 인간에게 근심 걱정을 주는 온갖 시시껄렁한 일들까지 지고신에게 해결해 달라고 조르는 것은 (많은 사람들에게) 있을 수 없는 일이라고 여겨진다. 그래서 어떤 세계관에서는 지고신이 인간사에 전혀 관여하지 않기도 한다.

애니미즘이 비록 중요하고 또 중요했던 신념 체계이기는 하지만, 오늘날 많은 문화권에서 그것은 여러 가지 이유로 인해 점차 사라지고 있다. 그 한 가지 이유는 애니미즘적 신앙이 강했던 아프리카의 많은 지역과 태평양 섬들에 기독교와 이슬람교가 침투해 들어갔다는 점이다. 물론 이 사회들에서 전통을 부활시키려는 움직임이 일어나기도 했지만, 이는 외래 사상의 영향으로 변모를 겪을 수밖에 없었다. 두 번째 이유는 오래전부터 생활 방식이나 생계 수단과 밀접한 관련을 맺고 있던 과거의 신앙들이 현대적인 기술의 발달로 인해 변화되고 있다는 점이다. 에스키모들은 현대적인 마을에서 살고 있으며 새로운 어업 기술을 가지고 있다. 동아프리카의 유목민들은 한 곳에 정착하라는 압력을 받고 있다. 태평양의 섬 사람들은 곡식을 팔아 돈을 벌고 있으며 관광 사업으로도 많은 돈을 벌어들이고 있다. 오스트레일리아 원주민들은 목장에서 일을 하고 있으며 세금을 내고 있다.

한편 오늘날에는 낡은 세계관을 현대적 지식에 비추어 재구성한 새로운 이데올로기가 하나 나타나고 있는데, 그것은 바로 "환경주의 애니미즘 environmental animism"이다. 이는 우주 안에는 인류를 포함한 수많은 힘들과 존재들이 공존하고 있으며 이들은 함께 조화를 이루면서 살아가야 한다고 보는 세계관이다. 이러한 조화는 종종 인류가 (자연의 일부가 아니라) 자연의 주인이라 여기는 기독교적 관념과, 자연을 정복하고 길들이는 수단을 제공하는 현대 과학 기술에 의해 위협을 받아 왔다. 이들은 종종 근시안적인데, 이미 오늘날의 생태계 현실에서 나타나고 있듯이 자연에 대한 "정복"은 자원을 고갈시키고 환경을 오염시키기 때문이다. 하지만 "환경주의 애니미즘"이 아무리 중요하다고 해도 어쨌든 소규모 사회들은 하루가 다르게 변화하고 있으며, 수많은 힘과 존재로 가득 찬 우주에 대한 믿음은 인간의 상상력 속에서 점점 사라지고 있다.

역사적으로 볼 때 우주가 수많은 힘과 존재로 가득 차 있다고 보는 신앙은 이런 신앙을 초월하거나 단 하나의 신이 우주를 다스린다고 믿는 종교에 의해 대체되어 왔다. 예를 들어 중앙아메리카와 남아메리카에서 전통적인 종교들은 대부분 가톨릭에 의해 대체되었다. 이보다 훨씬 이전에 북유럽에서는 게르만족과 켈트족 그리고 슬라브족의 전통적인 신앙들이 가톨릭과 동방 정교회에 의해 대체되었다. 인도에서는 기존의 다양한 신앙과 신화 그리고 의례들이 힌두교라는 커다란 우산 아래 포섭되어 서서히 변해 가고 있다. 동남아시아에서 불교는 기존의 신앙들이 존속할 여지를 남겨 두었다. 하지만 그 신앙들은 불교의 좀더 고차원적인 교리 아래로 포섭되었다. 인도네시아와 말레이시아를 비롯한 세계 여러 지역에서는 이슬람교가 전통적인 애니미즘을 대체해 왔다. 한편 중국에서는 도교, 불교, 유교가 어우러진 복합적인 신념 체계가 민속 종교를 변화시켜 왔다.

대부분의 소규모 사회 사람들에게 우주는 하나의 밀림이었다. 그 안에 있는 온갖 나무들은 모두 신들이요 정령들이었다. 하지만 기독교와 이슬람교가 들어와 이 밀림을 싹 밀어 버리고는 유일신이라는 거대한 한 그루의 나무를 심었다. 그리고 그 주변에는 (기존의 신들이 변형된) 유럽과 멕시코와 그 외 지역의 성인聖人들이라는 작은 관목들이 들어차게 되었다. 한편 힌두교는 밀림을 완전히 없애지는 않았다. 힌두교는 밀림 속의 모든 나무들이 중앙에 있는 거대한 한 그루의 나무를 바라보고 있다고 생각했다. 이와 대조적으로 불교는 밀림을 그대로 둔 채 그 속에다 궁극적인 해탈로 인도하는

"팔정도八正道"라는 길을 냈다. 원한다면 이 밀림을 돌아다녀 보라. 그러면 이 밀림이 너무도 빽빽해서 더 이상 길을 따라갈 수 없다는 것을 알게 될 것이다.

다시 눈을 돌려 이번에는 힌두교를 살펴보자. 힌두교에서는 우주가 두 개의 층으로 이루어져 있다고 여긴다. 1층에는 신적 존재의 몸인 우주가 있다. 그리고 2층에는 우주 전체에 생명을 부여하는 영혼이 있다. 인간이 자신의 몸을 완벽하게 조종할 수 없는 것과 달리(나는 쓸개의 기능이나 간장의 분비물 따위를 결코 내 맘대로 바꿀 수 없다) 신은 모든 것을 조종한다. 평범한 힌두교인의 상상이나 실제 생활 속에는 수많은 신들이 존재하는 것처럼 보이지만, 사실 이 신들은 모두 단일한 신적 존재가 특정한 방식으로 나타난 화신들일 뿐이다. 한편 힌두교의 우주관 중에는 아드바이타 베단타 Advaita Vedanta라 불리는 신념 체계와 신학도 있다(Advaita는 "없음"을 뜻하는 A와 "둘" 또는 "이원성"을 뜻하는 dvaita의 합성어로 "비이원론적"이라는 뜻이다. Vedanta는 "마지막"을 의미하는 anta와 힌두교 경전인 Veda의 합성어로 "마지막 경전"이라는 뜻이다).

아드바이타 베단타의 견해에 따르면 우주의 영혼인 인격적인 창조자는 지고의 실재가 아니다. 창조자 위에는 합일이라는 지고의 체험이 있다. 거룩한 구도자나 진정한 요기는 (또는 고행과 명상을 실천하는 사람은) 자신의 영혼 안에서 자신의 자아가 신적 존재와 하나라는 최상의 지식을 깨닫는 사람이다. 이런 합일에 이른 순수 의식의 상태에서는 나와 신 사이의 모든 차이가 없어진다. 이 지고의 의식 단계에서 우주를 창조한 "저 너머의" 존재인 신은 물론 현존하는 이 우주 자체도 모두 환상에 불과하게 된다. 그리고 나는 우주를 초월하게 된다. 이와 같은 시각에서 보면 우주는 일종의 신기루요, 터무니없는 마술 쇼요, 인도 말로 "마야maya"(환상)에 불과하게 된다.

이런 신념 체계에서 우주는 환상에 불과하지만, 일반적으로 우주는 신적 존재의 창조물이나 신의 몸이라고 여겨지기도 한다.

서양 종교에서 우주는 단 한 번에 창조되었다고 여겨진다. 「창세기」에 나오는 이야기를 문자 그대로 받아들이고 아담과 그후의 세대를 일일이 합산해 보면 우주가 창조된 연대는 기원전 4004년이었다는 결론이 나오기도 한다(이는 한때 매우 잘 알려져 있던 계산법이다). 오늘날 대부분의 기독교인과 유대인은 이런 황당한 계산법 따위는 믿지 않는다. 하지만 그들은 여전히 우주가 수십억 년 전의 어느 한순간에 창조된 것으로 믿고 있다. 현대의 대부분의 천문학자들은 우주의 탄생을 최초의 거대한 폭발이었던 "빅뱅big bang"까지 소급시킨다. 그들에 따르면 현재의 우주는 빅뱅에서 생겨나 계속 팽창해 왔다고 한다. 하지만 힌두교의 상상력 속에서는 우주가 엄청난 시간을 주기로 팽창했다 수축했다 한다. 왜냐하면 우주는 신이 단 한 번에 창조한 것이 아니라, 우주를 만든 후에 조용히 쉬고 있던 신이 일정 시간이 지나 다시 우주를 재창조한다고 믿어지기 때문이다. 이와 비슷하게 불교에서도 사물에 궁극적인 기원이 있다는 식의 생각을 하지 않는다.

불교에는 창조주란 개념이 없다. 또 유일하고 전능한 신이란 개념도 없다. 물론 이미 살펴본 바와 같이 불교는 신들의 존재를 부정하지는 않는다. 불교는 신들이 민간 신앙의 반영이므로 이들을 없앨 수는 없다고 생각하지만, 신들이 모든 중생이 지향해야 할 궁극적인 목표는 아니라고 본다. 불교는 우주에 대해서도 전혀 다르게 설명한다. 우주는 신의 창조물도 아니며 신의 몸도 아니다. 우주는 서로 밀접히 얽혀 있는 사건들의 연속일 뿐이며 이 모든 것은 다 덧없는 것들이다. 우주는 흘러가는 커다란 구름 덩어리이며 영원한 본질을 갖고 있지 않다. 우주 안에 있는 그 어떤 것도 영원하거나 불변하는 것은 없으며 우주의 핵심은 공空이다. 이는 성인이나 부처가 깨달음을 얻어 열반에 이르렀을 때 볼 수 있는 것이다. 불교인에게 우주는 일종의 신기루에 불과하다. 우주가 견고하다거나 영원하다거나 하는 생각은 헛된 생각이다. 우주는 실제 보이는 그대로가 아니다. 우리 모두가 그러하듯이 세상 모든 것은 다 흘러간다. 내가 아무리 윤회를 거듭하며 삶을 살아간다 해도, 내 안에도 역시 영원한 실체가 있는 것은 아니다. 나는 다양한 명상 수행을 통해 내적인 통찰을 얻고 이로써 근본적으로 비어 있고 덧없는 사물의 진정한 본질을 이해해야만 해탈할 수 있다.

중국에서 불교는 도교의 영향을 받았다. 도교는 우주의 진정한 본성이 "도道"라고 말한다. 도는 길, 원리, 방법 등의 의미를 지닌다. 하지만 일반적으로 도는 우주의 길, 또는 우주를 지배하는 원리나 영혼을 의미하는 용어로 쓰인다. 불교는 도에 대한 도교의 이러한 견해를 무상한 만물 너머의 공에 대한 불교의 견해와 결합하였다. 그리하여 이로부터 선불교라는 매우 창조적인 형태의 불교가 생겨났다. 선禪은 중국어로는 찬Ch'an, 일본어로는 젠Zen이라 불리며, 우주의 진정한 본성과 조화될 것을 강조한다.

지금까지 전통 종교들의 우주관을 간단히 살펴보았다. 유신론의 경우 우주는 신적 정신의 창조물이다. 힌두교에서 우주는 신의 몸으로 여겨지기도 하고 환상으로 여겨지기도 하는데, 이 환상 너머에는 궁극적인 실재가 있다. 불교에서 우주는 창조된 것도 아니고 영원한 것도 아니다. 도교에서 우주는 정신적인 원리의 지배를 받는다. 다신교에서는 많은 신적 존재들이 상호 작용을 하는데 종종 이들은 지고신의 통제를 받기도 한다.

우주에 대한 이런 견해들은 모두 우리가 자신의 태도를 바꾸거나 또는 우주 뒤편에 있는 신적 존재와 소통을 하면 우주를 지배할 수 있다는 생각을 담고 있다(이런 생각은 애니미즘에서는 부분적으로만 나타난다). 간단히 말해 이 견해들은 모두 어느 정도 정신을 중요시하고 있는 것이다. 이들은 우주 전체나 우주의 일부가 지고 정신이나 우리 자신의 정신이 낳은 산물이라고 여긴다.

그러나 이들과 대조적으로 다양한 형태의 유물론들은 정신을 단순히 우주의 부산물로 생각한다. 세계는 신이 만든 것이 아니다. 오히려 그 신은 우리가 만들어 낸 것이다. 그리고 우리는 물질로부터 만들어졌다. 유물론적 철학들은 이미 고대—예를 들어 석가모니가 살았던 시대와 그 이전의 인도나 고대 그리스—부터 있었다. 그러나 현대에 들어 두 가지 형태의 대표적인 유물론이 나타났다. 하나는 경제와 물질적 생산에 관한 이론에 중점을 두고 인류 역사를 이해하는 마르크스주의다. 마르크스는 물질로부터 생명체가 생겨났으며 일정한 과정을 거친 후에 온갖 모순과 갈등을 담고 있는 사회가 나타났다고 생각했다. 이러한 갈등은 계급 간의 투쟁을 일으키며 이 투쟁은 역사를 전진시킨다. 그러나 문화와 지식은 본질적으로 물질적 관계의 부산물이다. 그렇기 때문에 마르크스에게 종교는 하나의 환상에 불과하다고 여겨진다. 그에 따르면 물질의 변화나 움직임을 설명하기 위해 신 따위를 상정할 필요는 없다. 그러한 변화의 역동성을 설명해 주는 것은 오히려 물질 안에 내재된 내적 갈등이다.

현대 유물론의 두 번째 형태는 "철학적 유물론"이다. 철학적 유물론은 의식 상태—우리가 정신이라고 부르는 것의 핵심—가 뇌와 신경 체계에서 일어나는 일종의 독특한 생리적 과정에 불과하다고 주장한다. 또한 철학적 유물론은 신이 순전히 비물질적인 상태로 존재하며 인간의 영혼이 비물질적인 실체를 지닌다고 보는 세계관을 거부한다. 간단히 말해 만약 신이 존재한다면 그는 우리와 마찬가지로 물질적인 존재이어야 하며, 신이 물질적인 존재라면 그는 물질을 창조할 수 없다는 주장이다. 이러한 유물론은 마르크스주의와 마찬가지로 무신론적이다. 그러나 마르크스주의와 철학적 유물론 사이에는 한 가지 큰 차이가 있는데, 그것은 전자가 역사적 경험을 설득력 있게 해석할 수 있는 별도의 역사 이론과 경제 이론을 갖고 있는 반면 후자는 그렇지 않다는 것이다.

우주에 대한 이런 다양한 견해들은 부분적으로는 우리를 둘러싸고 있는 것들에 대한 진리 추구에 영향을 받으며 또 부분적으로는 의미를 찾고자 하는 모색에 영향을 받기도 한다. 우리에게 우주는 일종의 거울과도 같다. 그래서 우리는 기묘하고 아름다운 우주 속에 비치는 우리 자신의 모습을 찾으려 하기도 하고, 태양과 별들이 우리 삶의 방향에 어떤 빛을 던져 주는지에 대해 생각하기도 한다.

  지구촌 시대가 되면서 다양한 세계관들은 서로 만나고 있다. 그리고 이는 미래에 대해 너무도 중요한 문제를 제기한다. 인류는 장차 물질적인 부만을 추구하며 살아가게 될까? 초월자나 우주 저 너머의 존재에 대한 인식은 과연 장차 어느 정도까지 우리에게 도움을 줄 수 있을까? 종교와 과학이 공존할 수 있다면, 과연 이들이 함께 공존할 수 있는 방법은 무엇일까? 인간의 지식과 기술이 계속 발전하고 있는 현대 세계 속에서 전통적인 종교들이 그 의미를 간직하고 설득력을 유지하려면 과연 이들은 어느 정도나 변해야 할까?

  어떤 면에서 다양한 세계관들은 우리에게 살아가는 법을 가르쳐 주는 지도라고 할 수 있다. 그리고 또 다른 면에서 세계관들은 그 자체로 인간이 경험하는 힘들과 인간에게 삶을 살아갈 수 있게 해주는 우주를 묘사하고 있다. 따라서 세계관들의 의미를 이해하게 된다면 오늘날 새롭게 출현하고 있는 이 복잡다단한 지구촌 문명 안에서 앞으로 어떤 일이 벌어질지를 예측할 수도 있을 것이다.

  인간의 삶 속에서 끊임없이 분출되어 온 다양한 종교 경험들은 전통적인 종교들의 모습이나 인간의 정신적인 힘에서 핵심을 차지한다. 이제 이러한 종교 경험들에 대해 살펴보기로 하자.

제3장 경험적 차원

사람들이 우주를 어떤 한 위대한 신의 작품이라고 생각하는 것은 아마 부분적으로는 우주가 어느 곳에선가 왔음이 틀림이 없다거나, 또는 우주의 아름다움과 정교함이 전지전능한 창조주를 전제해야만 설명될 수 있다고 생각하기 때문일 것이다. 또는 사람들이 『바가바드기타』나 『성서』 또는 『쿠란』 같은 위대한 경전에 나오는 이야기를 인정하고 있기 때문일 수도 있다. 또는 사람들이 그들의 경험 속에서 장엄하고 두려움을 느끼게 하며 압도적인, 그러면서도 사랑으로 가득 찬 신적 실재를 느끼기 때문일 수도 있다. 실제로 고대 인도의 『주의 노래Gita』를 보면, 이야기의 주인공인 아르주나가 형형색색의 빛을 발하는 힘으로 나타난 신을 만났던, 마치 핵폭발 같은 놀라운 경험이 드라마틱하게 묘사되어 있다. 또 『쿠란』에는 무함마드에게 나타나서 그에게 그토록 놀라운 예언을 맡겼던 전능하고 자애로운 알라에 대한 경험이 끊임없이 나타난다. 마찬가지로 『성서』에도 전능한 하느님의 현존에 대한 경험이 계속해서 나온다. 성전에서 신의 현존을 체험했던 이사야, 극도의 절망 속에서 신의 음성을 들었던 욥, 그리고 기독교인들을 죽이러 다마스커스로 가던 길에 그리스도를 만나 눈이 멀게 되는 놀라운 일을 겪었던 바울의 경험 등이 그 예이다.

물론 모든 종교인이 다 이런 극적인 경험을 하는 것은 아니다. 하지만 사람들은 종종 인류 역사의 위대한 전환을 가져왔던 이런 경험들과 어느 정도 유사한 감정을 경험하기도 한다. 실제로 대부분의 종교 의례들은 바로 이런 감정을 표현하고 유발하는 목적을 갖고 있다. 유럽에 있는 대성당의 첨탑들, 그 안의 희미한 불빛들, 높이 울려 퍼지는 성가대의 노랫소리, 천천히 나아가는 순례 행렬, 신비스런 종소리, 놀라운 빛깔들로 채색된 스테인드 글라스에 그려져 있는 대심판관 예수의 어두운 이미지, 이런 것들은 모두 우리로 하여금 만물의 주에 대해, 경이로운 신에 대해 느끼게 해준다.

마찬가지로 경험을 유발하기 위한 비싸거나 정교한 장치가 전혀 없는 개신교의 검소하고 간소한 예배당에서도 강렬한 찬송 소리와 청천벽력 같은 설교 소리가 이와 비슷한 역할을 한다. 설교를 하는 목사는 종종 자신의 외부에, 그리고 자신 너머에 있는 어떤 힘에 사로잡힌 듯이 보이기도 한다. 아니 어쩌면 그래야 할지도 모른다. 목사는 자신의 이름으로 설교를 하는 것이 아니라 신의 이름으로 설교를 하기 때문이다. 목사는 자신의 온 생애를 신에게 맡기고 바로 그 신의 위엄과 자비에 대해 전해 주고자 한다.

경이로운 신에 대한 경험은 성당이나 교회나 사원에서만 가능한 것이 아니라 자연 속에서도 가능하다. 예를 들어 종교 사상가나 신자들은 높이 솟은 산꼭대기에서 불어오는 바람소리나 포효하는 바다의 파도소리 같은 데서도 "신의 목소리"를 듣곤 했다.

또 어떤 사람은 분명한 이유도 없이 갑자기 신의 현존을 느끼기도 한다. 그래서 우리는 종종 말로 표현할 수 없는, 보이지 않는 힘에 압도당한 경험을 한 사람들을 보기도 한다.

누미노제 경험과 신비 경험

이런 경험들은 모두 루돌프 오토(1869~1937)가 『거룩함의 의미The Idea of the Holy』라는 책에서 "누미노제적numinous"이라는 용어로 범주화한 종교 경험의 중요한 모습들이다. 오토는 "누멘numen"이라는 라틴어로 이 용어를 만들었다. 누멘은 로마 종교에서 일종의 정령을 말하는데, 이 정령은 강이나 숲, 이상한 장소, 문지방, 그리고 벽난로 같은 데 살면서 인간의 등 뒤에 숨어 전율적인 공포심을 불러일으키는 존재이다. 오토는 이런 누미노제 경험이 모든 종교의 핵심이라고 보았다. 그에 따르면 누미노제 경험은 **두려움과 경외심을 불러일으키는 동시에 매혹적이기도 한, 신비에 대한 경험**mysterium tremendum et fascinans이다(tremendum은 문자 그대로 "~에 떨다"라는 뜻이다). 다시 말해 그것은 두려움을 느끼게 하면서도 우리를 잡아끄는 힘을 가진 어떤 것에 대한 경험이다. 이는 절벽 위에 서 있을 때 느끼는 감정과 비슷하다. 절벽 위에 서 있으면 떨어질지도 모른다는 생각에 무섭지만 그럼에도 불구하고 자꾸만 절벽 아래로 끌려가는 듯한 느낌이 든다. 그래서 때로는 의식적으로 절벽 뒤로 물러서려고 해야 한다. 그러나 무엇보다도 인간이 누미노제 경험에서 직면하는 현존의 느낌은 그것이 힘과 영광의 경이로움과 장엄함으로 가득 차 있다는 것이다. 조금씩 다르기는 하지만 아르주나, 이사야, 욥, 바울, 그리고 무함마드 같은 이들이 겪은 경험은 모두 누미노제적인 성격을 갖는다.

앞에서 말했듯이 오토는 이런 누미노제 경험이 모든 종교의 핵심에 있다고 지적했다. 오토는 이를 통해 거룩함의 의미를 설명하고자 했으며, 이 거룩함을 종교 정의의 핵심 범주로 사용했다. 신은 단지 선한 존재가 아니다. 신은 **거룩**하다. 그래서 오토는 종교란 거룩함과 관련이 있다고 주장한다.

오토는 또한 거룩한 것을 "전적 타자the Wholly Other"로 규정했다. 왜냐하면 거룩한 것은 그것과 조우하는 사람과도 완전히 다르고, 세상의 사물이나 인간과도 질적으로 다른 신비스런 타자이기 때문이다. 따라서 거룩한 것은 이 세상에 속하지 않은 무언가 **다른** 것이다. 이는 생생한 종교적 맥락에서 신에 대해 제시되는 다양한 설명과 부합되는 면이 많이 있다.

오토는 종교의 핵심적인 경험을 묘사하고자 했다. 누미노제 경험에는 감정이 포함된다. 그래서 오토는 이런 경험을 해보지 못한 사람은 자기가 쓴 책의 내용을 이해하지 못할 것이라고 생각했다. 사실 누미노제 경험의 성격을 조금이나마 이해하기 위해서는 감정 이입이 필요하다. 그러나 나는 아마 대부분의 사람이 오토의 말을 이해할 수 있으리라고 생각한다. 무시무시한 폭풍을 보고 두려움에 떨어 보지 않은 사람이 있겠는가? 무언가 이상한 현존을 느꼈을 때 유령을 본 것 같아 오싹해 보지 않았던 사람이 있겠는가? 두려움을 느껴 보지 못한 사람이 있겠는가? 물론 이런 경험들만 가지고는 거룩한 것에 대한 경험을 온전히 이해할 수 없다. 그러나 이런 경험들이 그 첫 걸음이 될 수는 있다.

오토가 누미노제 감정을 강조한 것은 물리학과 윤리학을 연결하기 위해서, 다시 말해 자연의 세계와 가치의 세계를 연결하기 위해서였다. 유럽 계몽주의의 대표적 인물로서 서양 철학의 주요 논제들을 제기했던 칸트 Immanuel Kant(1724~1804)는 과학에 의미를 부여하고자, 즉 과학의 토대가 무엇인지를 이해하고자 했다. 그러나 그는 이렇게 하면서도 도덕적 행위자가 존재할 여지를 남겨 두고자 했다. 그의 철학은 물리 법칙의 절대적 속박을 벗어나 작용하는 자유 의지를 인정했다. 이렇게 함으로써 그는 실재를 과학과 윤리학이라는 두 가지 범주로 나누었다. 이와 달리 오토는 종교가 이 두 범주 사이에 존재한다는 점을 밝히고자 했다. 종교는 부분적으로는 우주에 관한 것이지만 과학은 아니다. 또한 종교는 행위에 관한 것이지만 윤리학도 아니다. 종교는 숭배이기도 하다. 여기서 숭배가 나오는 것은 거룩함에 대한 적절한 반응이 바로 숭배와 경배이기 때문이다. 오토의 견해에 따르면 종교는 도덕적 행위로 나타나기도 하지만, 그 핵심은 숭배를 통해 누미노제적인 것에 대한 외경의 감정이 표현된다는 데 있다. 사실 종교의 전형적인 특징은 그것이 신이나 신들에 대한 숭배를 포함하고 있다는 사실이다. 하지만 과연 숭배가 보편적일까? 숭배가 언제나 종교의 가장 중요한 요소일까? 다시 말해 숭배가 그다지 중요하지 않은 종교가 있는가? 대답은 물론 "있다"이다.

종교 경험에는 신비mystical 경험이라는 또 다른 경험이 있다. 신비 경험은 인류 역사에서 매우 중요한 현상으로 존재해 왔으며, 오토가 누미노제 경험에 부여한 특질과는 다른 측면을 갖고 있다. 예를 들어 인도 전통, 그중에서도 특히 불교에는 모든 이미지와 개념을 넘어서는 순수 의식의 상태에 도달하기 위해 행하는 수행이 있다. 수행자는 내면의 사다리를 타고 올라가 그 꼭대기에서 일종의 순수한 축복과 통찰을 얻음으로써 뒤틀어진 모든 일상적 경험으로부터 벗어난 듯한 인상을 준다. 흔히 좀더 높은 단계에 이른 이 상태를 비이원론적인 "불이不二"의 상태라 부른다. 불이의 상태는 일상적인 경험의 상태와는 다르다. 일상적인 경험에서는, 예를 들어 내가 지금 꽃을 보고 있다면, 나는 여기에 있고 꽃은 저기에 있는 것이 된다. 꽃을 보고 있는 나는 주체이며 꽃은 객체이다. 그러나 수행자들의 이야기에 따르면 의식의 높은 단계에서는 이러한 주체와 객체와의 구분이 사라지고 만다. 또한 이렇게 의식이 고양된 상태에 이르면 모든 감정이 잦아들고 완벽한 정적에 이르게 된다. 이는 누미노제 경험의 역동적이고 충격적인 성격과는 전혀 다른 것이다.

앞으로 보게 되겠지만, 지금까지 그려 본 이런 단순한 대비는 약간 문제가 있기는 하다. 하지만 그럼에도 불구하고 이 대비는 그 나름대로의 중요성을 갖는다. 이 점을 감안하면서 종교 경험의 두 유형을 대조해 보면 다음과 같다. 관조와 명상의 과정에서 나타나는 신비 경험은 종종 비이원론적이지만, 누미노제 경험은 대개 이원론적이다. 신비 경험은 고요하지만, 누미노제 경험은 역동적이고 격정적이다. 신비 경험은 모든 이미지를 초월하지만, 누미노제 경험은 보통 인격적인 신과의 만남으로 나타난다. 또 신비 경험에는 숭배하거나 경배할 "타자"가 존재하지 않기 때문에 여기에는 숭배나 경배 같은 관념이 없다.

이렇게 신비 경험을 "순수 의식"으로 이해하고 나면, 인도 전통, 그중에서도 특히 불교의 신념 체계에서 왜 신이나 신들이 그다지 중요하지 않은 반면 개인의 해탈이 최고의 가치를 갖는지를 알게 될 것이다. 수행자들은 수행을 통해 모든 구분이 사라지고 일상적 사물의 세계가 지워지는 지극히 높은 초탈과 평정의 상태에 도달한다. 그리고 이 순수 의식 상태에 도달하면 일종의 지식과 통찰을 얻게 된다. 영원을 본 사람은 사물의 세계가 얼마나 무상한 것인지를 알게 되며, 진정한 행복을 경험한 사람은 일상적 삶의 세계가 얼마나 불만과 고통으로 가득 차 있는지를 알게 된다. 진정한 평정의 상태에 도달한 사람은 평온한 마음을 갖고 일상 세계로 되돌아올 수 있으며, 자신이 도달한 그 지고의 상태에 비추어 사물과 사람을 새롭게 바라볼 수 있게 된다.

예를 들어 (전해지는 바에 따르면) 불교의 중심 인물인 석가모니는 세상의 고통에 관한 진리를 추구하기 위해 호사스런 생활은 물론 부인과 자식까지 마다하고 출가했다. 많은 스승을 좇아 다니고 온갖 수행과 단식을 한 끝에 그는 마침내 그 유명한 보리수 또는 깨달음의 나무 아래서 해탈의 경지에 도달했다(북인도의 보드가야에는 아직도 이 나무의 가지 하나가 전해진다). 그리하여 석가모니는 마음속에서 우주에 관한 수많은 견해들을 짚어본 뒤 의식의 최고 상태에 이르는 통찰을 추구했으며(그리고 발견했으며), 이로써 완벽한 지혜를 드러내게 되었다. 이런 경험을 한 후에 그는 이전에 알고 있던 수행자들에게 자신이 얻은 새로운 통찰을 가르쳤으며, 이후 40여 년간 해탈에 관한 가르침과 이에 이르는 방법을 널리 전파했다. 석가모니는 숭배를 가르치지도 않았고, 전적 타자에 대해 말하지도 않았으며, 신의 이름으로 예언하지도 않았다. 그의 가르침과 삶 속에서 세상을 지은 창조주는 중요하지 않다. 오히려 석가모니는 고대 베다 전통의 사제 계급인 브라흐만들Brahmin이 숭배하던 브라흐마Brahma라는 창조주를 풍자적으로 설명했다. 석가모니에 따르면 브라흐마는 자신이 세계를 창조했다는 환상에 빠져 있었다. 브라흐마가 이런 착각에 빠졌던 것은, 길고 긴 두 개의 역동적 시대 사이에 잠들어 있던 우주가 다시 깨어나기 시작했을 때 가장 먼저 생겨난 존재가 바로 그였기 때문이다. 브라흐마는 자신이 가장 먼저 생겨났기 때문에 자신이 이후에 생겨난 모든 것을 만들었다고 착각하게 된 것이다. 그러나 사실 브라흐마 이후에 생겨난 모든 것은 브라흐마의 행위와 상관없이 이미 그렇게 생겨나도록 정해져 있었을 뿐이다. 위대한 신에 대한 이러한 풍자는 불교에서 신들의 존재가 전적으로 부정되지는 않지만, 신들이 그다지 중요하지 않으며 기껏해야 부차적인 가치만 가질 뿐이라는 사실을 보여 준다. 사실 석가모니의 가르침의 핵심에는 신이나 신들에 대한 경험이 아니라 해탈이라는 비이원론적인 경험이 있다. 그리고 석가모니 이후에 나타난 다양한 불교 교리들은 신화와 의례로 사람들을 끌어 모아 그들에게 해탈에 이르는 길을 보여 주기 위한 다양한 방법이었다. 이러한 해탈은 "비어 있음 空"의 경험이자 순수 의식의 경험이며, 나아가 모든 사물의 본질은 비어 있으며 아무런 영원한 실체도 갖지 않는다는 사실을 깨닫는 것이다.

그런데 인도 사상에는 누미노제 경험과 신비 경험의 대비에 관한 논의를 개진하는 데 도움이 되는 또 다른 흐름이 있다. 석가모니가 살았던 때와 비슷한 시대에 만들어진 『우파니샤드』라는 신비로운 문헌에는 그 유명한 이른바 "동일성 진술identity statements"이 나온다. 그것은 "내가 곧 신적 존재다"라든지 또는 "그것이 바로 당신이다"라든지 하는 진술이다(이 진술들은 보통 이렇게 해석된다. "당신은 자신 안에 영원한 자아를 갖고 있기에 신적 존재와 하나다"). 산스크리트어로 씌어진 이 진술에서 핵심적인 단어는 신적인 존재나 힘을 뜻하는 브라흐만Brahman과 자아를 뜻하는 아트만Atman이다. 이 둘은 동일하다고 여겨진다. 이제 이 진술을 좀더 구체적으로 풀어 보면『우파니샤드』가 말하는 것은 바로 이런 내용이라고 할 수 있다. "우주 전체의 배후에 있으면서 우주를 창조하고 유지하며 그 내적 본질을 이루고 있는 신적 존재는, 만일 당신이 자신을 다스리고 의식을 정화하는 명상과 수행을 통해 자신의 내면을 여행한다면 바로 당신 자신의 자아 저 깊숙한 곳에서 발견할 수 있는 것과 동일하다."

결국 이런 진술 속에는 누미노제 경험과 신비 경험이 함께 뒤섞여 있다. 한편으로는, 우주 너머에 있으며 자연을 통해 희미하게나마 볼 수 있는 신적 힘인 브라흐만에 대한 누미노제 경험이 있다. 누미노제적인 존재는 이후의 인도 사상에서 시바나 비슈누 같은 위대한 남신들이나 힘과 공포와 사랑의 여신인 칼리 여신같이 좀더 인격적이고 역동적인 모습으로 나타난다. 다른 한편으로 여기에는 신비 경험도 있다.『우파니샤드』는 번뜩이는 통찰을 통해 이 두 경험을 한데 묶어낸다. 신적 존재는 저 너머에 있을 뿐 아니라 인간의 마음속에도 있다. 이는 대부분의 신비주의가 똑같이 추구하는 주제이다. 그래서 예를 들어 기독교 신비가는 자신의 영혼 깊은 곳에서 신을 발견하기 위해 명상을 하기도 한다.

그러나 이때 기독교 신비가는 이런 내적 경험을 숭배와 봉헌의 대상인 신에 대한 누미노제적 경험에 비추어서 이해한다. 이와 달리 불교는 이런 신적 존재를 전제하지 않는다. 불교는 창조주나 전적 타자에 대한 신앙을 전제하지 않고 내면의 길 자체에만 관심을 쏟는다.

지금까지 살펴본 종교 경험의 유형에 관한 이론을 다시 한번 정리해 보자. 어떤 종교 전통은 힘을 지닌 타자로서 위대한 창조주를 강조한다. 반면 어떤 종교 전통은 신을 전제하지 않은 채 내적인 탐구를 강조한다. 그리고 어떤 종교 전통은 이 두 가지를 병행하기도 한다. 그런데 이 이론이 제시하는 문제들을 살펴보기 전에 먼저 이들 외에 또 다른 유형의 종교 경험이 있는지 짚어 볼 필요가 있을 듯하다.

다른 사람들과 마찬가지로 영국의 재너 R. C. Zaehner(1919~1975)는 많은 문화권에서 사람들이 자신을 둘러싼 우주인 자연과 합일되는 강렬한 감정을 느낀다는 사실에 주목했다. 이렇게 자신을 망각하고 주변 세계와 합일되는 감정, 좀더 큰 전체의 일부가 되는 느낌에 대해 재너는 이를 "만유재일적萬有在一的panenhenic" 경험이라고 불렀다. 그리스어에서 나온 이 말은 "하나 속에 모든 것이 있는 것 같다all(pan) in(en) one(hen) ish(ic)"라는 뜻이다. 이것은 초기 도교에서 특히 중요한 개념이다. 또한 이것은 중국과 일본의 불교에서도 중요한 개념이다. 예를 들어 중국과 일본의 선禪은 도교 사상과 수행 불교의 정신이 한데 어우러져 있다. 그래서 선 예술에는 자신과 주변 세계를 나누는 모든 구분의 소멸에 대한 관념이 스며 있으며, 일본의 하이쿠 같은 간명한 선시禪詩에는 세계를 지각하는 이 신비롭고도 아름다운 방식에 대한 무언가가 표현되어 있다.

또 다른 종교 경험의 유형으로 소규모 사회나 유목 사회에서 널리 발견되는 샤먼 경험이 있다. 샤먼shaman은 초자연 세계와 접촉할 수 있는 특별한 능력을 가진 사람이다. 샤먼은 황홀경 속에서 천상 세계로 올라가거나 저승 세계로 내려갈 수 있다고 믿어진다. 또 영혼과 접촉하고 죽은 자의 세계를 넘나들기에 사냥감이 있는 곳을 알아내거나 병을 고칠 수도 있다고 믿어진다. 샤먼은 병자의 죽음과 재생을 극적으로 재연함으로써 병자의 병을 고칠 수 있다. 샤머니즘에 특히 많은 관심을 가졌던 종교학자 엘리아데는 이것을 고대 종교의 핵심 현상으로 보았다. 그에 따르면 샤머니즘은 인도나 중국 전통에서 호흡법이나 정신 조절법과 같이 특별한 의식 상태에 이르게 하는 초기의 테크닉이 생겨나는 데 지대한 영향을 끼쳤으며, 이로부터 모든 요가 전통이 발생했다고 한다. 한편 샤머니즘에서는 "신들림" 현상이 나타나기도 한다. 샤먼은 황홀경 속에서 신에게 "사로잡혀" 그 신의 말을 그대로 전하기도 한다. 이와 같이 샤먼은 영혼의 세계와 자신이 속한 공동체 사이를 이어 주는 중요한 역할을 한다. 예언자가 전적 타자를 만나는 누미노제 경험을 하면서 마치 "신들린" 사람처럼 신의 이름으로 말을 하는 전통도 바로 샤머니즘의 이런 특성에서 생겨난 것이라고 볼 수 있다. 예를 들어 야훼는 예언자 예레미야의 입술을 신비스럽게 어루만지면서 "내 말을 네 입에 담아 둔다"라고 말하기도 한다.

이렇게 볼 때 우리는 종교 경험이 펼쳐지는 과정을 다음과 같이 정리할 수 있을 것이다. 샤머니즘에는 우파와 좌파의 두 흐름이 존재한다. 우파는 전적 타자에 대한 누미노제 경험을 강조하는데, 예언자의 경험은 이러한 경험의 특수한 한 형태이다. 그리고 종교 제도 안에서 설교가는 과거의 예언자를 계승하며 예언자 정신을 되살리고자 애쓴다. 한편 좌파는 명상 수행을 하는 신비가나 수행자에 초점을 맞춘다. 그리고 종교 제도 안에서 수도승은 과거의 신비가를 계승한다.

이와 같이 종교 경험을 누미노제 경험과 신비 경험으로 대비시켜 보면 다양한 종교 전통의 신비주의자들 사이에는 어느 정도 비슷한 점이 있다는 것을 알 수 있다. 예를 들어 기독교 신비주의와 불교 신비주의의 차이는 비슷한 경험을 서로 다르게 해석하는 데서 나오는 것이다. 다시 말해 기독교인은 순수 의식의 상태 속에서 신과 만나는 경험을 하는 반면, 불교인은 비이원론적인 의식 상태 속에서 모든 것이 비어 있음을 경험한다. 그러나 과연 이런 차이를 단지 해석의 문제로만 볼 수 있을까? 이런 문제는 여러 가지 이유에서 오늘날 많은 논쟁의 대상이 되고 있다.

예를 들어 재너는 비이원론적인(재너의 용어를 빌자면 "일원론적인") 유형과는 전혀 다른 독특한 특징을 갖는 신비주의가 있다고 주장한다. 재너는 기독교나 다른 유신론적 종교들의 신비가들에게는 신에 대한 사랑의 감정을 포함하는 내적 경험이 존재한다고 지적한다(그는 이를 "유신론적" 신비주의라고 부른다). 그런데 그는 여기서 더 나아가 유신론적 종교를 옹호한다. 이는 그가 비이원론적 경험을 별로 중요하지도 않고 계시적이지도 않은 낮은 단계의 경험이라고 여겼기 때문이다. 그러나 이렇게 높고 낮은 단계를 운운하는 것은 가치 판단의 문제이다. 신에 대한 사랑의 감정을 포함하는 이원론적 경험이 비이원론적 경험보다 더 나을 까닭이 무어란 말인 가? 이런 문제에 대한 판단은 각자의 관점에 따른 것이다. 대부분의 서구인 은 신과의 인격적인 관계가 종교의 핵심이라고 생각한다. 하지만 불교인은 자아와 이기심의 가면일 뿐인 인격성 개념 자체를 파기해 버려야 한다고 주 장한다. 이 중에서 우리는 과연 어느 쪽이 옳다고 말할 수 있을까?

우리가 생각해 보아야 할 또 다른 문제가 있다. 그것은 경험 자체와 경험 에 대한 해석을 과연 구분할 수 있는가 하는 문제이다. 내가 땅 위에 있는 새끼줄을 보고 그것이 뱀인 줄 알고 깜짝 놀랐다고 치자. 이때 내가 뱀을 경 험했다고 말한다면, 과연 이 말은 사실이 아니라고 할 수 있을까? 마찬가지 로 어떤 신비가가 의식의 내적인 빛을 느끼고는 이를 신적 존재의 현현이라 고 생각한다면, 이때 그는 신을 경험한 것이라고 할 수는 없을까?

물론 그럴 수 있을지도 모른다. 그러나 어쨌든 신비 경험을 하나의 단일 한 유형으로 보는 견해는 여전히 쓸모가 있다. 이런 견해는, 비록 다양한 종 교와 문화 전통에 속한 사람들이 내적 의식 상태에서 각기 상이한 메시지를 이끌어 낸다 하더라도 그 내적 의식 안에는 동일한 구조가 존재한다는 사실 을 밝혀 주기 때문이다.

이 견해는 또한 다른 사실들을 밝혀 주기도 한다. 그것은 기독교나 이슬 람교의 신비주의 전통에서 왜 "부정의 신학negative theology"이라 불리는 사 유 방식이 나타나게 되었는지를 이해하게 해준다. 부정의 신학이란, 신은 모든 언어와 사고를 넘어서기에 신에 대해서는 아무것도 말할 수 없다고 보 는 사유 방식이다. 이런 신념 체계는 순수 의식의 경험과 상통한다. 만일 신 이 그 어떤 이미지나 개념이나 특성도 갖지 않는 밝고 순수한 공백 상태인 내면에 존재한다면, 그러한 신에 대해서는 그 신이 이렇다거나 저렇다거나 하는 말을 결코 할 수 없을 것이기 때문이다. 이러한 부정의 신학과 대조되 는 것이 예를 들어 『성서』에서처럼 신을 긍정적으로, 때로는 아주 인간적인 방식으로 묘사하는 것이다. 많은 설교가들은 신을 인간보다 조금 뛰어난 인격체인 것처럼 묘사한다. 그들은 신이 우리에게 이래라 저래라 지시를 하거나 또는 낙태와 전쟁 같은 문제로 골치를 썩이면서 도덕적 규범을 제시해 주는 존재로 묘사한다. 사실 우리는 이런 중요한 문제들을 우리가 아는 최고의 가치들에 비추어서 파악해야 한다. 그리고 기독교인이나 유대교인에게 이는 그 문제들을 영원성, 즉 신에 비추어서 파악한다는 것을 의미한다. 신은 무한하며 엄청난 힘을 가진 존재이기 때문에 아무리 사소한 인간사라도 귀찮아하지 않고 일일이 관심을 가져 준다. 하지만 아무리 그렇다 하더라도 신적 존재를 묘사하는 이런 인간적 언어는 반드시 부정의 방법에 의해 균형을 유지해야 한다. 신은 우리와 비슷하지만 똑같지는 않다. 신은 인간과는 다른 방식으로 지혜로운 존재이다. 또 신의 선함은 인간이 갖고 있는 선함의 개념을 초월한다. 이런 식의 이야기는 얼마든지 더 계속할 수 있다. 이와 같이 "부정적"이고 신비적인 언어는 신에 관해 말하는 다른 방식들에 균형을 잡아 준다.

종교 경험의 두 가지 유형에 관한 이론은 또한 유신론 전통에서 간혹 일어나는 신비가들과 정통주의자들 사이의 갈등을 이해하는 데도 도움이 된다. 정통주의자들은 신의 거룩함과 타자성을 강조한다. 이슬람교나 기독교의 정통주의자들은 신을 전적 타자로, 그리고 인간을 단순한 피조물로 생각한다. 그래서 인간을 신과 대등하게 여기는 것은 신성 모독으로 받아들여진다. 그런데 앞서 살펴본 바와 같이 만일 신비 경험이 비이원론적이고, 이와 대비되는 누미노제 경험의 대상이 전적 타자요 인간과 다른 존재라면, 신에 대한 신비가들의 이런 비이원론적 경험은 문제가 될 수밖에 없다. 신비가들은 종종 신과 하나가 되는 경험을 하며, 신의 타자성을 망각한다. 심지어 그들은 자신이 신이 되었다고 말하는 역설적인 주장을 하기도 한다(앞서 보았던 우파니샤드 사상이 그 한 예이다). 이는 이슬람 신비주의인 수피즘의 대표적 신비가인 알-할라즈al-Hallaj(858~922년경)에게서도 나타난다. 그는 자신과 알라를 구분하는 모든 이원성이 사라졌다고 여겼으며, "내가 곧 실재다I am the Real"라고 주장했다. 여기에서 "실재"는 알라를 부르는 호칭의 하나이다. 그런데 정통주의 입장에서 볼 때 이는 신성 모독이기 때문에 결국 알-할라즈는 정통주의자들에 의해 십자가에 매달려 처형되었다. 그가 예수를 숭배하기도 했다는 점을 생각할 때 그가 십자가형을 당했다는 것은 아이러니가 아닐 수 없다.

종교 경험의 유형에 관한 이론은 또한 다양한 교리 유형을 이해하는 데도 도움을 준다. 당신이 누미노제 경험을 강조한다면, 당신은 인간의 구원과 해방(인간이 거룩해지는 것)이 전적 타자인 신에게서 나온다고, 신의 은총에 의해 가능하다고 주장할 것이다. 또 당신은 이 우주를 창조한 신의 높디 높은 권능과 힘을 강조할 것이다. 그러나 반대로 당신이 비이원론적인 신비 경험을 강조한다면, 당신은 인간의 구원과 해방은 전적 타자인 신과는 아무 관련이 없고 오직 인간 자신의 노력에 의해서만 얻어질 수 있다고 주장할 것이다. 또 당신은 모든 것이 비어 있으며, 오직 해탈을 통해서만 이 덧없는 삶을 넘어설 수 있다고 주장할 것이다. 한편 만일 당신이 이 둘을 결합시키면서 누미노제 경험에 좀더 중점을 둔다면, 당신은 신비적 합일이 마치 인간의 사랑처럼 하나이면서 여전히 둘인 채로 타자를 꽉 끌어안는 것이라고 생각할 것이다. 반대로 당신이 여기서 누미노제 경험보다 신비 경험을 더 강조한다면, 당신은 신을 숭배의 대상으로 여기면서도 이원성의 극복을 통해 그 신이 말로 표현할 수 없는 비이원론적인 지고의 의식 상태 속으로 사라지고 만다고 생각할 것이다. 후자가 바로 앞서 지적한 바 있는 인도의 아드바이타 베단타의 입장이며, 조금 다르기는 하지만 초기 불교에서 파생되어서 훗날 동아시아로 퍼져 나간 대승 불교의 입장이기도 하다.

우리는 누미노제 경험과 신비 경험의 차이를 또 다른 각도에서도 살펴볼 수 있다. 누미노제 경험에서 영원한 것은 우주 저 너머에, 인간의 외부에 있다. 그러나 신비 경험에서 영원한 것은 인간의 내부에 있다. 전자의 경우 인간은 타자에 의존할 필요가 있으며, 후자의 경우 인간은 영원한 것을 파악하는 지난한 과제를 이루기 위해 자기 자신의 힘에 의존해야 한다. 숭배를 강조하는 누미노제 경험은 전적 타자에 대한 사랑과 의존의 관계를 독려한다. 반면 명상 수행을 강조하는 신비 경험은 자기를 비우려는 노력을 독려한다. 한편 앞에서 살펴본 바와 같이 이 두 경험은 동시에 나타날 수도 있다. 하지만 이 경우에도 두 경험 유형 중 어느 쪽이 강조되느냐에 따라 성격이 달라진다.

내가 지금까지 제시한 설명은 지나치게 단순화된 것일 수도 있다. 종교 경험과 관련된 사상과 신화는 너무도 풍부하며, 인간의 감정과 통찰은 너무도 미묘하고 다양하기 때문이다. 나는 누미노제 경험에 관한 오토의 이론과 다양한 종교 전통에서 비슷하게 나타나는 신비 경험에 관한 현대의 몇몇 이론들을 결합시켜 보려고 했다. 유명한 저술가인 올더스 헉슬리Aldous Huxley(1894~1963)도 이런 신비적 합일을 강조한 바 있다. 그는 『영원의 철학The Perennial Philosophy』이라는 책을 통해 서양 사상이 내적 탐구를 추구하는 동양 종교에 새로운 관심을 갖고, 1960년대의 정신적 혼란기에 신비주의에 대한 관심을 꽃피우는 데 지대한 영향을 끼쳤다.

가치와 진리의 문제

지금까지 많은 이야기를 했지만 우리 머릿속에는 아직 해결되지 않은 문제가 하나 남아 있다. "과연 이런 종교 경험들에는 확실한 근거가 있는 것일까?" 사실 우리는 신비스러운 우주 앞에서 외경심을 느끼거나 압도적인 신의 현존을 때때로 경험할 수도 있다. 또 수행자는 자신의 의식을 정화시키고 이로써 깨달음과 해탈을 경험할 수도 있다. 하지만 그래서 어떻다는 말인가? 이런 경험들은 혹시 망상에 불과한 것은 아닐까? 신비적이고 비이원론적인 경험은 결국 단지 아주 흥미로운 심적 상태에 불과한 것은 아닐까? 또 신의 현존을 느끼는 것은 그저 한낱 백일몽에 불과한 것은 아닐까? 우리는 우리가 어떤 존재와 마주하고 있다고 느낄 수도 있다.『주의 노래』에서 아르주나는 자신이 극적이고 전율적인 분위기 속에서 비슈누를 만났다고 생각했을 수도 있다. 하지만 이는 내적 심리의 투사에 관한 이론으로 설명될 수도 있지 않을까? 아르주나가 자신의 환상을 세계라는 화면에다 투사시키고 나서는 그것을 마치 실재하는 것인 양 간주했던 것이라고 말할 수는 없을까?

어떤 관점에서 보면 우리는 다양한 종교 경험이 지니는 가치에 대해 관심을 가져서는 안 된다. 이런 관점에 따르면 모든 종교 경험은 우리가 그것을 어떻게 보는가와 관계없이 나름대로 영향력을 발휘한다. 그런데 많은 이들은 여러 가지 방식으로 종교가 사실상 투사에 불과하다고 주장하기도 했다. 만일 종교가 투사에 불과하다면 종교의 핵심인 종교 경험 역시 투사에 불과해진다. 투사 이론은 인류 역사의 그토록 중요한 특징인 종교가 어떻게 생겨났고 어떻게 유지되는지를 밝히는 하나의 설명 방식이다.

예를 들어 누미노제 경험과 유사한 것으로서 현대인의 삶 속에서 아주 흔히 나타나는 "거듭남born again"의 경험에 대해 살펴보기로 하자. 기독교에서 이런 경험을 한 사람은 종종 위대한 종교 개혁가인 루터(1483~1546)가 경험했던 것과 비슷한 죄의식과 무기력함의 감정을 느끼게 된다. 이런 감정은 전적 타자로서 신이 지니고 있는 힘과 성스러움에 대비된다. 그 사람은 거룩한 존재와 직면해서 자신이 속되다고 느끼게 된다. 그런데 그리스도는 그 사람에게 놀라운 확신을 심어 준다. 회개를 하면 구세주가 죄를 용서해 주고 삶을 살아갈 새로운 힘을 부여해 줄 것이라는 것이다. 어떤 이들은 개인에게 이런 죄의식을 심어 주는 것은 바로 그 사람이 살아가는 삶과 시대의 환경이며, 신의 위협적인 형상은 핵가족 안에서 살면서 느꼈던 유아기적 갈등에서 생겨난 죄의식이 무의식으로부터 투사된 것이라고 주장하기도 한다. 이런 식의 생각은 프로이트의 저 유명한『토템과 타부Totem and Taboo』

(1915)까지 거슬러 올라가는 정신분석학의 일반적인 주장이다. 프로이트는 고대 종교에 관한 당시의 이론, 즉 모든 씨족이나 집단은 그 나름대로의 토템 또는 성스러운 동물을 갖고 있으며, 이것은 일반적으로 금기의 대상이 된다는 토테미즘totemism 이론을 정신분석학적으로 재해석했다. 만일 프로이트의 설명을 받아들인다면, 누미노제 경험(누미노제의 이중적 차원 중에 두려움은 성부인 하나님과 관련되며, 매혹은 성자인 그리스도와 관련된다)은 개인이 살아온 삶의 환경에서 형성된 심리로부터 나오는 것이라고 볼 수 있지 않을까? 이런 설명을 좀더 논리적으로 전개시킨다면 그것은 분명 종교의 힘과 작동 방식을 이해하는 데 큰 도움이 될 수도 있을 것이다.

그러나 어떤 설명이 타당성을 가지려면 몇 가지 조건을 갖추어야 한다. 우선 심리의 역동성에 대한 프로이트의 이론은 다양한 문화 속에서 확증되어야 한다. 바로 이 점에서 프로이트의 『토템과 타부』와 종교에 관한 그의 후기 사상이 갖는 문제점이 드러난다. 우리가 잘 알고 있는 바와 같이, 그는 다양한 종교에 대한 폭넓은 지식을 갖고 있지 못했다. 문제는 인간 아버지를 천상에 투사한 하늘 아버지의 이미지가 차지하는 역할을 강조하는 그의 견해가 일부 종교에만 적용될 뿐 다른 종교에는 적용되지 않는다는 사실이다. 더욱이 프로이트가 19세기 말과 20세기 초에 비엔나에서 수집했던 자료의 대부분은 전혀 전형적이지 않은 사회, 즉 기독교와 유대교라는 특정 종교에 기반을 둔 사회들에 관한 것이 전부였다.

프로이트 자신에게 종교는 일종의 환상이었다. 그의 입장이 영향력을 발휘할 수 있었던 것은 그가 무의식이라는 유용한 개념을 사용했기 때문만이 아니라 그가 인간의 본성과 자기 이해 방식에 대해 제시했던 견해가 종교의 대체물이 되었기 때문이기도 하다. 정신분석가는 어떤 면에서 사제의 역할을 넘겨받았다. 정신분석가는 현대의 새로운 목사가 되었다. 정신분석학의 새로운 가르침은 죄의식을 해소시켜 줄 수 있었으며 새로운 종류의 정신적 건강을 보장해 줄 수 있었다. 정신분석을 받는 환자는 새로운 형태의 종교적 입문식과 재생을 경험하게 되었던 것이다.

프로이트의 사례는 종교 경험의 기원에 관한 이론들이 갖고 있는 문제점을 볼 수 있게 해준다. 프로이트의 이론은 종교가 말하는 궁극적 실재나 신의 존재를 부정하는 전제 위에 서 있다. 이렇게 볼 때 이 이론은 이미 그 자체가 하나의 독특한 세계관, 즉 우리가 앞 장에서 규정했던 휴머니즘적 세계관에서 출발하고 있는 셈이다. 하지만 가시적인 우주 너머에 있는 어떤 존재를 인정하는 세계관을 거부하고 특별히 이런 휴머니즘적 세계관에서 출발해야 할 특별한 이유가 있을까? 신을 부정하는 입장과 신을 긍정하는 입장 사이에 중립적인 입장이 있을 수는 없을까? (또 열반을 인정하는 입장과 열반을 부정하는 입장 사이에 중립적인 입장이 있을 수는 없을까?)

전통 종교에 대한 프로이트의 견해가 지니는 문제를 좀더 자세히 살펴보자. 프로이트는 우리가 앞에서 문제 삼았던 기독교 선교사, 즉 『성서』를 기준으로 힌두교를 평가하는 선교사와 마찬가지로 특정한 하나의 세계관을 기준으로 다른 세계관을 평가하고 있는 것은 아닐까? 프로이트는 스스로 자신이 과학에 종사하고 있다고 주장했다. 그러나 충분한 증거도 없이 경쟁적인 이론을 틀렸다고 간주하는 전제에서 출발하는 것은 과학적인 태도라고 할 수 없다. 종교사의 자료들을 참조하면서 종교의 기원에 관한 프로이트의 저서들을 읽어 보면 그의 이론들이 아무런 근거도 없다는 사실을 금세 알 수 있다. 예를 들어 그는 토테미즘이나 성스러운 동물에 대한 숭배가 인류 초기의 보편적인 현상이라고 생각했다. 하지만 그가 이용했던 당시의 인류학 자료들은 오늘날 이미 구시대의 유물이 되었다. 최초 인류 집단의 지도자가 그의 성적인 경쟁 상대였던 아들들에 의해 살해되었다는 프로이트의 생각은 부분적으로 찰스 다윈의 저술에 영향을 받은 순전한 억측에 불과한 것이다. 정말 신기한 것은 이렇게 억측에 불과한 이론이 1920년대에 그토록 많은 지적 호응을 받았다는 사실이다. 아마 이것은 많은 이들이 어떤 종교가 유행하는 이유를 설명할 때 드는 이유와 마찬가지로, 진리의 문제가 아니라 단순한 호소력의 문제로 설명할 수밖에 없는지도 모른다.

종교 경험을 어떻게 평가할 수 있는가 하는 문제는 다른 장에서 다시 살펴보기로 하고, 여기서는 다른 두 심층 심리학자의 이론을 검토해 보자. 하나는 칼 구스타프 융의 이론이다. 그는 정신분석학의 초기 시대에 프로이트와 결별한 뒤 종교의 가치와 신화나 의례에 나타나는 상징의 가치를 긍정적으로 평가하고, 상징이 인류의 집단 무의식에 기반을 두고 있다고 주장했다. 종교 경험에 대한 융의 입장은 모호했다. 하지만 어쨌든 그는 특정 종교의 교리를 확신하지는 않았지만, 인간이 균형 있게 성숙하고 통합적인 인격을 이루는 데 종교가 도움을 줄 수 있다고 생각했다.

프로이트 전통에 속해 있는 에리히 프롬Erich Fromm(1900~1980)은 종교가 만일 휴머니즘적이기만 하다면 얼마든지 좋은 힘이 될 수 있다고 생각했다. 프롬은 종교란 어쩔 수 없이 존재할 수밖에 없는 것인지도 모른다고 생각했다. 종교는 집단의 공통된 사고 방식과 봉헌 대상을 드러내기 때문이다. 그러나 그는 전체주의적이고 경직된 종교는 인간에게 해롭다고 지적했다. 이러한 종교에서는 인간 내부에 있는 선하고 합리적인 모든 것이 인간 외부의 신에게 투사되고, 인간에게는 다만 죄의식과 무력감만 남게 되기 때문이다. 여기서 인간은 자기 자신의 선함으로부터 소외되고 만다.

따라서 프롬의 입장에서 볼 때 강력한 전적 타자에 대한 누미노제 경험은 정신 건강에 해롭다. 그는 누미노제 경험으로 가득 찬 루터의 종교 경험에 대해 이렇게 언급한다.

> 이와 같이 루터는 인간을 교회의 권위로부터 해방시키기는 했지만, 인간을 다시금 더욱 억압적인 권위 아래, 즉 구원의 필수 조건으로 인간의 철저한 복종과 자기 소멸을 강요하는 신의 권위 아래 예속시켰다. **루터의 신앙은 굴종의 대가로 받는 사랑에 대한 확신이었다.** (이 부분은 프롬이 직접 강조하였다.)

프롬은 그 까닭을 이렇게 설명한다.

> (이런 종교에서는) 자신의 무력감에서 해방되어 신의 영광에 동참할 수 있으려면, 극도의 자기 부정을 통해 온갖 결점과 의심으로 가득 찬 개인적 자아를 버리고 지극히 겸손한 마음을 가져야만 한다.[1]

이 밖에도 많은 이들이 정신분석학적 입장에서 루터를 이해해 보려고 시도한 바 있다. 이들은 대개 루터가 신에 대해 겪었던 누미노제 경험이 루터의 영혼 내부에서 실제로 일고 있던 갈등을 해소하는 데 중요한 역할을 했다고 지적한다. 다시 말해 우리는 여기서 하나의 전형적인 종교적 평형 상태를 볼 수 있다. 즉, 루터의 종교 경험은 개인 내부에 있는 심리적 조건들의 영향을 받으면서도 동시에 개인 외부에 있는 요인들로부터 역동성을 부여 받는 종교 경험이었던 것이다.

어쨌든 프롬의 입장에서 보면, 힘과 권위를 지나치게 존중하고 신의 보살핌과 은총이 없으면 인간은 철저하게 악한 죄인일 수밖에 없다고 본 루터의 태도는 결코 건강하지 못하다. 이런 태도는 휴머니즘적이지 못하다. 왜냐하면 이 태도는 인간 내부의 선한 본성을 발휘시키지 못하기 때문이다. 이와 대조적으로 프롬은 자기 나름대로 해석한 바에 따라 신비가와 예수의 종교에 더 많은 호감을 가졌다. 프로이트가 오이디푸스 콤플렉스œdipus complex를 부모에 대한 유아의 성적 질투심에서 생겨난 것이라고 보았던 반면, 프롬은 이것을 성적인 것이라기보다는 부모에 대한 의존으로부터 벗어나려는 갈망이라고 보았다. 유아와 마찬가지로 성인도 계속해서 유아기 상태에 머물러 있기를 원하며 자유를 기피하려고 한다. 그러나 진정으로 휴머니즘적인 입장은 자유를 강조한다. 프롬은 "내가 이 세상에 온 것은 아들이 아버지

---

1) [원주] J. Milton Yinger, ed. *Religion, Society and the Individual*(New York: Macmillan, 1957), p. 392에서 재인용.

와 맞서고 딸이 어머니와 맞서게 하기 위한 것이다"라고 했던 예수의 말을 인간은 유아기 상태에 머물러 있고자 하는 욕심을 버려야 한다는 가르침으로 해석한다. 물론 『성서』에 대한 프롬의 이런 해석이 과연 옳은 것이냐 하는 것은 또 다른 문제이다.

종교를 이해하는 프롬의 입장은 물론 매우 가치 평가적이다. 그는 가치 있는 올바른 종교와 위험하고 불건전한 종교를 구분하고 있다. 하지만 내가 앞에서 누차 강조하며 지적했던 바와 같이 우리는 종교의 가치에 대해 생각하기 전에 먼저 종교가 갖는 힘과 의미에 대해 생각해야 한다. 다시 말해 먼저 세계관들이 실제로 어떻게 작용하고 있으며 인간에게 어떤 의미를 지니는지를 살펴보아야 한다. 그러나 여기서 굳이 가치 평가의 문제에 대해 조금 언급해 본다면, 나는 종교 경험에서 개인의 심리가 중요하지 않은 것은 아니지만 종교 경험을 제대로 이해하려면 이보다 좀더 넓은 맥락에서 고찰해야 한다고 생각한다. 우리는 종교와 그 핵심적인 경험이 창조적인지 아니면 파괴적인지 하는 문제를 생각해 볼 필요가 있다. 앞에서 인용한 구절에서 프롬은 종교 경험을 좀더 넓은 맥락에서 이해하려고 애쓰고 있었다. 왜냐하면 그는 루터의 태도에서 바로 나치즘의 근원을 보았기 때문이다. 격노한 신에 대한 누미노제 경험이 종종 적개심과 연결되기도 한다는 점은 부인할 수 없는 사실이다. 누미노제 경험에 사로잡힌 설교가들은 종종 증오심에 불타기도 한다. 그리고 특히 루터는 유대인들을 무척 혐오했는데, 이 점에서 그는 유럽에서 그토록 엄청난 파괴를 몰고 왔던 반유대주의에 공헌했다고도 볼 수 있다.

그러나 다른 한편으로 예언자였던 루터에게 창조적인 측면이 전혀 없었던 것은 아니다. 우선 루터의 개혁은 그 자체로 권위를 비판하는 길을 열어 놓았으며, 개인에 대한 새로운 전망을 제시함으로써 이후 서양 문화의 모습을 근본적으로 바꾸어 놓았다. 역설적이게도 인간이 강력하고 자비로운 신과 맺는 관계는, 개인이 국가나 경제 권력 또는 지배적 가치가 발휘하는 강력하고 종종 무자비한 압력으로부터 벗어날 수 있는 원천을 제공해 주기도 한다.

하지만 간단하게나마 몇몇 심층 심리학자들의 견해를 살펴봄으로써 우리가 알 수 있었던 것은, 이들도 역시 특정한 세계관의 입장에 서서 종교 경험을 평가하고 있다는 사실이다. 물론 이들의 세계관은 전통 종교들의 세계관과는 다르다. 이들의 세계관은 휴머니즘적 입장을 취하고 있으며, 전통 종교들이 신적 존재의 거처나 열반의 근원이라고 생각하는 우주 저 너머의 또 다른 심층, 즉 초월의 영역을 부정한다. 심층 심리학자들은 인간을 말 그대로 물질적 우주 안에 갇혀 있는 존재로 보는 전제에서 출발하는 경향이 있다.

그렇기에 이들은 종교 경험이 사물의 존재 방식에 대해 과연 무엇인가를 말해 줄 수 있는지, 종교적 통찰이 "진리를 말해 줄 수 있는지" 하는 문제를 회피하고 있다. 만일 지금 우리에게 존재하는 것이 이 우주뿐이라면, 아무리 극적인 종교 경험이라고 해도 그것이 우리에게 우주 밖에 있는 무언가를 인식시켜 줄 수는 없다. 여기에서 우주를 초월해 있고 우주 저 너머에 있는 무언가에 대한 경험은 언제나 우리 자신의 내부에 그 기원을 두는 것으로 해석된다. 따라서 종교 경험이 과연 진리를 말해 줄 수 있는가 하는 문제는 부분적으로 우리가 출발점으로 삼는 세계관에 달려 있다. 이것은 하나의 원처럼 보인다. 그러나 이 원은 우리가 빠져나올 수 없는 함정은 아니다. 왜냐하면 이 원이 보여 주는 것은 종교적 진리에 관한 문제가 그것을 보는 입장에 따라 달라진다는 사실이기 때문이다. 그리고 휴머니즘적 입장이나 종교적 입장 중에 어느 것이 더 설득력 있는가 하는 것은 길고 상세하게 풀어 가야 할 문제이다.

세계관 분석을 시작하는 이 장에서 우리는 종교의 힘과 종교 경험의 다양성에 대해 살펴보았다. 우리가 심층 심리학에서 배울 수 있는 것 가운데 하나는 어떤 종교의 유형을 "결정하는" 요인들 중에는 개인적인 요인들이 중요할 수도 있다는 사실이다. 또한 심층 심리학은 우리가 기껏해야 그 일부 밖에 이해하지 못하는 상징 유형들이 어떻게 우리의 감정과 행위를 틀 짓는 지, 그리고 어떻게 다양한 세계관이 자라나는 산실이 되고 있는지를 이해할 수 있게 해준다.

제4장 신화적 차원

　기독교 교회가 로마 제국에서 확산될 때 부딪혔던 문제 중 하나는 신들에 관한 복잡한 이야기들을 갖고 있던 그리스 로마의 종교나 다른 지역의 종교들과의 갈등을 어떻게 해결하느냐 하는 것이었다. 기독교인들은 흔히 이런 이야기들을 얕보았는데, 이는 그 이야기들이 『성서』에 실린 이야기들, 특히 그리스도와 그의 부활에 관한 이야기와 달리 사실에 근거하고 있지 않다고 여겼기 때문이다. 이야기를 뜻하는 그리스어는 미토스mythos(복수형은 mythoi)였는데, 여기서 "신화myth"라는 단어가 생겨났다. 기독교인들이 신화를 비난했던 탓에 우리는 여전히 신화를 "거짓된 이야기"로 여기는 경향이 있다. 또한 이상하게도 우리가 어떤 사람이 "단지 이야기를 하고 있을 뿐"이라고 말할 때, 여기서 "이야기"는 종종 거짓된 이야기라는 뜻으로 쓰인다. 그러나 앞서 살펴본 바와 같이 오늘날의 종교학자들이 "신화"라는 말을 사용할 때는 참이냐 거짓이냐를 따지는 것이 아니라 신적 존재에 관한 이야기나 성스러운 의의를 가진 이야기를 뜻하는 가치 중립적인 의미로 사용하는 것이다.
　이는 역사적인 근거를 많이 지니고 있는 『성서』 속의 이야기들도 그리스 로마나 다른 지역의 신들에 관한 이야기들과 비슷한 기능을 하기 때문이다.

"신화"라는 용어는 다양한 종교와 문화권의 이야기들이 이렇게 서로 비슷한 기능을 행한다는 사실을 강조하기 위해 사용된다. 인도의 경전을 보면 **"신들이 행한 바와 같이, 우리 인간들도 행한다**ti devā akurvata ity u vau manuṣyāḥ"라는 구절이 있다. 이 짧은 구절에는 신들의 행위를 이야기하는 신화가 인간이 행해야 할 바의 본보기를 제공한다는 생각이 나타나 있다. 신들은 범례라는 것이다. 마찬가지로 기독교 전통에서도 그리스도의 이야기나 『구약 성서』에 나오는 영웅들의 이야기는 신자가 따라야 할 삶의 모범이 된다. 다른 종교들에는 어떻게 이 세상에 죽음이 나타나게 되었는지를 설명해 주는 이야기가 있는데, 이는 에덴 동산에서 있었던 사건에 관한 이야기와 별다를 것이 없다. 이런 점들을 생각한다면, 신들에 관한 이른바 거짓된 이야기와 『성서』 같은 데에 담긴 "참된" 이야기를 구분하는 것은 작위적이다. 물론 참과 거짓에 관한 물음은 중요한 문제이다. 그러나 이는 어디까지나 나중의 문제이다.

 물론 우리는 이런 문제들을 20세기 후반의 관점에서 살펴보고 있다. 우리는 나름의 방식대로 이야기를 이해한다. 그러므로 전통적인 신화의 성격을 살펴보기 전에 먼저 우리가 이야기를 이해하는 그 방식 자체를 짚어 보아야 한다. 나중에 살펴볼 바와 같이, 이야기들은 좀더 오래된 신화들로부터 다양한 종류와 유형의 이야기들로 변천해 왔다. 하지만 어쨌든 우리가 사는 세상에서 이야기는 없어서는 안 되는 요소이다.

역사의 힘

 이야기, 설화, 드라마 등은 인간이나 그 외 다른 존재의 행위를 서술하며, 우리 "현대인들"에게 특별한 의미를 갖는다. 그런데 아마 이 가운데서도 가장 중요한 것은 바로 역사일 것이다. 우리는 과거가 실제로 어떠했는지 알아내고 부분적인 기록들을 한데 모아 과거의 사건에 대한 일관성 있는 이야기를 만들고 싶어하는 강한 욕구를 갖고 있다. 흥미롭게도 과거를 알고자 하는 이런 욕구는 우리 자신에 대해, 우리가 누구인지에 대해 이해하게 해 준다. 그래서 미국의 중고등학교에서는 미국 역사에 대해, 1776년과 그 이전에 벌어졌던 일들에 대해 가르친다. 이런 이야기는 공동체 의식과 소속감을 갖게 하기 때문이다.

사람들이 자신의 "뿌리" 찾기를 얼마나 좋아하는지 생각해 보라.

여기에는 서로 반대되는 두 가지 경향이 있다. 한편에서는 과거를 낭만적으로 묘사하고 이로부터 영웅을 창출하려고 하는데(신화로서의 역사), 이것은 역사가 어떤 점에서 우리 자신을 위대하게 만들어 준다는 생각 때문이다. 우리는 과거로부터 우리에게 실제적인 도움이 되는 것을 이끌어 낸다. 가문이라는 것을 생각해 보자. 내가 유명한 조상의 후손이라는 사실을 떠올리는 것은 기분 좋은 일이다. 내가 조상의 명성으로 덕을 볼 수도 있으니까 말이다. 그러나 다른 한편으로 진실과 정확성을 역사 서술의 철칙으로 삼으려는 경향도 있다. 오늘날의 전기 작가들과 마찬가지로 오늘날의 역사가들은 증거를 중시한다. 그래서 때로는 진실이 밝혀져서 위대한 영웅이나 위대한 사건이 수모를 겪기도 한다. 우리의 위대한 지도자가 알콜 중독자였다든지, 또는 유명한 전투에서 승리한 것이 장군의 위용과 책략 덕분이 아니라 단지 우연과 실수 덕분이었다든지 하는 사실이 밝혀지기도 한다. 훌륭한 역사가 우리, 우리 민족, 우리 집단의 역사라는 사실은 우리를 의기양양하게 만들 수 있다. 그러나 반대로 사실적이고자 하는 좀더 엄격하고 과학적인 접근은 오히려 우리를 위축시킬 수 있다.

프랑스 혁명 이후 민족주의는 각 민족이 이른바 자신의 과거를 창조하기 위해 역사를 쓰는 토대가 되어 왔다. 그래서 이제는 역사를 이해할 때 이탈리아사, 미국사, 캐나다사, 프랑스사, 인도사, 캄보디아사 등과 같이 과거를 규정하는 근대적 틀인 정치적 민족 집단과 관련 지어 이해하는 것이 일반화

되었다. 그러나 예를 들어 이탈리아만 보더라도 불과 300년 전까지 이런 공동체 의식이란 존재하지 않았다. 당시에 이탈리아 반도는 분열되어 있었으며 여러 지배자들이 통치하고 있었다. 그러므로 독일 정치가 비스마르크가 이탈리아라는 말은 단지 지리적인 표현에 불과하다고 했을 때, 이것이 전적으로 틀린 말은 아니었다. 그러나 이탈리아는 자의식적인 민족 국가로 변모했으며, 따라서 이제 우리는 "이탈리아"의 과거를 살필 때 바로 이런 측면에서 접근한다. 이와 같이 오늘날에는 역사를 민족사의 묶음들로 이해하는 경향이 지배적이다. 그리고 각각의 민족사는 해당 민족의 본질을 밝혀 준다. 한마디로 이탈리아의 이야기나 미국의 이야기는 이탈리아인들이나 미국인들에게 민족 공동체 의식을 심어 주는 수단이 된다.

이와 같이 역사는 단순히 과거에 대한 학문적 탐구일 뿐만 아니라 특정 집단의 사람들이 민족 정체성을 형성하게끔 해주는 동력이기도 하다.

앞에서 언급했던 역사 서술의 상반된 두 입장, 즉 신화로서의 역사와 비판적 물음의 결과로서의 역사 사이에 존재하는 긴장에 대해 우리는 이런 질문을 던질 수 있다. "왜 우리는 종종 우리가 소중하게 여기던 이야기를 망가뜨리면서까지 역사를 다시 쓰는 역사가들의 말에 귀를 기울여야만 하는가?" 물론 그 대답은 과학적인 역사가 우리에게 권위를 지니고 있기 때문이라는 것이다. 적절한 훈련을 받은 역사가는 사건의 전모를 말해 줄 수 있다. 역사가는 현대 학문과 과학의 틀 안에 있으며, 우리는 이 학문과 과학을 전적으로 신뢰한다. 그런데 바로 이 점에서 현대의 역사는 전통적인 신화와 유사하다. 신화 역시 압도적인 권위와 의심할 여지 없는 실재성을 강변하기 때문이다.

신화로서의 역사와 비판적 물음의 결과로서의 역사 사이의 긴장은 고대사 서술에서 중요한 위치를 차지하는 종교적 상황과 관련하여 심각한 문제로 제기되어 왔다. 아마 『성서』만큼 이 문제가 분명하게 드러나는 경우도 드물 것이다. 과학적이고 회의적인 역사가들은 복음서들과 모세오경을 구성하는 문서들을 탐구한 후에 거기에 서술되어 있는 몇몇 사건에 대해 의혹을 제기했다. 예수가 물로 포도주를 만들었다는 것은 사실인가? 그는 정말로 베들레헴에서 태어났는가? 그는 사해 문서를 기록한 사람들과 어떤 관계에 있었는가? 이런 문제들에 대해서는 잠시 후에 살펴보도록 하겠다.

개별적인 역사 서술이 갖고 있는 이런 문제 이외에 근대 이후에는 역사를 어떻게 해석할 것인가에 관한 역사 이론이 대두되기 시작하였다. 철학자 헤겔Georg Hegel(1770~1831)은 인류의 전체 역사를 그가 "변증법"이라고 부른 과정으로 해석하는 야심에 찬 전망을 갖고 있었다. 헤겔이 말하는 변증법은 "논쟁"으로 번역될 수도 있다. 역사는 문화 안에서 또는 인간 정신 안에서 벌어지는 복잡한 토론과 대화로 이루어져 있기 때문이다. 변증법은 다음과 같은 패턴으로 펼쳐진다. 누군가가 어떤 입장을 지지하는 테제thesis(正)를 제시한다. 다른 누군가가 이에 반대되는 안티테제antithesis(反)를 제시한다. 전형적으로 진리는 두 입장 사이에 또는 두 입장 너머에 있다. 따라서 테제와 안티테제의 공통 부분에 해당하는 진테제synthesis(合)라는 세 번째 입장이 생겨난다. 그리고 역사의 다음 국면에서 이 진테제는 다시 테제가 된다. 헤겔의 이러한 견해에 따르면 예수의 종교는 테제가 되고, 바울의 종교는 안티테제가 되며, 이 둘은 이른바 가톨릭 기독교라는 진테제로 나타난다. 헤겔의 변증법 이론은 마르크스에게 영향을 주었다. 그런데 마르크스는 이 변증법을 문화적·지적 용어가 아닌 물질적·경제적 용어로 바꾸었다. 예를 들어 그는 각기 다른 경제적 계급들이 서로 변증법적 투쟁을 벌인다고 주장한다. 한편 사회학자 막스 베버는 인류 역사의 지적 요인을 강조한 헤겔의 입장과 물질적 요인을 강조한 마르크스의 입장 사이에서 중도적인 입장을 취한다. 그는 종교가 어떻게 경제적 발전에 영향을 끼치며, 거꾸로 경제적 발전이 어떻게 종교적 요인들의 모습에 영향을 끼치는지를 이론적으로 규명하려고 하였다.

현대에도 영국의 유명한 역사가 아놀드 토인비Arnold Toynbee(1899~1975)처럼 세계 전체의 역사를 서술하는 사람들이 있다. 이들은 세계의 과거를 전체적으로 훑으면서 그 의미를 보여 주려고 한다. 그러나 현대의 모든 역사가가 이런 야심적인 역사 서술과 이론에 만족해하는 것은 아니다. 역사가 중에는 역사의 거대한 패턴에 대한 사변에 집착하기보다는 개별 사건들을 세세하게 검토하는 데 치중하는 사람이 더 많다. 그러나 마르크스의 유산에서 여실히 드러나듯이, 다양한 역사 이론이 현대인에게 끼친 영향은 막대하다. 이 이론들이 영향을 끼치게 된 이유 중 하나는 우리가 미래의 방향을 설정하기 위한 일환으로 과거를 "이해"하려고 하기 때문이다. 어떤 점에서 이 이론들은 인류의 드라마를 세세하게 이야기해 주는 전통적 신화의 후예라고 할 수도 있다.

그러나 역사와 전기가 중요한 것 못지 않게 현대인은 인간 삶의 본질을 이해하기 위해 다른 이야기들에도 관심을 갖는다. 예를 들어 도스토예프스키, 발자크, 헤밍웨이 같은 이들의 문학 작품과 위대한 소설들, 그리고 영화나 연극으로 만들어진 드라마 같은 것이 바로 그런 것들이다. 전반적으로 우리는 **허구적인** 이야기를 통해 세계와 인간에 대한 진리를 찾아내는 데 익숙해져 있다. 허구는 역사와 나란히 별도의 범주를 구성하며, 우리에게 의미 있는 이야기들을 제공해 준다. 허구와 드라마 속의 사건들은 일종의 환상에 의해 우리에게 현실이 된다. 극장에 앉아 있는 동안 우리는 무대나 화면에서 펼쳐지는 이야기에 사로잡힌다. 극장이라는 시간과 공간의 틀 속에서 연극이나 영화가 진행되는 동안 이야기는 권위와 영향력을 갖고 우리에게 다가온다. 그러나 마음속에서 우리는 이것이 하나의 "연극일 뿐"이요 "영화일 뿐"이라는 사실을 너무도 잘 알고 있다.

신화의 힘

신화는 일종의 드라마처럼 의례를 통해 이야기되거나 재연된다. 신화는 의심할 여지가 없는 사실적인 분위기 속에서 존재한다. 신화는 "세상은 이런 식으로 존재하며 이런 식으로 존재해 왔다"는 분명한 생각 속에서 이야기된다. 역사와 달리(물론 신화가 역사 이론들과 완전히 다르다고는 할 수 없다), 신화는 미래에 대해 이야기해 줄 수 있다. 예를 들어 신화는 세상의 종말이 어떠할 것인지에 대해 이야기해 준다. 많은 경우 인류와 우주에 대한 이야기는 인간 창조나 세계 창조와 같은 "최초의 사건"에서 시작해 종말이라는 "마지막 사건"에서 끝나는 서술로 이루어져 있다. 예를 들어 기독교 성서는 창조에서 시작해서 만물의 종말과 그리스도의 최후 심판에 대한 계시로 끝난다.

신화는 "주어진" 것이다. 다시 말해 신화는 의심할 여지 없는 압도적인 진리의 권위 아래서 이야기된다. 그러나 동시에 신화는 종종 사물과 사람에 기묘한 특징을 갖다 붙이기도 한다. 예를 들어 에덴 동산에는 신비스런 나무와 말하는 뱀 따위가 있었다. 또한 신화는 종종 일련의 상징들, 즉 그 자체를 넘어서는 의미를 갖는 존재들과 행위들을 담고 있다. 예를 들어 아담은 한 사람의 남자이면서 동시에 모든 남자와 여자를 대표한다. 또 금지된 과일을 따먹은 행위는 이로 인해 아담과 이브가 죽음을 겪어야 할 운명이 되었다는, 온전히 이해하기 힘든 깊은 의미를 담고 있다. 이런 이야기들은 겉으로 드러나는 것과는 전혀 다른 의미를 갖는다. 따라서 그 의미를 해독하기 위해서는 이른바 "상징의 심층"을 들여다보아야 한다. 신화적 측면을 이해하기 위해서는 종교와 인간의 삶 속에 나타나는 상징 언어를 어느 정도 알아야 한다. 여기서 칼 구스타프 융의 작업은 우리에게 많은 도움을 준다. 융은 서양과 동양을 막론한 여러 문화권에 존재하는 상징들을 이해하는 심리학적 통찰을 제공해 주기 때문이다.

상징은 전통 종교에서만 중요한 것이 아니라 문학이나 예술에서도 중요하며 여기서 새로운 생명을 얻어 왔다. 따라서 종교적인 미술과 시와 음악이 종종 삶의 의미와 관련해 무언가를 전해 준다는 사실은 놀라운 일이 아니다. 종교 관련 연구 분야 중에서 "도상학圖像學iconography"은 이렇게 신앙이 가시적 상징물로 표현된 것들을 연구하는 분야이다. 전통 종교들과 상당히 비슷한 세속적 세계관들 역시 미술, 음악, 시를 통해 스스로를 표현하기는 마찬가지이다. 예를 들어 마르크스주의는 사회주의 리얼리즘을 창출했는데, 이는 물질에 일종의 빛나는 광채를 부여하고 인류 역사의 완성 단계인 사회주의를 고무시키기 위해 생산이나 혁명 전쟁이 지니는 상징적 중요성을 이끌어 내려는 매우 장대한 스타일의 예술이다.

지금까지 나는 주로 신화를 "이야기하는 것"에 대해 살펴보았다. 그러나 종종 신화는 말로만 이야기되는 데 머물지 않는다. 신화는 의례를 통해 재연되기도 한다. 예를 들어 기독교 전통에서 최후의 만찬은 미사에서(특히 성체성사 또는 주의 만찬이라 불리는 절차에서) 재연된다. 이야기가 행동으로 전달되는 것이다. 신화는 성스러운 연극의 각본이다. 이런 의미에서 대부분의 고대 신화는 각본이라고 할 수 있다. 그렇기에 그리스 연극이 신화의 성스러운 재연에서 파생되어 생겨난 것도 우연이 아니다. 옛날의 이야기들은 아이스킬로스와 그 계승자들의 비극 작품을 통해 좀더 자유분방하고 좀더 세속적인 모습으로 나타나게 되었다. 20세기 초의 "신화 의례 학파"에 속했던 학자들은 신화는 언제나 의례적 맥락에서 고찰되어야 한다고 주장한 바 있다. 이들의 견해는 비록 너무 일방적이기는 하지만 (바빌로니아 같은) 고대 근동의 창조 신화가 (재창조의 기적 자체인) 봄마다 거행되던 성대한 축제에서 어떻게 재연되었는지를 설명해 주기도 했다.

우리는 삶 속에서 과거의 의미 있는 사건들을 경축하는 일에 참여하곤 한다. 예를 들어 내 친구들은 내 생일날 늘 무언가를 한다. 그들은 축하해 주거나, 술을 사오거나, 생일 케이크를 같이 먹거나, 선물을 주거나 한다. 이런 행위들은 넓은 의미에서 보면 모두 의례의 일종이다. 도대체 왜 이런 일들을 하는 걸까? 일 년 중에서 내가 태어난 날이 왜 그리도 특별한 걸까? 생일이라는 것은 그냥 보면 단순해 보이지만, 좀더 깊이 들여다볼 만한 점이 있다. 내게 출생이 중요한 까닭은 그것이 내가 한 사람의 인간으로서 삶을 시작하는 순간이기 때문이다(적어도 전통적으로 임신보다는 출생을 한 개인의 시작으로 여긴다. 임신은 분명하게 눈에 보이는 현상이 아닌 반면 출생은 인간이 극적으로 밝은 세상 속에 나타나는 것이기 때문이다). 다시 말해 나의 출생은 나의 시작이다. 우리는 시작들, 모든 것의 "처음들"을 특히 의미 있게 여기는 경향이 있다. 예를 들어 라이트 형제가 최초로 하늘을 난 일, 에베레스트 산을 최초로 정복한 일, 최초로 1마일을 4분 안에 주파한 일 같은 것이 그 예다. 무엇이든 최초의 것은 그것이 속한 부류의 기원이 되며, 따라서 그 부류 전체를 상징한다. 마찬가지로 나의 출생은 "나"와 관련된 모든 것의 처음이며, 그 모두를 상징한다. 그렇기에 생일 잔치는 나의 전 존재에 대한 축하가 되는 것이다.

그런데 이때 축하한다는 것은 무얼 의미하는 걸까? 우선 축하한다는 것은 무언가를 행하는 것이다. 사람들이 하는 말조차도 무언가를 진술하거나 서술하는 말이기보다는 무언가를 행하는 말인 경우가 많다. 언어학자 오스틴 J. L. Austin(1911~1960)과 그 영향을 받은 현대 철학자들은 이를 수행발화 performative utterance라고 불렀다. 말은 무언가를 수행한다. 내가 "약속할게"라고 말할 때 나는 무언가를, 즉 계약 행위의 일종인 약속을 수행하고 있는 것이다. 내가 결혼식을 올릴 때 "당신은 이 사람을 배우자로 맞아들이겠습니까" 하고 묻는 주례의 질문에 "예" 하고 대답하면 나는 결혼을 하게 되는 것이다. 이런 말들은 나의 지위를 바꾸어 놓는다. 내 친구가 내게 "생일을 맞아 좋은 일이 많이 있기를 바래" 하고 말할 때 그 친구는 ("오늘 참 날씨가 좋다" 하고 말할 때와는 달리) 사건을 서술하고 있는 것이 아니다. 이 진술은 참도 거짓도 아니다. 이 말은 관례적인 생일 축하 인사로 바램을 표현하는 것이다. 이 말은 나라는 존재를 축하하는 것이며, 내 친구가 나를 소중히 여긴다는 사실을 표현하는 것이다.

미국의 독립 기념일 행사나 러시아의 혁명 기념식에 대해서도 비슷한 생각을 할 수 있다. 이런 기념식들에서는 역사의 일부가 현존하며 기념된다. 이는 그것이 민족이나 국가의 기원이기 때문이다. 미국의 독립을 기념하는 것은 미국을 기념하는 것이다. 이 의례는 국가의 자부심을 표현하며 이를 고양시킨다.

그러므로 우리는 무언가를 행하도록 정해진 수행 행위의 각본을 제공해 주는 전통적인 신화가 종종 현실에서 실제적인 결과를 야기하기도 한다는 것을 알 수 있다. 예를 들어 예나 지금이나 신의 세계 창조를 경축하는 것은 곧 새로운 성장과 결실을 가져다 준다고 여겨져 왔다.

생일 잔치에서 생각해 볼 만한 것이 하나 더 있다. 만일 내 친구들의 의도가 그들이 나를 소중히 여긴다는 사실을 표현하는 데만 있다면, 이론적으로 볼 때 생일 잔치는 일 년 중 아무 날에나 해도 상관없을 것이다. 그런데 왜 하필 내가 출생한 바로 그날에 생일 잔치를 여는 걸까? 물론 생일 잔치를 여는 그날은 내가 실제로 태어난 날이 아니다. 내가 태어난 것은 오래전의 사건이며, 그것도 딱 한 번 일어난 사건일 뿐이다. 그런데 우리는 매해 돌아오는 특정한 날을 과거에 내가 태어난 날과 "같은 날"로 간주한다. 이 날은 한 해의 순환 안에서 매해 같은 위치에 해당하는 날이며, 우리는 여러 가지 이유에서 그날에 커다란 의의를 부여한다. 한 해의 흐름 안에서 볼 때 매해 돌아오는 나의 생일은 내가 실제로 태어난 날과 같은 위치에 있다. 이런 식으로 우리는 "같은 날"이 매해 돌아온다는 주기 관념을 갖고 있다. 생일과 출생한 날은 서로 비슷하기 때문에 우리는 생일이 출생한 날을 반영한다고 여기며, 따라서 나의 출생이 지금 다시 이루어지고 있다고 생각한다. 과거가 현재가 되는 것이다.

이것은 대부분의 의례가 지니고 있는 핵심적인 특징이다. 이 덕분에 우리는 의례를 통해 현재에서 과거로 (또한 「요한계시록」에서 성 요한이 최후의 심판을 지금 여기에서 벌어지고 있는 일로 경험했던 것에서 볼 수 있듯이 때로는 현재에서 미래로) 일종의 시간 여행을 할 수 있게 된다. 그래서 부활절에 기독교인들은 부활한 그리스도가 그들과 함께 있다고 생각하며, 그의 부활을 과거의 사건이 아닌 현재의 사건으로 인식한다. 동방 정교회 신자들은 부활절의 절정에 "예수 그리스도께서 오늘 부활하셨다"고 말한다. "옛날에 부활하셨다"가 아니고 "오늘 부활하셨다"인 것이다.

이와 같이 신화의 특징 중 하나는 서술되는 사건을 현재의 사건으로 만든다는 데 있다. 그때는 지금이 된다. 하지만 그 사건이 도대체 언제 일어났다는 말인가? "옛날 옛적에"로 시작하는 이야기들과 마찬가지로 신화가 서술하는 사건이 일어난 때는 종종 모호하다. 예를 들어 「요한복음」은 "태초에 말씀이 있었다. 그리고 말씀은 하느님과 함께 있었다"는 말로 시작한다. 하지만 그 태초라는 것은 구체적으로 언제인가? 과연 그 태초를 미국이 독립한 1776년이나 영국이라는 나라가 생겨난 1066년처럼 구체적인 연대로 표시할 수 있을까?

저명한 종교학자 중 한 사람인 엘리아데는 융과 비슷한 사상을 갖고 있었는데, 그는 "태초에"라는 생각의 중요성에 관한 독특한 이론을 제시한다. 그는 우주의 형성이나 창조에 관한 신화나 우주 안에 있는 현상들, 예를 들면 죽음 같은 것의 유래를 밝혀 주는 신화가 모든 신화의 원형prototype이라고 본다. 신화는 일상적인 시간이 아니라 일종의 신화적인 시간, 또는 엘리아데가 라틴어로 표현한 바를 따르자면 "그때에in illo tempore" 일어난 사건들을 서술한다. 오스트레일리아 원주민들은 성스러운 사건들이 일어났던 "꿈의 시간"에 대해 이야기한다. 엘리아데는 고대인들이 일반적으로 세계 안의 모든 것이 언제나 "태초의" 성스러운 실재를 반영한다고 여겼을 것이라고 생각한다. 융도 이와 비슷한 생각을 가지고 있었다. 융에 따르면 심층상징deep symbol이나 원형archetype이 인류의 무의식 속에 들어 있으며, 이는 다양한 문화권의 신화들을 통해 지속적으로 나타난다. 엘리아데는 이런 생각을 좀더 구체적으로 신화의 구조와 연관 짓는다. 신화는 행위의 원형을 기술해 준다. 새로운 출생, 죽음, 완전성에 대한 생각은 최초의 것에 관한 신화 속에서 생생하게 살아난다. 신화를 이야기한다는 것은 이러한 실재들을 재창조하는 것이다. 고대인들이 자신의 내면 깊숙이 들어 있는 심층 상징들을 지속적으로 다시 살아낼 수 있었던 건 바로 이 때문이다. 다시 말해 고대인들은 자신의 삶을 "시간이 아니었던 시간에", 그때에 비추면서 살아감으로써 시간과 변화를 극복했던 것이다. 이와 달리 현대인들은 이러한 성스러운 실재들과의 관계를 끊고 시간과 변화의 그늘 속에서, 다시 엘리아데의 표현을 빌자면, 역사의 공포 속에서 살아간다. 우리는 마감 시간, 시계, 일정표 따위에 지배당하고 있으며, 이런 것들은 그야말로 시간이 우리를 압제하는 수단들이다.

비슷한 작업으로 엘리아데는 요가나 샤머니즘에 관한 연구에서, 일상적인 시간을 넘어설 수 있게 해주는 다양한 기술을 통해 인간이 겪게 되는 경험에 대해 살피고 있다. 이러한 기술을 통해 시간은 소거되며 인간은 성스러운 실재와 만나게 된다.

성스러운 이야기의 종류는 실로 매우 다양하다. 성스러운 이야기가 모두 (역사적 시간과 전혀 다른) "꿈의 시간"에, "그때에" 또는 "우리" 시대에 일어난 사건을 다루는 것은 아니다. 예를 들어 이스라엘 민족이 그들의 신의 인도하에 압제자의 손아귀에서 벗어났던 출애굽 사건(이 사건을 기념하는 절기가 유월절이다)에 대한 이야기는 과거의 특정한 때에 일어났던 사건에 관한 이야기다. 예를 하나 더 들어 보자. 기독교의 「사도신경」은 예수의 죽음과 부활을 본디오 빌라도가 통치하던 시기에 일어난, 역사적 근거가 분명한 사건으로 기록하고 있다. 동양의 경우를 보아도, 석가모니의 깨달음에 관한 이야기 역시 특정한 때에 특정한 장소에서 일어난 사건에 성스러운 의미를 부여하고 있음을 알 수 있다.

이쯤에서 잠시 멈추고 전통적인 신화들 중에서 가장 중요한 몇 가지를 살펴볼 필요가 있을 것이다.

어떤 이들은 흔히 우주의 기원을 신적인 존재의 생각이나 말에 의한 창조로 설명한다. 어떤 이들은 우주가 원초적 혼돈chaos이나 미분화된 물질에서 생겨났다고 말한다. 예를 들어 고대 인도의 신화에서는 세계를 하나의 알로 보고 이 알이 깨지면서 우주가 생겨났다고 설명한다. 또 어떤 신화는 우주의 질서가 최초의 인간이나 (고대 근동 신화에 나오는 티아마트 같은) 바다 괴물이 해체되면서 생겨났다고 설명한다. 물은 종종 매우 중요한 역할을 한다. 많은 학자들이 이미 밝혔고 또 우리도 앞서 살펴보았듯이 대부분의 문화권에서 물은 혼돈의 상징이기 때문이다. 혼돈으로부터 질서, 즉 우주 cosmos가 생겨난다. 여러 신화들로부터 영향을 받은「창세기」가 비록 신이 자신의 결정에 따라 무無에서 세상을 창조했다는 것을 놀라울 정도로 그럴듯하게 이야기하고 있기는 하지만, 여기서도 우리는 이미 존재하던 "어떤 것", 즉 신의 기운으로 뒤덮여 있던 물에 대한 언급을 볼 수 있다. 그 물은 곧 원초적 혼돈을 상징한다.

  우주의 창조나 발생에 관한 이야기들은 신화의 주요하고 핵심적인 범주들 중 하나인 기원 신화에 속한다. 이에 속하는 것으로는 (안식일을 지키는 것 같은) 특정한 제도가 어떻게 성립되었는지를 설명하거나 특정한 식물과 동물이 어떻게 생겨났는지를 설명해 주는 신화들이 있다. 이 중에서도 특히 중요한 것은 죽음의 기원에 관한 신화이다. 이에 대한 좋은 사례는 엘리아데가 그의 자료집『원시 종교에서 선까지From Primitive to Zen』에서 인용하고 있는 인도네시아 술라웨시족의 신화에서 찾아볼 수 있다. 신화의 내용은 이렇다. "태초에 하늘과 땅은 서로 가까이 있었다. 어느 날 조물주가 동아줄 끝에 돌을 매달아 땅으로 내려보냈다. 그런데 최초의 남자와 여자는 이것을 거절하고 대신 다른 것을 달라고 했다. 그래서 조물주는 이번에는 바나나를 내려보냈고, 남자와 여자는 이것을 아주 반겼다. 그러자 조물주는 남자와 여자에게 너희가 돌을 거절하고 바나나를 택했으니 이제부터는 바나나처럼 될 것이라고 말했다. 돌은 영원히 변치 않지만 바나나 나무는 그 후손이 자라는 동안 죽어 버린다. 이때부터 세상에는 죽음이라는 게 생겨났다."

이 신화에는 많은 상징적 의미가 들어 있다. 신이 사는 하늘과 인간이 사는 땅이 가까이 있었다는 생각은 태초에는 인간과 신이 서로 떨어져 있지 않고 좀더 가까운 관계를 맺고 있었음을 말해 준다. 최초의 남자와 여자의 행위가 후손에게 영향을 미친다는 생각은 상징적인 최초의 인간이 인류를 대표할 뿐만 아니라 자신 안에 온 인류를 담고 있다는 보편적인 주제와 맞닿아 있다. 최초의 인간들이 돌보다 더 그럴듯해 보이고 먹을 수도 있는 바나나를 택하면서 이로 인해 야기될 결과를 몰랐다는 사실은 신이 그들에게 술책을 썼다는 것을 말해 준다. 이는 불멸이라는 것이 신적 존재만의 것이지 인간이 감히 꿈꾸어서는 안 되는 것이라고 여기는 신념과 일맥상통한다. (특히 바나나를 먹었기 때문에 바나나와 비슷한 특질을 갖게 된다는 것처럼) 사람은 자신이 선택한 것과 비슷해지게 된다는 생각은 신화의 상징적 사유 방식과 일맥상통한다. 그 사유 방식은 곧 "비슷한 것끼리는 서로 영향을 준다Like affects like"는 것이다.

하늘과 땅이 한때 서로 가까이 있었다는 생각은 최초의 인간들이 어리석고 무례한 짓을 해서 지고신이 더 높이 올라가 버렸다는 생각과 연결된다. 그후로 지고신은 우주 안에 있는 것들에 모습을 부여하고 이를 유지하는 실제적인 일을 하위신들의 손에 넘겨주었다.

파괴라는 주제도 중요하다. 그래서 어떤 세계관에는 세계가 주기적으로 파괴되고 다시 창조된다는 생각이 있기도 하다(이는 인도 전통에서 가장 잘 나타난다). 대재앙에 관한 신화 중에서 특히 대홍수는 문화권마다 다양한 방식으로 이야기된다. 재앙이라는 주제는 종종 곧 다가올 평화와 축복의 시대를 예고해 주기도 한다. 이런 희망은 많은 종교에서 부흥 운동이나 반란을 고무하기도 해왔다.

우주와 인간사를 다스리거나 이에 영향을 끼치는 신들, 영웅들, 그리고 그 밖의 초자연적인 존재들의 활동에 대해 이야기하는 신화는 매우 다양하다. 이런 신화들은 인도나 그리스 전통에서처럼 종종 대서사시의 소재가 되기도 한다.

　신화에서 기원에 관한 이야기가 중요한 것은 사실이지만 이것이 신화의 유일한 유형인 것은 아니다. 엘리아데는 기원 신화의 중요성을 너무 과장하고 있으며, "그때에"가 지니는 상징적 의미를 지나치게 강조하고 있다. 하지만 모든 신화가 시간의 제약을 받지 않는 무언가로부터 시간의 제약을 받는 사물들이 생겨났음을 강조하는 것은 아니다.

　엘리아데와 융은 고대 신화가 어떻게 오늘날의 우리에게까지 여전히 의미를 가질 수 있는지, 신화에 나타나는 상징적 의미가 인간의 정신과 세계관에 어떻게 뿌리를 박고 있는지를 보여 주고자 한다. 엘리아데가 신화를 설명하는 방법 중 하나는 우리로 하여금 현대 세계에서 시간과 공간이 다양하게 상징화되는 방식을 진지하게 들여다보게 만드는 것이다. 예를 들어 높이와 깊이, 중심과 주변에 관해 생각하는 전반적인 사고 유형은 우리가 세상을 대하는 거의 본능적인 어떤 태도를 말해 준다. 고대 그리스의 올림포스 산, 이스라엘의 시온 산, 인도의 메루 산에서 볼 수 있듯이, 대부분의 신화가 세계의 중심에 있으며 신이나 신들이 사는 곳과 연결되어 있는 산에 대해 이야기하고 있다는 사실은 단순한 우연의 일치가 아니다.

　그러나 이렇게 신화가 전통적으로 세계관 형성에 매우 중요한 역할을 한 것이 사실이기는 하지만(많은 소규모 사회들에서 세계관은 주로 신화를 통해 표현된다), 오늘날 신화는 점차 신빙성을 잃어 가고 있다. 신화는 더 이상 압도적인 권위를 갖고 있지 않은 듯하다. 그리고 이렇게 권위를 상실한 신화는 더 이상 살아 있는 신화가 아니라 단지 연극이나 영화의 소재가 되는 흥밋거리, 이야기, 플롯이 되거나 인간의 상징 체계에 관한 연구의 자료로 전락하고 만다. 오늘날에는 앞서 언급했던 역사 이론 같은 세속적 이야기들이 전통적인 신화를 대신하고 있는 것은 아닐까? 그리고 이제는 소설과 드라마가 과거에 읊어지던 신화를 대신하고 있는 것은 아닐까?

　그러나 전통적인 형태의 신화가 여전히 강력하게 살아 있는 곳이 있다.

바로 살아 있는 주요 종교들의 경전 속이다. 일단 이야기꾼의 입과 손을 떠나 경전의 일부가 되고 나면, 신화는 색다르면서도 새로운 힘을 갖게 된다. 예를 들어 유대교와 기독교의 『성서』, 이슬람교의 『쿠란』, 대승 불교의 『법화경』, 힌두교의 『베다』와 『주의 노래』, 모르몬교의 『모르몬경』처럼 성스러우며 계시되었다고 여겨지는 경전들은 그 자체의 생명력을 갖고 있으며, 경전을 길잡이로 삼는 사람들에게 영감을 불어넣어 준다. 이런 경전들은 하느님이나 부처 또는 여타 지고신의 이름으로 권위를 부여 받은 이야기들이며, 해석과 주석이 필요한 상태로 전수된다. 사실 우리는 대개 주석을 통해 경전의 의미를 이해한다. 우선 주석은 우리로 하여금 신화의 교리적 근거를 이해할 수 있게 해준다. 예를 들어 어떤 창조 신화를 그 자체로만 읽는다면 그 내용은 무척 한심해 보일 수도 있다. 그래서 금세 이런 물음이 떠오를 수도 있다. "신이 세상을 만들었다면 무얼 가지고 만들었을까?" 그러나 이때 교리는 예를 들어 세계가 신적 존재 자체로부터 생겨났다거나 신적 존재는 무한하며 무엇이든 할 수 있기 때문에 세계를 무에서 만들어 냈다는 식으로 설명해 줄 것이다. 실제로 세계의 주요 종교들에서는 신화가 언제나 좀더 추상적인 교리와 밀접히 관계되곤 한다.

사실 과거에 지배적이었던 전통적 신화들은 오늘날 성스러운 문헌 속에서 그 권위와 위상을 유지하고 있다. 또한 『모르몬경』이나 통일교의 『원리강론』에서 볼 수 있듯이, 오늘날의 신종교들 역시 나름의 경전을 갖고 있다. 그리고 현대 역사가들이 이런 종교 경전들을 꼬치꼬치 파고드는 것은 바로 그 속에 신화들이 기록되고 보존되어 있기 때문이다. 예를 들어 신화 자체가 모세나 예수나 무함마드 같은 위대한 종교 창시자에 관한 역사적 서술의 모습을 띨 경우에는, 앞에서 국가의 역사를 서술할 때 제기된다고 했던 그런 긴장이 더욱 첨예해진다. 그렇다면 과연 현대 역사학은 우리가 소중히 간직해 왔던 믿음들을 와해시켜 버릴까? 비판적인 역사가가 경전을 단순한 기록물에 불과한 것으로 본다면 경전의 권위에는 금이 가게 될까?

신화의 해석

지난 150년 동안 『신약 성서』에 대한 근대적인 연구가 이루어져 왔다. 그리고 이로 인해 역사와 신화의 문제가 아주 첨예하게 대두되었다. 초기 기독교 교회의 주요 문서들과 특히 복음서들은 예수의 삶과 가르침을 해석하는 과정에서 당시에 날로 늘어만 가던 광범위한 자료들 중에 선택된 것이다. 그러나 이런 문헌들이 단순히 전기나 역사적 기록물에 불과한 것은 아니다. 복음서들은 예수의 진정한 면모에 대한 기독교인들의 경험을 표현하고, 오늘날에도 그런 것처럼 예배에서 사용하기 위해 만들어진 것이다. 또한 복음서들은 당시의 언어와 은유로 덧입혀져 있었다(로마 제국 동부에 살던 대부분의 사람들은 그리스어를 알고 있었다. 아마 예수도 그의 모국어인 아람어와 함께 그리스어를 알고 있었을 것이다). 전통에 충실하고자 하는 기독교인 중에는 복음서의 메시지를 오늘날의 새로운 언어로 다시 서술하고 싶어하는 사람도 있을 것이다.

두 가지 예를 들어 보자. 예수가 하늘로 올라갔다는 복음서의 기록을 놓고 과연 우리가 예수가 문자 그대로 하늘로 올라갔다고 생각할 수 있을까? 과학 기술 덕분에 우리는 이제 "저 하늘"이 어떻게 생겼는지를 알게 되었다. 하지만 『성서』를 쓰거나 읽었던 옛날 사람들은 이를 모르고 있었다. 당시 사람들은 우주가 저 위에 있는 천상 세계, 여기에 있는 지상 세계, 그리고 저 아래에 있는 지하 세계의 3층 구조로 이루어져 있다고 생각했다. 정말 예수가 로켓처럼 하늘로 솟아올라 갔을까? 천국은 어디에 있을까? 천국은 백 마일, 천 마일, 백만 마일 위에 있을까? 과거의 신화적 의미에서 하늘이 신이 사는 곳으로 여겨졌던 것은 얼마든지 있을 수 있는 일이다. 그러나 만일 오늘날의 우리가 여전히 하늘을 "신이 계신 곳"이라고 생각한다면, 우주에 대한 우리의 지식은 완전히 달라져야 할 것이다. 그렇다면 우리는 과연 복음서가 씌어질 당시의 사람들이 말하고 생각했던 것을 어떻게 표현해야 할까? 과연 우리는 신이 시간과 공간을 초월하여 말 그대로 4차원이나 5차원 세계에 살고 있다고, 그러면서도 여전히 우리와 함께 있다고 말할 수 있을까?

또 다른 예를 하나 더 살펴보자. 『성서』는 신이 왕이거나 아니면 적어도 왕 같은 존재라고 말한다. 신의 왕국이라는 이미지는 매우 강력한 이미지이다. 당시에 왕은 실제적인 권력을 갖고 있었다. 하지만 오늘날의 왕은 더 이상 그렇지 않다. 오늘날의 왕은 기껏해야 영국 여왕처럼 입헌 군주에 불과하며, 부와 엄청난 특권과 생생한 상징성을 갖고 있기는 하지만 실질적인 정치 권력을 갖고 있지는 않다. 오늘날 옛날의 왕과 더 비슷한 존재는 차라리 미국 대통령이다. 그렇다고 우리가 "하느님은 우리의 대통령이시다"라고 말하지는 않는다. 아무리 우리가 옛날에 쓰이던 언어를 그냥 그대로 사용한다고 해도, 그 의미와 환경이 달라진 이상 그 언어는 이제 다른 함의를 갖기 마련이다. 따라서 당신이 『성서』에 씌어진 것을 문자 그대로 고지식하게 받아들인다면, 오히려 당신이야말로 『성서』가 말하고자 했던 바를 왜곡하고 있는 것일 수도 있다.

이와 같이 본래의 의미를 밝히고 표현하기 위한 번역의 문제를 다루는 학문 분야가 바로 해석학hermeneutics이다. 해석학이라는 영어 단어는 그리스어에서 유래했으며, 이는 더 거슬러 올라가 신의 메시지를 전하는 역할을 했던 그리스 신 헤르메스Hermes의 이름에서 유래한 것이다. 어쨌든 해석학은 해석의 이론이라는 뜻이다.

『신약 성서』를 역사학적 입장에서 연구하는 현대적 시도는 그동안 몇 가지 논쟁을 불러일으켰다. 어떤 이들은 경전에 대한 이런 세속적인 연구가 『성서』의 권위를 손상시킨다고 생각한다. 이들은 『성서』는 신의 영감으로 씌어졌기 때문에 오류가 없다고 주장한다. 그러나 다른 이들은 현대 세계에 적응하기 위해서는 현대 학문의 도움을 받아 『성서』를 새롭게 이해해야 한다고 주장한다. 대개 앞의 경우를 "근본주의자fundamentalist", 뒤의 경우를

"자유주의자liberalist"라고 부른다. 그러나 근본주의자들도 해석학적 문제에 부딪히기는 마찬가지다. 그들이 아무리 자신이 『성서』를 문자 그대로 받아들인다고 주장한다 해도, 그들은 분명 20세기를 사는 현대인의 눈으로 『성서』를 읽고 있지 않은가? 그러면서 그들은 『성서』에서 현대와 관련된 많은 것을 찾아내려 하고 있지 않은가?

　루돌프 불트만Rudolf Bultmann(1884~1976)은 아마 현대 학문의 도전을 가장 적절히 수용한 사람일 것이다. 그는 "비신화화demythologization"라 불리는 작업을 시도하였다. 비신화화는 『성서』의 신화적이고 상징적인 언어가 전하는 바를 이해하려고 하며, 따라서 본래 텍스트에 덧씌워져 있는 신화의 옷을 벗기고 이를 재서술하려 한다. 예를 들어, 앞서 살펴본 바와 같이 『성서』는 우주가 3층 구조—저 위의 하늘나라, 지상 세계, 저 아래의 지옥—로 되어 있다고 묘사한다. 하지만 지금 보면 이런 묘사는 은유에 불과하다. 우리가 문자 그대로 지옥으로 "내려갈" 수는 없기 때문이다. 불트만은 우주가 3층으로 되어 있다고 보는 이런 우주관은 더 이상 현대인의 감각이나 생각에 들어맞지 않는다고 본다. 오늘날 우리는 인간이 푸른색과 흰색으로 뒤덮인 아름다운 혹성인 지구 위에서 살고 있으며, 지구는 태양이라는 별의 주위를 돌고 있고, 태양은 아직도 팽창하고 있는 광대한 우주의 가장자리에 있는 한 은하계 안에 있다는 사실을 알고 있다. 예수 당시의 유대인들은 이런 우주의 모습을 상상조차 할 수 없었다. 그러나 그렇다고 해서 예수가 세상을 위해 놀라운 일을 했으며, 신이 인간에게 점진적으로 자신을 계시하는 과정에서 예수가 중심적인 위치를 차지한다는 생각을 포기할 필요는 없다. 이것이 기독교인들의 주장이다. 여기서 우리는 불트만이 종교학자가 아니라 기독교 신학자라는 사실을 기억해야만 한다. 그는 기독교 신앙을 지적인 용어로 명징하게 표현하려고 애썼다. 하지만 그래도 그에게는 세계관을 분석하려는 사람이나 종교를 연구하려는 사람의 지대한 관심을 끌 만한 부분이 있다.

불트만은 현대인이 받아들이기 힘든 신화적 요소들—물이 포도주로 바뀌고, 물위를 걷고, 귀신을 쫓고, 하늘로 올라가고, 기적적인 방식으로 동정녀에게서 아기가 태어나고 하는 일들—을 『성서』에서 제거하고 났을 때 과연 기독교 신앙을 어떻게 현대적 의미로 재서술할 수 있을까 하는 문제에 부딪혔다. 예수와 관련된 진실에 대한 이러한 신화적 표현들에 담긴 진정한 내적 의미를 밝히기 위해 불트만은 현대 철학을 응용하였다. 그는 그리스도의 부활이 기독교인들로 하여금 새롭고 진정한 삶을 영위할 수 있게 해주었다고 생각했다. 이 새로운 자유는 인간을 객체로, 우리를 군중의 일부로 여기는 거짓된 가치관을 극복할 수 있게 해준다. 과학은 사물의 세계를 다루며 따라서 객관적일 수 있다. 그러나 인간 실존의 차원은 그 성격이 다르다. 만일 내가 당신에게 진지하게 말을 건넬 때 당신은 이제 더 이상 사물이나 유형이 아니게 된다. 당신은 반응하는 인격체가 된다. 이는 인간과 신의 관계에서도 마찬가지이다. 인간과 신의 관계는 사랑의 관계이며, 유대교 사상가 마르틴 부버Martin Buber(1878~1965)는 이를 "나와 당신의 만남I-Thou encounter"이라고 불렀다.

신화들은 부분적으로 신의 인격적인 측면을 보여 준다. 왜냐하면 신화들은 물질 세계가 정신적이고 신비스런 힘으로 가득 차 있는 것처럼 다루기 때문이다. 물론 신화가 보여 주고 있는 것과 상관없이 신화를 단지 사물이나 사건에 관한 이야기로만 바라본다면, 신화 역시 "객관적으로" 받아들여질 수 있다. 신앙은 인격적인 것이며, 인격체와의 관계이다. 아무리 객관적으로 놀라운 외적 사건들이 있다고 해도 신앙은 단순히 이런 사건들에 대한 믿음에서 생기는 것은 아니다.

객관적인 것과 주관적인 것 그리고 과학과 신앙을 분명하게 구분하는 불트만의 입장이 과연 받아들일 만한 것인가에 대해서는 논란의 여지가 남아 있다. 또한 진정한 삶에 대해 말하는 그의 현대적 해석이 복음서 저자들이 의도했던 바와 얼마나 일치하느냐 하는 데에도 약간의 문제가 있다. 그러나 기독교 신앙을 재서술하려던 그의 기획에는 흥미로운 부분이 있다. 왜냐하면 그는 전통적인 종교적 세계관들의 힘과 미래를 정확히 가늠하고자 하는 종교학자들에게 매우 중요한 문제를 제기해 주었기 때문이다.

우선, 현대의 과학적이고 기술적인 사고가 나타나면서 전통적인 신화를 받아들이던 사람들은 어쩔 수 없이 나름대로 신앙의 언어와 과학의 언어― 즉, 인간 경험과 이해의 서로 다른 두 영역을 구분할 수밖에 없게 되었다. 불트만은 이를 인간의 영역과 사물의 영역으로 구분하였다. 그렇다면 결국 『성서』는 인간에 관한 책이자 지고의 인격인 신에 관한 책이지, 생물학이나 물리학에 관한 책은 아닌 셈이다. 그리고 창조 신화는 아버지 하느님과 인간의 관계에 대한 신화이지, 우주가 어떻게 생겨났는가에 대한 물질적인 설명이 아니다.

그러나 우리가 이렇게 신화와 과학을 뚜렷이 구분하기 시작할 때 우리는 이미 본래의 신화를 만든 사람들과는 다른 의식 구조를 지니고 있는 것이다. 신화는 이제 새로운 맥락을 갖게 되며, 따라서 새로운 의미를 갖게 된다. 우리의 세계는 이미 다양한 부분들로 나뉘어 있으며, 이들을 함께 설명하기 위해서는 다양한 이론들이 필요하다. 초기 기독교 역시 그리스 철학에 직면해서 이와 비슷한 문제와 씨름했었다. 그리고 불트만은 설명을 위한 이론을 현대 철학에서 찾았다. 그리하여 기독교 신앙은 추상적인 틀에 맞추어지면서 "진정성"이라든지 "인격적 실존"이라든지 하는 용어로 설명되었다.

이는 신화에 관한 두 번째 생각으로 이어진다. 엘리아데와 융의 견해에 따르면 신화의 궁극적인 의미는 우리의 심성 깊이 내재해 있는 충동, 즉 우리가 어떻게 인격적인 통합과 전체성을 성취할 수 있을 것인가 하는 문제와 관련이 있다. 불트만도 역시 신앙을 매우 인격적이고 개인적인 문제로 보았다. 그러나 전통적인 신화는 훨씬 더 집단적인 의미를 지니고 있다. 신화는 단지 나에 관한 것이 아니다. 신화는 우리에 관한 것이다. 예를 들어 『성서』에는 이스라엘 민족이 어떻게 생겨났으며 이들이 어떻게 신과 특별한 관계를 맺게 되었는지에 관한 이야기가 실려 있다. 부족 사회의 신화들은 우주의 창조뿐만 아니라 부족의 창조나 출현에 대해서도 이야기한다. 바로 여기서 우리는 민족이나 국가의 역사에 관한 이야기와 전통적인 신화가 비슷하다는 사실을 발견할 수 있다. 물론 우리는 종교의 개인적이고 개별적인 측면을 과소평가해서는 안 된다. 현대 세계에서 이는 더더욱 그러하다. 그러나 종교가 인류의 역사에 의미를 부여할 필요가 있다는 점도 인정해야 한다. 종교는 우리가 어디에 있으며 어디로 가고 있는지를 설명해 주어야 한다. 마르크스주의의 매력은 그것이 바로 이런 설명을 제공해 준다는 데 있다. 기독교를 비롯한 대부분의 종교는 역사를 해석하려 하지 않았으며, 따라서 인류 사회가 현대성의 영역으로 들어서는 것과 하나의 지구촌이 출현하는 것이 어떤 의미를 갖는지에 대해 아무런 설명도 제시하지 않았다. 하지만 예외가 없는 것은 아니다. 프랑스 예수회 신부인 테이야르 드 샤르댕 Teilhard de Chardin(1889~1955)은 진화의 과정에 관한 나름의 그림을 제시한 바 있다. 이 진화 과정 속에서 우리가 익히 아는 대로 인류가 출현하게 되었다. 그리고 더 나아가, 기독교적인 용어로 말하자면 그리스도의 재림이라 할 수 있는 완전한 사랑에 의해 지구가 새롭고 좀더 완전하게 통합될 때 이 진화는 완성된다. 진화는 영적인 진보를 의미하며 신이 계획한 것이라고 보았던 그의 견해는 과학과 신앙을 새롭게 통합했다는 점에서 전통적인 기독교인들에게는 매력적인 것이었다. 그런데 이런 견해는 가톨릭의 전통적인 교리와는 거리가 있다고 여겨졌기 때문에 그의 저술은 가톨릭 교회의 금서 목록에 포함되게 되었다. 하지만 그는 분명 다음과 같은 중요한 질문을 던졌다. 회의주의가 넘실대는 현대 세계에서 우리는 과거와 미래를 어떻게 설명할 수 있을까? 어떤 신화들이 권위라고 할 수 있는 것을 갖고 있을까? 어떤 신화들이라야 단순히 시적인 방식으로 의미를 전달하는 흥미롭고 통찰력 있는 매체로만 취급받지 않고, 우리로 하여금 실제로 그것을 믿게끔 만드는 "실재성"을 지닐 수 있을까?

중요한 것은, 인간은 그들이 어떻게 존재하게 되었는지에 대해 이야기함으로써 자신이 누구인지를 알고 싶어한다는 것이다. 결국 신화는 우리의 정체성에 대한 감각을 지탱하는 양식인 셈이다. 그리고 우리가 우리의 정체성과 운명을 보이지 않는 세계—신, 다르마dharma, 도, 열반 등—와의 관계 속에서 이해할 때 우리는 신화에 또 다른 충동을 부여하게 된다. 왜냐하면 우리는 보이는 것을 통해 보이지 않는 것을 상상하고, 상징을 통해 신앙을 표현하기 때문이다. 우리에게 과거와 미래를 선사하는 신화가 나와 나의 동료 인간들이 서로 만나는 곳에서 생겨나는 것과 마찬가지로, 상징은 우리의 느낌과 우주가 서로 만나는 곳에서 솟구쳐 나온다.

제5장　교리적 차원

　　종교적 세계관이나 그 밖의 세계관들은 특정한 경험을 일으킨다. 이런 세계관들의 의미는 부분적으로 과거와 미래에 관한 이야기들 속에 들어 있기도 하다. 하지만 세계관은 세계와 삶 전체에 대한 견해이기 때문에 금세 교리적인 측면을 강하게 띠게 된다. 우리는 앞에서 불트만이 현대 독일 철학을 끌어와 『성서』를 재해석함으로써 낡은 기독교 신화를 현대에 맞게 고치려고 노력했던 것을 살펴보았다. 서구 전통을 살펴보면, 경전과 의례 속에 나타나는 하느님과 그리스도와 성령에 대한 다양한 생각을 이해하기 위해 교회가 어떻게 삼위일체라는 핵심 교리를 정립하려고 애써 왔는지를 볼 수 있다. 이 교리에 의하면 신은 셋인 동시에 하나이다. 즉, 기독교의 하느님은 하나이면서도 아버지, 아들, 그리고 성령이라는 세 가지 존재 양태를 지닌다. 불교의 경우 존재의 본성은 세 가지 교리로 요약된다. 세상의 모든 것은 영원하지 않으며(諸行無常), 모든 것은 실체가 없고(諸法無我), 모든 것은 고통과 번뇌로 가득 차 있다(一切皆苦)는 것이다. 힌두교에는 베단타라는 사상 체계가 있는데, 이는 신적 존재의 진정한 본성에 관한 다양한 사상의 결정체이다. 역사의 진행 과정에 대한 마르크스주의의 변증법적 해석은 우주가 물질로만 구성되어 있다는 견해에 근거하고 있다(그러므로 마르크스주의 교리는 "변증법적 유물론"이 된다).

교리의 기능

교리는 여러 가지 기능을 한다. 그중 한 가지는 계시나 이야기 또는 경전이 제시하는 내용을 일관성 있게 정리하는 것이다. 이는 삼위일체 교리를 보면 잘 알 수 있다. 기독교가 삼위일체 교리를 체계화해야 했던 것은 유대교 배경에서 생겨난 새로운 종교인 기독교 안에 긴장이 존재했기 때문이었다. 초기 기독교인들은 그리스도를 숭배했다. 이들은 그리스도를 단순히 영향력 있는 지도자 정도로만 생각하지 않았다. 그는 단지 소크라테스나 플라톤과 같은 위대한 스승에 불과한 존재가 아니었다. 그는 부활한 주님이었다. 기독교의 핵심 의례인 성만찬은 그리스도와, 그를 믿는 사람을 구원할 수 있는 그의 능력에 초점을 맞추고 있다. 그는 어떤 의미에서 신적인 존재로 여겨졌던 것이다. 그러나 동시에 기독교는 유일신을 섬기는 유대교적 특성을 확고히 견지하고 있었다. 유대인들과 마찬가지로 기독교인들은 로마 황제의 신성성을 인정하기를 거부하였으며, 이 때문에 반역 무리로 낙인찍혀 박해를 당하기도 했다. 그들의 이런 거부는 그들이 하나이신 하느님에 대한 유일신교적 믿음을 고수하고 있었음을 보여 준다. 그러나 그들에게는 그리스도 역시 신이었다. 창조주 하느님에 대한 믿음과 예수 그리스도에 대한 믿음이 어떻게 모순되지 않고 조화될 수 있을까? 삼위일체 교리는 바로 이런 문제를 해결하기 위해 등장한 것이며, 그 결과 신이 여럿이면서 동시에 하나라는 교리가 생겨나게 된 것이다. 이와 같이 교리의 기능은 전통이 제공하는 자료에 질서를 부여하는 데 있다.

교리의 또 다른 기능은 저 너머 다른 세계에, 우주를 초월해 존재하는 것에 대해 신화가 언급하는 내용을 확증하는 데 있다. 전통적으로 전승되어

오는 이야기들은 초자연적 존재가 세계 안에 존재하는 것처럼 이야기한다. 예를 들어 『구약 성서』에서 야훼는 회오리바람이나 불기둥이나 구름 속에 살고 있다고 여겨지며, 크리슈나는 북인도 브린다반 지방의 길거리와 초원을 누비는 신비스런 인간 정도로 묘사된다. 그런데 교리는 이런 인격적 존재들 안에 그리고 그 뒤에 무언가 보편적인 것이 존재한다는 것을 강조한다. 교리는 신이 세상에서 벌어지는 모든 사건 "뒤에" 그리고 "안에" 존재하며, 우주의 어느 한 부분에 국한되지 않고 우주 전체를 "넘어선다"고 가르친다. 이런 내용들은 경전과 신화 그리고 의례 속의 이미지와 상징을 통해 표현되며, 이는 교리의 형태로 좀더 체계적으로 서술된다.

종교가 교리를 갖고 있는 또 다른 이유는 앞서 살펴보았듯이 종교의 주장을 각 시대의 지배적인 지식과 조화시킬 필요가 있기 때문이다. 예를 들어 초기 기독교 교회는 로마 세계 안에 존재했으며, 당시에는 그리스의 문화와 철학이 지배적인 지적 영향력을 행사하고 있었다. 오늘날 우리가 실재를 이해하기 위해 과학에 의존하는 것과 마찬가지로, 당시 사람들도 실재를 이해하기 위해 플라톤과 아리스토텔레스의 철학에 의존하곤 했다. 플라톤과 아리스토텔레스는 "이교도"였으며, 적어도 기독교 이전 시대 사람들이었다. 하지만 교회는 어떻게든 그들의 철학과 타협해야 했다. 물론 오늘날 "과학이 기독교와 무슨 상관이란 말인가" 하고 말하는 사람이 있듯이, 당시에도 테르툴리아누스Tertullian(160?~220) 같은 기독교 저술가는 "아테네와 예루살렘이 무슨 상관이란 말인가" 하고 말하기도 했다. 하지만 기독교 신앙의 세계를 인간 지식의 더 넓은 세계로부터 단절시킨다는 것은 사실상 불가능했다. 그리하여 기독교는 "이교" 전통의 가장 창조적인 사상들을 취하여 나름의 철학을 개진함으로써 그 교리적 측면을 강력하게 발전시킬 수 있었다. 그리고 이런 기독교 철학은 기독교적인 유럽 문명이 형성되는 틀을 제공했다.

현대의 모든 세계관은 그리스와 로마 세계에서 출현했던 기독교가 겪었던 것보다 훨씬 더 흥미롭고 어려운 과제를 안고 있다. 오늘날 지식은 엄청난 속도로 변화하며 발전하고 있다. 우리의 우주는 매우 넓어졌다. 기독교를 비롯한 많은 종교들과 세계관들은 새로운 전 지구적 대화를 통해 서로 만나고 있다. 따라서 각각의 세계관은 다른 세계관이 갖고 있는 가치나 통찰력과 타협해야만 한다. 이런 상황은 당혹스럽기까지 하다. 하지만 바로 이런 당혹스런 상황으로부터 인간의 삶에 대한 새로운 창조적 사고가 나올 수도 있다.

교리의 중요성은 또한 그것이 세계에 대한 새로운 견해를 성찰하고 자극하도록 도울 수 있다는 데 있다. 불교를 예로 들어 보자. 불교는 여러 면에서 교리적인 차원이 매우 강하며, 신화를 업신여기는 경향이 있다. 불교는 사물과 인간을 분석하는 데 많은 관심을 쏟는다. 불교는 우리가 우주 안에서 만나는 모든 것이 그리 오래가지 않는다고 주장한다. 예를 들어 산이나 기념비같이 우리가 견고하고 영속적이라고 여기는 것들도 사실은 그리 오래가지 않는 구름이나 벌레 같은 것에 불과하다. 이런 사상은 현대 물리학이 묘사하는 물질 세계의 모습과 매우 잘 조화된다. 현대 물리학에 따르면 고체는 원자들로 이루어져 있는데, 입자의 다발로 이루어진 원자 자체의 내부 공간은 거의 텅 비어 있다. 불교의 우주관과 인간관(석가모니에 따르면 인간 역시 하루살이에 불과하다)은 단순히 한 편의 이론에 불과한 것이 아니다. 그것의 목적은 우리가 세계를 새로운 방식으로 바라봄으로써 모든 것이 "비어 있다"는 사실과 이 세상에 손으로 잡을 수 있는 견고한 실체는 없다는 사실을 깨닫게 하는 데 있다. 또한 그것은 우리가 자유에 이르는 길에 대한 통찰을 얻게 하기 위한 것이다. 이와 같이 교리는 단순히 이론적인 의미만이 아니라 실천적인 의미도 갖고 있다. 교리는 사물을 바라보는 시각과 방법을 제시해 주며, 그 시각과 방법은 우리의 행동과 생각을 일정한 방향으로 이끌어 준다.

종교가 교리를 발전시키면서 철학적 사고와 논쟁에 휘말리게 되는 것은 거의 피할 수 없는 일이다. 나는 이미 여러 번에 걸쳐 철학에 대해 언급한 바 있다. 그런데 철학이라는 말의 의미는 매우 다양하게 변해 왔기 때문에 오늘날에는 이 용어가 우리에게 무엇을 의미하는지 잠시 살펴보는 것도 좋을 것이다.

"철학"이라는 말은 물론 서양에서 생겨난 말이다. 이 말은 서양 문화의 뿌리인 고대 그리스 세계를 반영한다. 다른 문화권에는 이 말과 똑같은 개념이 존재하지 않는다. 예를 들어 인도의 다르사나darsana라는 용어는 종종 "철학"이라고 번역되지만, 사실 문자 그대로 보자면 관점이나 세계관으로 번역되어야 한다. 다시 말해 이 용어는 철학하는 행위 자체보다는 철학적 사고의 **결과**를 의미한다. 서양에서 말하는 철학의 목적은 세계에 대한 보편적 결론을 도출해 내기 위해 인간의 경험과 지식을 폭넓게 성찰하는 데 있다. 이런 견해는 철학을 종교와 똑같은 것으로 만들지 않는가? 종교 역시 세계에 대한 견해를 제시하려고 하지 않는가? 이런 의문이 제기되기 때문에 우리는 철학과 종교를 세 가지 점에서 구분해 볼 필요가 있다.

첫째, 모든 세계관이 종교적인 것은 아니다. 세계관 중에는 전통 종교들의 핵심에 놓여 있는 종교 경험이나 계시된 신화가 아니라 복잡한 성찰 과정—철학—으로부터 생겨난 것들이 있다. 둘째, 철학이 언제나 운동이나 제도로 정착되는 신념 체계를 산출하는 것은 아니다. 예를 들어 독일 철학자 임마누엘 칸트의 사상이 현대 서양 사상에 매우 중요한 영향을 끼친 것은 사실이지만, "칸트주의"라고 부를 수 있는 별도의 세계관이나 종교는 존재하지 않는다. 만일 우리가 "칸트주의"라는 용어를 사용한다 해도 이는 과학과 윤리 또는 수학과 지각 경험 같은 문제들에 대해 칸트가 개진했던 사상의 구조를 의미하기 위해 쓰는 용어일 뿐이다. 철학 그 자체는 하나의 총체적인 세계관을 제시해 주는 것이 아니라 단지 어떤 세계관을 부분적으로 설명하고 수정하고 변호하는 데 쓰일 수 있는 중요한 구성 요소일 뿐이다. 셋째, 최근 들어 철학은 다소 기술적 역할을 수행해 왔다. 학자들의 연구 추세를 보면, 오늘날의 철학은 현대 과학에서 제기되는 문제들이나 논리학에게 핵심적인 자리를 내주는 경향이 있다. 특히 영국이나 미국의 철학자들은 언어 분석에 치중하고 있다. 이와 같이 과거 서구의 철학은 종종 세계관을 구성하고, 인간이 추구하는 가치에 좀더 직접 개입하고, 도덕적인 물음을 평가하는 틀로 작용하기도 했지만, 오늘날 철학은 과거보다 훨씬 더 좁은 의미로 사용되고 있다.

"철학"이라는 용어는 이성적으로 사고한다는 뜻, 다시 말해 인간의 경험과 지식에 대해 합리적으로 성찰한다는 뜻을 담고 있다. 그렇기 때문에 어떤 종교 전통에서는 간혹 철학이 사람을 잘못된 길로 이끄는 위험스런 학문이라고 여겨지기도 했다. 사람들 중에는 최고의 진리는 이성이 아니라 계시를 통해서만 발견할 수 있다고 생각하는 이가 많다. 이런 논쟁은 신이 존재한다는 사실을 증명할 수 있는가 하는 문제와 특히 밀접한 관련이 있다. 이 문제에 대해서는 나중에 다시 살펴보도록 하겠다.

아리스토텔레스는 우리가 무엇을 하거나 하지 말아야 하는 따위의 문제 자체가 이미 철학적인 문제이기 때문에 우리는 반드시 철학적으로 사고해야 한다고 말한 바 있다. 만일 당신이 종교가 이성의 문제가 아니라고 주장한다면 당신은 이미 철학적인 사고를 하고 있는 셈이다.

"종교 철학"이라는 일반적인 사고 영역이 생겨난 것도 그리 놀라운 일은 아니다. 종교 철학은 이성을 통해 종교적 진리를 이해하고자 할 때 과연 어느 정도까지 이해할 수 있는가 하는 문제를 다룬다. 또한 종교 철학은 내가 지금 이 책에서 구사하는 논리와 비슷한 방식으로 좀더 포괄적인 사고를 펼칠 수 있으며, 종교적 세계관은 물론 세속적 세계관까지도 다룰 수 있다. 물론 이 경우는 종교 철학이라기보다는 "세계관 철학"이라고 부르는 것이 더 타당할 것이다.

그런데 여기서 우리는 어떤 종교가 참이냐 거짓이냐 하는 문제를 직접적으로 판단할 수밖에 없는 처지에 놓이게 된다. 우리는 서술의 영역을 넘어 평가의 영역으로 들어가게 되는 것이다. 하지만 이런 판단에 앞서 먼저 교리의 구조를 이해하도록 노력해야 한다. 우리는 이미 앞에서 교리의 다양한 네 가지 기능을 살펴보았다. 이를 다시 요약해 보면 다음과 같다. 첫째, 교리는 신화와 종교 경험의 형태로 전승되는 자료들을 일관성 있게 정리해 주는 기능을 한다. 둘째, 교리는 종교 상징들이 어떻게 그 자체를 넘어 궁극적이고 보편적인 것을 가리키는지를 분명히 밝혀 준다. 셋째, 교리는 지식의 변화에 발맞추어 전통을 재해석한다. 넷째, 교리는 세계에 대한 전망을 제공한다.

이 밖에 교리의 다섯 번째 기능이 있다. 이는 서구에서 특히 중요하게 여겨졌는데, 그것은 곧 공동체의 경계를 설정하는 기능이다. 어떤 공동체에 속한 사람은 모두 일정한 교리를 받아들여야 한다. 여기에 어긋나는 모든 것은 이단으로 규정되며, 이단으로 규정된 교리를 따르는 이들은 공동체 밖으로 쫓겨나게 된다. 이렇게 공동체의 경계를 설정하는 교리의 기능은 마르크스주의 국가나 몇몇 이슬람 국가를 제외하고는 오늘날 그렇게 뚜렷하게 나타나지는 않는다. 왜냐하면 서구에서는 개인이 종교를 선택할 자유가 많이 보장되기 때문에 정통과 이단의 구분을 강요하는 것 자체가 불가능하기 때문이다. 하지만 자고로 모든 전통에는 대부분의 구성원이 인정하는 일정한 신념 체계가 있게 마련이다. 그리고 그 신념 체계는 공동체 구성원이 세계를 바라보는 방식을 틀 짓는다. 이 점에서 교리는 지금도 여전히 규정적인 역할을 수행하고 있다고 하겠다. 그러나 우리는 교리가 의례 형태나 집단 조직 양태 같은 종교의 또 다른 차원들과의 관련 속에서 이런 기능을 수행한다는 사실을 잊어서는 안 된다. 기독교의 경우「사도신경」에 요약되어 있는 교리 구도는 교리와 더불어 기독교 신앙을 함께 규정짓고 있는 특정한 사물과 사건 그리고 생각에 대한 믿음을 표현하고 있다. 다시 말해 기독교인이「사도신경」을 암송할 때는 자신이 믿는 것을 단순히 외우기만 하는 것이 아니라 자신을 기독교 공동체의 정통 구성원으로 규정짓는 신앙을 확증하는 것이다. 결국 공동체라는 것이 이런 확증을 공유하는 사람들의 모임이 아니라면 무엇이겠는가? 자신의 신앙을 공적으로 확증하는 행위는 그 자체로 신자가 공동체 내의 다른 구성원들과 결속되어 있다는 사실을 거듭 표현하는 것이다.

교리를 둘러싸고 격심한 논쟁이나 박해가 종종 일어나는 것도 바로 이 때문이다. 구원을 받기 위해서 공동체 구성원의 자격이 필요하다거나 아니면 적어도 그것이 바람직하다면(기독교인이 구세주와 결속되는 것은 바로 공동체를 통해서이기 때문이다), 그리고 신앙이 공동체를 규정짓고 그것이 교리로 집약된다면, 그때 그 공동체는 당연히 참된 교리와 거짓된 교리를 구분할 수밖에 없게 된다. 참된 교리를 부정하는 사람들은 공동체에 대해, 그리고 구원의 확신에 대해 위협적인 존재로 여겨진다. 이들은 위험 인물로 간주된다. 이런 경우에 교회는 너무 당연하게도 이들에 대한 박해를 정당화하게 된다. 물론 근본적인 물음은 여전히 남아 있다. 그것은 우리가 과연 어떻게 참된 교리와 거짓된 교리를 구분할 수 있는가 하는 문제이다. 이미 말했듯이 이 문제는 뒤에서 다시 살펴보기로 하고, 여기서는 교리가 어떤 기능을 하는지에 대해 좀더 자세히 살펴보기로 하자.

나는 앞에서 "교리 구도doctrinal scheme"라는 용어를 사용했다. 내가 이 용어를 사용한 것은 종교나 세속 운동 대부분이 일정한 구도로 짜 맞출 수 있는 일련의 교리를 갖고 있다는 것을 보여 주기 위해서이다. 내가 굳이 "체계system"라는 용어를 사용하지 않은 것은 이 말이 빈틈없이 꽉 짜여 있다는 인상을 주기 때문이다. 사실 종교 교리는 유클리드 기하학처럼 그렇게 체계적이지는 않다. 그 누구도 몇몇 공리公理나 정리定理에 근거해서 교리 체계 전체를 추론해 낼 수는 없다. 사실 어느 누구도 교리를 증명할 수는 없다. 그리고 하나의 교리가 또 하나의 교리로 고스란히 이어지는 것도 아니다. 다시 말해 어떤 교리를 믿는다고 해서 반드시 다른 교리도 믿게 되는 것은 아니다. 두 교리 간에는 아무런 필연적인 관계도 없기 때문이다. 신을 믿는 사람들은 종종 신이 선하다는 사실이 "신"이라는 의미나 개념의 일부라고 주장한다. 따라서 "X는 신이다"는 말이 곧 "X는 선하다"는 것을 의미한다고 여긴다. 그러나 이런 주장은 두 가지 점에서 문제가 있다.

첫째, X가 우주를 창조했다고 해서 X가 반드시 선하다고는 할 수 없다(창조주는 악할 수도 있다. 또는 선하지도 악하지도 않을 수 있고, 선과 악을 초월할 수도 있다). 우리가 아무리 신을 "우주의 창조주"라고 부르면서 그 의미를 좀더 구체화한다 해도, 이로부터 신이 선하다는 사실이 저절로 따라나오는 것은 아니다. 둘째, 신이 선하다고 했을 때 그 "선하다"는 말의 의미는 흔히 어떤 사람이 선하다고 말할 때의 의미와는 다르다. 신이 선하다는 말의 의미를 이해하기 위해서는 신이라는 용어가 사용되는 맥락 전체를 살펴보아야 한다. 따라서 단순히 신이 선하다는 말 자체만 보고 이것이 무엇을 의미하는지를 확실히 알 수 있는 것은 아니다.

이렇게 볼 때 우리는 교리가 엄격한 체계로 구성되어 있지 않다는 것을 알 수 있다. 오히려 교리는 수많은 조각들을 엉성하게 모아 놓은 것에 불과하다. 그렇기에 교리는 체계를 이루기보다는 구도를 이룬다고 보아야 한다.

이렇게 비체계적인 구도로 되어 있는 교리를 될 수 있는 대로 체계화해서 질서 정연한 교리로 다듬는 것은 각 종교 전통에 속한 지식인들의 과제이다—서구의 경우 이는 신학자들의 몫이었다. 이런 방법을 통해 신앙은 좀더 분명하게 표현된다. 그러나 교리들 사이의 관계에는 언제나 상당한 정도의 유연성과 어느 정도의 느슨함이 있다.

하지만 아무리 이렇게 교리들이 서로 느슨하게 관련되어 있다 해도 이들은 서로 일정한 영향을 주고받는다. 각각의 교리는 서로의 의미에 영향을 끼친다. 예를 들어 기독교의 신은 유대교의 신과는 그 성격이 다르다. 기독교인은 창조주를 "그리스도는 신"이라는 교리에 비추어 이해하기 때문이다. 그래서 「요한복음」의 도입부는 창조 이야기를 전혀 새로운 방식으로 다시 서술한다. "태초에 말씀이 있었다. 그리고 말씀은 하느님과 함께 있었다……." 이 구절은 창조의 원천인 말씀을 그리스도와 동일시하고 있다. 그리스도는 신이면서 동시에 인간이고, 인간으로서 그는 어떤 의미에서 자신이 창조해 놓은 바로 그 세상에 왔다(그러나 세상은 자신의 창조주를 알아보지 못했다). 「요한복음」의 이 구절은 신의 성격과 목적에 전혀 새로운 의미를 첨가하고 있다. 여기서 우리는 엉성한 모자이크를 이루고 있는 교리 구도의 중요한 한 요소가 다른 요소에 영향을 주기도 한다는 것을 알 수 있다. 교리 구도는 일종의 엉성한 유기체를 이루고 있다. 그리고 이런 교리 구도를 이해하기 위해서는 각각의 부분을 전체의 맥락에서 살펴야 한다. 이는 운동 경기와 비교할 수 있다. 모든 경기는 나름의 규칙을 갖고 있다. 축구와 농구는 각기 점수를 계산하는 방법이 다르기 때문에 축구에서의 1점과 농구에서의 1점은 전혀 다른 것이다.

이렇게 요소들이 맥락 속에 들어 있는 것을 교리 구도의 "유기적" 특성이라 부를 수 있을 것이다. 모든 교리 구도는 다 독특성을 갖는다. 기독교는 그 교리 구도가 하나의 특정한 모습을 하고 있기에, 그리고 부분적으로는 교리 속에 예수 그리스도에 관한 아주 특별한 신화적 이야기가 반영되어 있기에 독특하다. 그러나 유대교 역시 나름의 독특성을 갖는다. 유대교의 교리 구도는 예수 그리스도에 관한 교리를 인정하지 않으며 율법에 대해서도 기독교와는 다른 관점을 갖고 있기 때문이다. 이 두 종교는 서로 겹치는 부분도 있고 어느 정도 유사한 면도 지니지만, 모두 나름대로 특정한 모습의 교리 구도를 갖고 있는 것이다.

지금까지는 교리를 수평적으로, 즉 각 종교의 특정한 맥락 속에서 살펴보았다. 그러나 교리는 "수직적"으로도 살필 수 있다. 다시 말해 우리는 교리가 종교의 다른 차원들―예를 들면 종교 경험과 의례 같은 차원들―과 어떤 관계를 갖는지 살펴볼 수 있다.

이를 설명하기 위한 한 가지 사례로 신의 편재성遍在性omnipresence에 관한 교리가 종교 경험이나 의례와 어떻게 관련되는지를 살펴보자. "편재성"

이라는 말은 "어느 곳에나 존재한다"는 뜻이다. 신을 우주의 창조자로 여기는 고전적인 신관에 의하면, 신은 단지 "태초에" 모든 것을 움직이게 한 원인에 불과한 존재가 아니다. 힌두교의 주장이 옳다면, 시작이라는 것은 아예 없고 다만 끊임없이 변하는 우주만이 존재하는 것인지도 모른다. 그렇다면 신은 모든 변화 뒤에서 끊임없는 변화를 일으키는 존재가 된다. 예를 들자면 우주는 바이올린의 줄이고 신은 쉬지 않고 바이올린을 연주하고 있는 연주자인 셈이다. 그러나 우리가 우주에 시작이 있다고 하든 없다고 하든, 신은 지금도 "만물이 계속해서 움직이게끔" 하고 있다. 이와 같이 그는 세계에서 벌어지는 모든 일의 배후에 있다. 신은 아침에 떠오르는 태양 뒤에도 있으며, 아름다운 꽃 뒤에도 있다. 신은 우박과 천둥 뒤에도 있으며, 화재나 들끓는 파리떼 뒤에도 있다. 그런데 여기서 이른바 "악의 문제"라고 불려 온 문제가 제기된다. 나쁘고 괴로운 일이 벌어지고 그 뒤에도 역시 신이 있다면, 그런 신이 과연 완벽하게 선하다고 할 수 있을까? 물론 의도적인 살인이나 잔인한 행위 같은 것을 들먹이면서 나쁜 일들은 인간의 자유의지가 낳은 산물이라고 말할 수도 있다(이것은 악의 문제를 해결하는 방법 중 하나이다). 그러나 지진이나 미친 개, 또는 바이러스나 바다의 폭풍같이 자연적으로 발생하는 나쁜 일들도 있다. 하지만 어쨌든 이 유명한 "악의 문제"를 일단 접어 두고 생각한다면, 신이 모든 곳에 존재한다는 교리는 그가 모든 사건이나 사물의 "뒤에" 있다는 사상과 연결된다. 다시 말해 신의 손이 미치지 않는 곳은 없다는 것이다(물론 이는 은유일 뿐이지 문자 그대로 신이 손을 가지고 있는 것은 아니다).

내가 위에서 "뒤에"라는 말을 일부러 부각시켜 사용한 것은 나름대로 이유가 있다. 이 말은 문자 그대로 신이 내가 두 눈으로 보는 모든 것 "뒤에" 있다는 뜻이 아니다. 내가 지금 여기서 저 멀리 산을 바라보고 있다고 했을 때, 문자 그대로 저기 산 너머 어딘가에 신이 있는 것은 아니다(실제로 지금 내가 바라보고 있는 산 너머에는 이태리의 밀라노가 있다). 산들바람에 하늘거리는 나뭇잎 뒤에 신이 있다고 했을 때도 역시 문자 그대로 신이 나뭇잎 뒤에 있는 것은 아니다. 나뭇잎 뒤에는 철책이 있을 수도 있다. 그렇다면 "뒤에"라는 말은 도대체 무슨 뜻일까? 이 말은 신이 또 하나의 다른 차원에 존재하면서 우주에 생명력을 불어넣는다는 것을 뜻한다. 예를 들어 설명하자면 나와 내 몸의 관계를 생각해 보면 된다. 내 손가락들은 내 지시대로 움직이며 내가 원하는 대로 움직인다. 이 점에서 나는 내 손가락 안에 "존재하는" 셈이다. 그러나 아무리 손가락을 자르고 그 안을 들여다본다고 해도 거기서 나를 찾을 수는 없다. 마찬가지로 신이 모든 사물 안에서 작용하고 있다고 했을 때, 우리가 아무리 어떤 사물을 잘라 그 안을 들여다본다 해도 거기서 신을 찾을 수는 없는 것이다.

창조의 영인 신이 모든 것 안에 그리고 그 뒤에 존재한다는 이런 교리는 종교 경험의 차원에서 매우 중요한 의미를 갖는다. 이는 두 가지 점에서 그렇다. 첫째, 이 교리는 신을 믿는 사람들이 항상 신의 현존을 의식하고 있다는 것을 의미한다. 이들에게 신은 친구이자 조력자이며, 결코 멀리 떨어져 있지 않기에 언제든지 기댈 수 있는 존재이다. 눈앞에서 벌어지는 모든 일 속에서 신의 손을 의식할 수 있다. 따라서 신앙을 가진 사람은 모든 것에 드리워져 있는 신의 섭리와 인도를 강하게 느낄 수 있다. 그리고 아무리 좋지 않은 일이 벌어진다 해도 그것 역시 결국에는 좋은 일이었다고 여기게 된다. 둘째, 신이 어디에나 있다는 교리는 누미노제 경험과 일맥상통하는 면이 있다. 누미노제 경험 속에서 나는 신의 강력한 현존을 느끼기도 하며, 또는 만유재일적 경험 속에서 내 주변의 모든 것 안에 스며 있는 보이지 않는 영과의 소통을 느낄 수도 있다.

이와 같이 신은 내 곁에 가까이 있으며 나를 둘러싸고 있다. 그런데 신에 대한 경험을 설명하는 또 다른 방법이 있다. 신이 모든 것 "뒤에" 있다는 것은, 나는 여기에 있고 신은 저기에 있다는 이원론을 전제한다. 이러한 이원론은 누미노제 경험과 "전적 타자"에 대한 감정에서 비롯하며 이를 표현하는 것이다.
 이런 측면 때문에 신의 편재성에 관한 교리는 기도나 예배 같은 의례와도 관련이 된다. 신이 어느 곳에나 있다면 장소에 상관없이 어디서든지 신을 숭배할 수 있을 것이기 때문이다. 물론 때로 신은 (가톨릭의 성체성사나 미사처럼) 특별한 장소와 시간에 좀더 강하게 현존하는 듯이 보이기도 한다. 하지만 신은 어느 곳에나 존재하기 때문에 어디서든지 예배와 기도 같은 의례를 통해 신과 접촉할 수 있다. 신에게 말을 걸 수 없고 신의 현존을 느낄 수 없는 곳은 아무 데도 없다. 기독교를 비롯한 유일신교들의 창조 교리가 담고 있는 것은 바로 이런 것들이다.
 이와 같이 신의 편재성과 창조에 관한 교리는 신과 우주의 관계에 대한 진술일 뿐만 아니라 종교 경험과 의례적 실천 안에 생생하게 살아 있는 신앙이기도 하다. 신앙을 가진 사람에게 이런 교리는 단순한 이론이 아니라 살아서 약동하는 관념이다. 이제 지금까지 살펴본 것과 조금 다른 불교의 **공**空에 관한 교리를 살펴보고, 이 교리가 다른 차원들과 관련된 맥락 안에서 어떻게 작용하는지 알아 보자.

불교의 교리

 불교 사상이 대승大乘Mahayana과 소승小乘Hinayana(이보다는 소승의 대표적 유파인 상좌부로 부르는 게 보통이다)으로 나뉜 것은 주로 열반에 이르는 길에 대한 석가모니의 가르침을 다르게 해석한 때문이었다. 소승 불교는 자기 수련과 개인적인 성취를 강조한 반면, 대승 불교는 보살―다른 사람들의 고통을 없애 주려고 애쓰는 존재―사상을 발전시킴으로써 궁극적 목표에 대한 새로운 해석을 제시하였다.
 내가 여기서 다루려는 것은 "모든 것이 비어 있다"는 대승 불교의 공空 사상이다. 이 교리는 소승 불교, 특히 상좌부 불교가 갖고 있던 전통적인 열반 사상에 도전하면서 나온 것이다. 상좌부 불교는 열반이 윤회samsara의 바퀴에서 벗어나는 것이라고 보았으며, 우주 안에서 윤회를 거듭하며 사는 현세를 열반에 이르는 해탈과 분명하게 구분했다. 열반에 이르기 위해서는 승려가 되어야 하며, 진정한 해탈의 경지에 도달하려면 이 세상을 등져야만 한다. 그러나 대승 불교는 상좌부 불교가 승려 공동체와 재가 신도를 지나칠 정도로 분리시켜 놓았다고 비판했다. 또한 상좌부 불교가 열반을 강조하는 것은 다소 고차원적이기는 하지만 여전히 이기적인 것에 불과하다고 비판했다. 해탈에 이르고자 하는 상좌부 승려는 미래의 고통을 피하기 위해 자기 자신의 이익만을 생각하는 것이 아닌가? 이는 타인에게 자비를 베풀라고 한 석가모니의 이타적 가르침과 상반되는 것이 아닌가?

  대승 불교의 공 사상은 바로 이런 문제들을 독창적이고도 명쾌하게 해결했다. 공 사상은 영원한 것은 아무것도 없다는 전제에서 출발한다. 우리가 확고부동하다고 여기는 모든 것은 (앞서 보았듯이) 단지 사건들의 연속일 뿐이다. 하나의 사건은 과거의 여러 사건들에 의해 생겨난 것이며, 그 과거의 사건들 역시 각기 그 이전의 또 다른 사건들에 의해 생겨난 것이다. 그 어떤 것도 그 자체로 독립적으로 존재하지는 않는다. 그런데 하나의 사건이 과거의 여러 사건들에 의해 생겨난다는 관념은 사실 임시방편적인 설명에 불과하다. 자세히 생각해 보면 이 관념은 그 안에 모순을 내포하고 있다. 모든 것이 진정으로 일시적이라면 모든 사건은 동시적이다. 따라서 어떤 사건이 발생하면 그것을 야기했던 과거의 사건들은 없어지게 된다. 현재 존재하지도 않는 것이 어떻게 다른 것을 생겨나게 할 수 있겠는가? 한편 모든 것이 서로에게 의존한다는 관념 역시 임시방편적인 설명이다. 좀더 깊은 차원에서 볼 때 모든 것에는 실체가 없다. 인과적 관계로 얽힌 세계는 비어 있다. 따라서 우리가 보는 그 어떤 것도 진정한 실체를 갖고 있지 않다. 세계는 근본적으로 비어 있으며, 그 밑바닥에는 아무것도 없다.

그러나 대승 불교는 소승 불교가 명상을 강조하는 것까지 부정하지는 않는다. 의식을 맑게 하는 것은 여전히 불교 수행의 핵심 요소이다. 인간을 해탈로 이끄는 이러한 내적 상태는 사상과 형상을 초월한 좀더 높은 단계의 비어 있음이다. 우주를 구성하는 사건들로부터 벗어나 완전한 자유를 인식함으로써 인간은 자신의 내적 본성인 비어 있음을 체험하게 된다. 따라서 역설적이게도 열반이나 해탈의 영역은 윤회의 영역과 같아지게 된다. 또 해탈의 비어 있음은 우주의 중심과 우주의 모든 과정 안에 있는 비어 있음과 같아지게 된다. 사물의 진정한 본성도 비어 있고, 해탈의 진정한 본성도 비어 있다. 따라서 좀더 높은 진리를 얻기 위해 세상을 버릴 필요는 없는 것이다.

또 다른 측면이 있다. 비어 있음은 열반과 우주의 진정한 본성일 뿐 아니라 불성佛性의 진정한 본성이기도 하다. 석가모니는 궁극적인 것에 대한 신비를 체험했다. 이것은 비이원론적 경험이었다. 궁극적인 것은 비어 있음 그 자체이다. 따라서 석가모니는 비어 있음과 비이원론적으로 합일되는 상태에 도달한 것이다. 다시 말해 그는 비어 있음이 되었다. 비어 있음은 부처의 본질이다. 그러므로 이와 비슷하게 비어 있음에 대한 비이원론적인 경험을 하고자 한다면 나 자신이 부처가 되어야 한다. 비이원론적인 비어 있음 안에는 어떠한 구분도 존재하지 않는다. 말하자면 우리 모두가 부처인 셈이다. 우리 모두가 불성을 얻을 수 있다는 이런 관념은 대승 불교에서 부처의 수는 갠지스 강의 모래알 수만큼이나 많다는 비유로 표현된다. 보살은 부처가 되기로 결정되어 있는 존재이다. 불교 전통에서 보살은 자신을 희생해 가면서까지 다른 중생에게 자비를 베푼다. 석가모니의 전생에 관한 이야기들은 이런 관념을 잘 보여 준다. 예를 들어 석가모니가 전생에 한때 토끼였던 적이 있는데 그때 배고픈 사람을 살리려고 스스로 불 속으로 뛰어들었다는 이야기가 있다(이런 전설은 자비의 필요성을 직접 보여 주며, 탁월한 영향력을 발휘한다). 이와 같이 대승 불교는, 궁극적인 것을 추구하면서도 언제나 남에게 도움을 줄 자세가 되어 있는 보살의 이상을 강조한다. 보살은 이 세상에서 우리와 함께 살면서, 비어 있음이 우리 주변의 만물과 우리 자신의 핵심 속에 있기 때문에 해탈도 지금 바로 여기서 이루어진다는 가르침을 전해 준다.

대승 불교의 또 다른 주요 용어로 여여如如라는 것이 있다. 궁극적인 것은 언어로 표현될 수 없으며, 단지 손가락이 달을 가리키듯이 가리켜질 수밖에 없다는 것이다. 여여란, 언어로 표현할 수 없는 것을 가리키는 손가락과 같다는 의미이다. 여기서 종교의 교리적 차원은 종교 경험, 특히 신비 경험이 일상적 언어로는 표현될 수 없다는 사실을 보여 주고 있다. 그래서 대승 불교의 많은 철학 사상은, 모든 이론은 겉에서 보았을 때만 진실해 보인다는 것을 보여 줌으로써 일상적 언어가 진리를 드러내는 데 부족하다는 것을 말하고자 한다. 심층적 차원의 진리는 언어로 표현될 수 있는 것이 아니라 다만 가리켜지거나 경험되기만 할 수 있다는 것이다.

간단히 말해서 불교의 교리적 차원은 비이원론적인 신비 경험 및 자비를 강조하는 불교의 윤리적 요구와 밀접히 관련되어 있다. 교리는 철학의 문제이기만 한 것이 아니라 경험과 실천의 문제이기도 하다. 철학은 이와 같은 식으로 경험과 실천 속에 구체적으로 적용된다.

동양의 불교 철학이든 서양의 신학이든 이들은 모두 언어의 본질에 대해 지대한 관심을 보이고 있다. 불교인들은 언어를 그다지 신뢰하지 않는다. 언어는 그릇되게도 마치 세계가 견고한 듯이, 그리고 우리가 진정한 자아를 가지고 있는 듯이 전제하기 때문이다. 하지만 석가모니의 가르침에 따르면, 우리 역시 사건들의 흐름 속으로 녹아들기 마련이며, 결국 비어 있는 다발에 불과할 뿐이다. 마찬가지로 기독교, 유대교, 이슬람교의 신학자들도 신에 대해 말할 때 쓰이는 언어를 어떻게 이해해야 하는지 그리고 그 언어를 정말 액면 그대로 받아들일 수 있는지 하는 문제에 늘 부딪힌다. 사람들은 신의 손길에 대해 말하지만, 그렇다고 신이 정말로 손을 갖고 있는 것은 아니다. 신은 모든 것의 "뒤에" 있지만, 그렇다고 정말 문자 그대로 신이 모든 것 뒤에 숨어 있는 것은 아니다. 그래서 신학자들은 이런 문제를 해결하기 위해 종교 언어에 관한 이론을 제시한다. 예를 들어 우리가 신에 대해 긍정 어법으로 말하는 모든 것은 부정 어법을 통해 균형이 맞추어져야 한다. 또한 우리가 신에 대해 말할 수 있는 유일한 방법은 오직 유추analogy밖에 없다. 이 견해에 따르면 신이 지혜롭다고 할 때 그 지혜는 신의 본성과 어울리는 완벽한 지혜이다. 이런 신적 지혜는, 인간이 지혜롭다고 할 때 인간의 본성과 어울리는 불완전한 지혜와는 전혀 다른 것이다.

교리와 진리

지금까지 우리는 주로 교리의 성격과 기능에 대해 살펴보았다. 그렇다면 교리의 참과 거짓을 둘러싼 문제는 어떨까? 이제 이에 대해 생각해 보도록 하자.

전통적으로 인도에서는 인간 지식의 원천에 관한 논의가 꾸준히 이루어져 왔는데, 가장 중요한 원천으로 세 가지를 꼽을 수 있다. 그것은 곧 **지각**perception, **추론**inference, 그리고 **증거**testimony이다(물론 인도의 모든 사상 유파가 이 셋을 똑같이 인정하는 것은 아니다). 사례를 통해서 생각해 보자. 나는 **지각**을 통해 산에서 연기가 나는 것을 볼 수 있다. 그리고 나는 **추론**을 통해(나는 연기를 토대로 연역을 해서 불을 생각해 낸다) 산에 불이 났다는 생각을 하게 된다. 만일 내가 방화범이 산불을 냈다는 라디오 방송을 듣게 된다면, 나는 이것을 **증거** 자료로 삼을 것이다. 마찬가지로 인도 전통에서 종교 경험은 일종의 지각으로 간주되었다. 예를 들어 신비가는 실재의 본질을 지각하는 사람이다. 또한 증거는 종종 초월적인 것으로, 다시 말해 우주 "너머"에 있는 것을 지시하고 있는 것으로 여겨졌다. 그래서 정통 힌두교인들은 『베다』를 보이지 않는 신적 실재의 본질에 대한 증거라고 여겼다. 여기서 우리는 지각과 추론과 증거라는 세 가지 원천을 다시 각각 **경험**과 (추론을 사용하는) **이성** 그리고 **경전**의 세 가지 원천으로 바꿀 수 있다. 서양에서도 이 세 가지 원천의 기능에 대한 논쟁이 있었다. 퀘이커 신자 같은 이들에게는 종교 경험이 영적 진리의 가장 중요한 원천이다. 대부분의 기독교 복음주의자나 이슬람 신자에게 진리의 주된 원천은 경전이다. 또한 어떤 이들은 이성적 추론을 통해 창조주의 존재를 알 수 있다고 여긴다(예를 들어, 우주는 존재하지 않을 수도 있었는데도 이렇게 존재하고 있으므로 이의 원인자가 반드시 있어야 한다고 주장한다).

이 중에서 세 번째 부류에 해당되는 사람들의 사상으로 인해 서구의 전통 신학은 계시 신학revealed theology과 자연 신학natural theology으로 나뉘게 되었다. 자연 신학은 신의 은총에 의한 지식, 즉 신이 경전이나 계시로 자신의 뜻을 드러냄으로써 주어지는 지식을 거부하며, 그 대신 인간의 천부적 능력인 이성을 통해 신에 대한 지식을 얻고자 한다. 그러나 대개의 개신교 신학자들은 이성 역시 타락했다고 주장한다. 이들에 따르면 인간은 원죄로 인해 철저하게 타락한 존재가 되었기 때문에 신의 도움 없이는 선을 행할 수 없다. 이성을 포함한 인간의 모든 자연스런 능력들도 이런 타락으로부터 자유롭지 못하다. 따라서 타락한 이성을 통해 신에 대한 지식을 얻는다는 것은 불가능하다.

한편 칸트와 몇몇 현대 철학자들은 신의 존재를 "증명"하려고 했던 전통적인 방식들을 비판해 왔다. 신 존재 증명의 고전적인 형태는 안셀무스 Anselm(1033~1109), 아퀴나스, 데카르트René Descartes(1596~1650) 같은 이들의 저술에 잘 나타나 있는데, 그 논쟁은 크게 세 가지로 집약할 수 있다.

첫째, 존재론적 논증Ontological Argument은 안셀무스와 데카르트가 제안한 것이다. "존재론Ontology"은 존재onto에 대한 이성적 탐구logy를 의미하는 그리스어에서 유래한 말이다. 이 논증은 기본적으로 신을 존재할 수 있는 가장 완전한 존재로 규정한다. 어떤 존재가 완전해지려면 그것은 반드시 존재해야 한다(존재하지 않는 존재는 완전하다고 할 수 없기 때문이다). 따라서 신을 가장 완전한 존재로 규정한다면 그 신은 반드시 존재해야만 한다. 존재하는 신만이 절대적으로 완전하다고 할 수 있기 때문이다. 만일 신이 다른 모든 점에서 완전함에도 불구하고 존재하지 않는다면, 존재가 결여되어 있는 그 신은 결코 완전하지 않다.

많은 철학자들은 다양한 이유로 이 논증의 타당성을 부인하고 있다. 이들은 주로 존재한다는 것이 완전성의 일종이라는 생각을 거부한다. 이들에 따르면 "존재한다"는 동사는 우리가 마음속에 생각하고 있는 것이 실제 세계 어딘가에 있는 것인지 아니면 단지 마음속에만 있는 것인지를 말해 줄 뿐이다. 다시 말해 언어적으로나 논리적으로 볼 때, "존재한다"는 말은 "지혜롭다"거나 "선하다"는 따위의 말들과는 전혀 다른 기능을 한다. 후자들은 어떤 속성들을 표현하는 것이며, 이 속성들은 신에게서 완벽히 드러날 수도 또 그렇지 않을 수도 있다. 반면 "호랑이가 존재한다"는 말은 호랑이가 어떤 속성을 지니고 있다고 주장하는 것이 아니라 단지 우주 안에 호랑이가 있다는 사실을 말하는 것일 뿐이다.

두 번째 논증은 우주에 대한 추론에 근거하는 우주론적 논증Cosmological Argument이다. 이 논증의 기본적인 주장은 다음과 같다. 우주는 존재하지 않을 수 있는데도 불구하고 존재한다. 따라서 이에 대한 설명이 요청되는데, 그 해답은 우주 "너머에 있는" 하나의 원인을 상정하는 것이다. 그 하나의 원인이 바로 신이다. 이런 추론의 타당성 여부에 대해서는 여러 가지 의견이 있다. 어떤 이들은 이 논증이 아직도 설득력을 갖는다고 생각한다. 이들은 아무리 과학이 우주의 크기를 계산해 내고 빅뱅이 현 우주의 기원이라는 사실을 증명해 냈다고 하더라도 우리에게는 여전히 우주에 대한 또 다른 설명이 필요하다고 주장한다. 반면 다른 이들은 우리가 원인과 결과에 대해 무언가 진지하고 의미 있는 이야기를 할 수 있는 것은 오직 우주에서 벌어지는 사건들의 영역, 즉 관찰되고 측량될 수 있는 영역 안에서만 가능하다고 주장한다. 우주 바깥으로 나가면 원인과 결과에 대해 의미 있게 이야기하는 것 자체가 불가능해진다. 예를 들어 만일 내가 **이것**이 **저것**의 원인이라고 말한다면 나는 시간의 틀 안에서 말하고 있는 것이다. 왜냐하면 원인은 결과에 선행하기 때문이다. 그러나 우주 바깥으로 나가면 시간 개념을 적용할 수 없다.

이 논증은 종교와 과학의 관계에 대해 중요한 문제를 제기해 왔다. 종교는 관찰이나 측량에 의해, 즉 과학에 의해 증명될 수 있는 것만 다루어야 하는가? 대부분의 현대 종교 철학은 이런 문제에 지대한 관심을 갖고 있다. 신화의 언어, 신비 경험의 언어, 저 너머의 존재를 가리키는 교리의 언어 같은 종교 언어는 과학 언어와 동일한가? 언어에는 서로 다른 기능을 하는 서로 다른 영역이나 차원이 있는 것이 아닐까? 그렇다면 과학 언어는 기술하고 설명하는 언어이고, 종교 언어는 믿음을 표현하고 삶의 의미를 제시해 주는 언어라고 볼 수 있지 않을까?

언어에 두 가지 영역이 있고 과학 언어와 종교 언어는 서로 다른 역할과 영역을 갖는다는 생각은 크게 두 가지로 나뉜다. 한 가지 형태는 이미 살펴본 바 있는 루돌프 불트만 같은 실존주의 신학자에게서 찾아볼 수 있다. 불트만에 따르면 과학은 "객관적인" 물음으로 이루어진다. 그러나 이것 말고 개인적(주관적) 관계의 영역이 있는데, 이게 바로 종교의 영역이다. 다른 한 가지 형태는 철학자 비트겐슈타인에게서 찾아볼 수 있다. 그는 언어는 다양한 형태와 기능을 가지며, 이 가운데에서 감정과 행위를 유발시키는 방식으로 세계를 묘사하는 언어가 바로 종교 언어라고 보았다. 비록 그가 서구의 문화 전통 안에서만 글을 썼지만 그의 관점은 서구의 경계를 넘어 다른 문화권에도 적용될 수 있다(이에 대해서는 나의 책 『이성과 신앙Reasons and Faiths』을 참조하기 바란다).

물론 이렇게 언어를 "두 가지 영역"으로 나누는 것을 거부하는 이들도 있다. 특히 영국의 철학자 에이어A.J. Ayer(1910~1989)를 중심으로 하는 실증주의자들은 직접적으로나 간접적으로 지각될 수 없는 것들에 대한 이야기는 모두 무의미하다고 주장하고 있다. 그의 입장에 따르면 신에 관해 말하는 모든 언어는 아무런 의미도 갖지 않는다. 왜냐하면 그런 언어는 지각의 대상을 갖고 있지 않기 때문이다. 예를 들어 내가 다른 은하계에 생물체가 존재한다고 말했다고 치자. 이 경우에 비록 현재 아무도 그 생물체를 볼 수 없다 하더라도 나의 진술은 의미가 있는 주장이다. 왜냐하면 나는 평범한 지각을 통해 이 진술을 증명할 수 있는 방법을 상상할 수 있기 때문이다. 예를 들어 우리는 지구 궤도를 도는 새로운 망원경을 만들어 그 생물체를 직접 관찰하게 될 수도 있다. 하지만 만일 내가 신에 대해서 말했다면 과연 그 신을 발견할 수 있는 망원경을 만들어 낼 수 있을까? 실증주의자들은 그들의 이름이 말해 주는 그대로 과학에서 오직 "실증적으로" 증명될 수 있는 것만을 인정한다. 그들의 주장에 따르면 현재나 미래의 과학이 실증적으로 증명해 낼 수 없는 지식은 무의미하다.

마르크스의 사상을 그대로 수용하고 있다고 주장하는 정통 마르크스주의자들은 종교가 의미 없다는 정도에 그치지 않고 아예 종교가 거짓이라고 주장하며 이를 거부한다. 그런데 이들 역시 모든 것을 과학의 영역 안에서만 이해하고자 한다(물론 마르크스주의자들은 과학을 그들 나름대로 독특하게 정의한다). 그들은 이 세계 저 너머에는 아무것도 없다고 주장한다.

하지만 이런 견해도 역시 그 나름대로 독단적이지 않은가? 도대체 왜 두 가지 영역이 있어서는 안 된다는 것인가? 우리가 인도 사상을 받아들여 종교 경험을 지각의 한 형태로, 그리고 지식의 타당한 원천 중 하나로 생각해서는 안 될 무슨 까닭이라도 있는가?

우주론적 논증의 중요성은 그것이 무언가를 증명했다는 데 있는 것이 아니라, 다만 우주 저 너머에 무엇이 존재하는지에 대한 물음을 제기했다는 데 있다.

　전통적인 신 존재 증명의 세 번째 논증은 이른바 목적론적 논증Teleological Argument이다("목적론"은 "목적"을 뜻하는 telos를 어원으로 한다). 이 논증의 요지는 우주 안에 존재하는 것들이나 우주의 진행 과정을 보면 거기서 어떤 목적을 가진 설계자를 상정할 수밖에 없다는 것이다. 태양의 위성들은 마치 기계 부품들처럼 질서 정연하게 태양 주위를 돌고 있으며, 동물들의 눈은 환경에 잘 맞도록 적응되어 있다. 이렇게 볼 때 우주의 설계자는 당연히 있어야만 한다. 오늘날 이 논증의 타당성은 대체로 부정되고 있다. 그 이유 중 하나는 우주의 설계자 따위를 상정하지 않고도 과학 이론들이 천체의 움직임이나 동물의 환경 적응 같은 문제를 충분히 설명해 준다는 것이다. 한편 이 논증이 설득력을 상실한 또 다른 이유가 있는데, 그것은 그렇게 질서 정연해 보이는 우주 안에도 사실 상당 정도의 무질서가 있다는 것이다. 그렇기에 우주를 기계로 보는 것은 적당하지 않다. 만일 해변가에서 손목 시계 같은 것을 발견한다면, 우리는 거기서 그 시계를 만든 지적 존재를 상정할 수 있다. 하지만 조개 같은 하등 생물을 보고도 똑같은 생각을 할 수 있을까?

　이런 낡은 논증들을 통해 결코 신의 존재가 증명되었다고는 할 수 없다. 기껏해야 그 논증들은 신 존재 증명의 가능성에 대한 문제를 제기했을 뿐이다. 그러나 여기서 또 다른 문제를 생각해 볼 필요가 있다. 지금까지는 주로 서구의 신에 대해서만 고찰해 보았다. 그렇다면 불교의 공空이나 도교의 도道에 대해서는 어떻게 말할 수 있을까? 세상에는 고찰 대상이 될 수 있는 다른 종교 전통이 얼마든지 있는 것이다.

　세계에 다양한 종교 전통이 있다는 사실은 계시와 증거를 지식의 원천으로 보는 입장에 대해 문제를 제기한다. 대부분의 기독교인과 힌두교인 그리고 이슬람교인은 전통적인 논증 같은 것을 그리 중요하게 여기지 않는다. 이들이 중요하게 여기는 것은 『성서』나 『베다』나 『쿠란』 같은 계시이다. 그런데 경전이 하나가 아니라 여럿이고 이들이 서로 어긋난다는 사실은 또 다른 문제를 제기한다. 예를 들면 계시에 의해 씌어진 경전들 중에서 과연 어느 것이 진리인지 알 수 있겠는가 하는 문제이다.

현대에 들어 우리는 세계의 다양한 종교들 간의 관계에 대해 새로이 중요한 질문을 던지게 되었다. 사람들이 여러 종교 중에서 특정 종교를 선택하는 이유는 무얼까? 그렇기에 만일 종교 철학 안에 새로운 분야가 생긴다면, 그것은 종교를 복수로 표시한 "종교들의 철학"이나 또는 좀더 포괄적으로 "세계관 철학"이라 불리는 분야가 될지도 모른다. 그리고 이 분야는 종교적 진리의 특성과 개념들을 비교 문화적으로 고찰하게 될 것이다.

이런 맥락에서 우리는 종교 경험을 저 너머에 있는 것에 대한 지식의 원천으로 여기는 입장에 대해 생각해 볼 필요가 있다. 힌두교인에게 왜 『베다』를 그토록 소중하게 여기느냐고 묻는다면, 아마 그는 "그것은 『베다』가 궁극적으로 옛 예언자들과 성인들의 통찰에 근거하고 있기 때문"이라고 답할 것이다. 기독교인에게 역사적 서술 부분을 접어 두고 『성서』에 대해서 물어 본다면, 아마 그는 "『성서』의 사상은 위대한 예언자들의 통찰과 부활하신 그리스도의 경험에 근거한다"고 답할 것이다. 또한 이슬람교인에게 『쿠란』에 대해 묻는다면, 아마 그는 예언자 무함마드의 계시 체험에 대해서 언급할 것이다. 마찬가지로 불교에서는 석가모니의 깨달음이 그 가르침의 핵심을 차지하고 있다. 이와 같이 종교인들은 종교 경험, 특히 위대한 신앙을 소유했던 이들의 종교 경험을 자신들이 갖고 있는 세계관의 근거로 받아들인다.

여기서 이런 심오한 철학적 문제들을 아주 간략하게만 살펴보도록 하자. 종교적 진리에 대한 태도는 크게 두 가지로 나눌 수 있다. 하나는 회의적인 태도이고, 다른 하나는 긍정적인 태도이다. 나의 태도는 이 중에서 두 번째 태도에 가깝다.

첫 번째 태도의 주장은 이렇다. 현대인은 종교 없이도 얼마든지 잘 살아갈 수 있다. 저 너머에 있는 초월자에 대해 말하는 것은 무의미하다. 왜냐하면 그것에 도달할 수 있는 방법은 오직 계시의 종교 경험밖에 없기 때문이다. 하지만 지식은 낡은 경전 같은 것 안에만 갇혀 있지 않다. 과학이 나날이 발전하여 우리가 한때 알고 있다고 여겼던 모든 것을 정정해 가고 있다. 회의주의자들은 종교 경험을 했다고 하는 예언자나 신비가의 경험들이 서로 어긋나기도 한다는 점을 지적하면서 이것이 종교 경험의 타당성에 의문을 갖게 한다고 주장한다. 이들은 또한 종교 경험을 자기 자신 바깥에서 의미를 찾고자 하는 바램에 의해 생겨난 환상의 산물로 설명할 수 있다고 주장한다. 이들은 천국이나 꿈꾸면서 노력을 낭비하기보다는 오히려 고통을 경감시키고 인간의 존재 상황을 개선하기 위해 세계를 변화시키는 것이 더 낫다고 주장한다. 그렇기에 이들은 우리에게 전통적 세계관은 더 이상 쓸모없으며, 다만 세속적 세계관만 있으면 충분하다고 주장한다.

두 번째 태도는 이렇다. 우주는 왜 존재하는 걸까? 사물의 내적인 본질은 무엇일까? 우리는 이렇게 과학이 다 해결해 줄 수 없는 물음들을 늘 제기한다. 이는 세속적 삶의 영역에서도 마찬가지이다. 우리가 고통을 경감시키고 행복을 증진시켜야만 할까? 그럴 수 있다면 물론 그래야 한다. 하지만 과연 진정한 행복이란 무엇이며, 고통의 진정한 본질은 무엇일까? 종교는 이런 물음들에 대해 깊이 있는 견해를 제시해 주는 영적 체험과 상징을 갖고 있다. 종교 경험에는 다양한 유형이 있으며, 각 유형들은 우주 저 너머에 있으면서 동시에 우리의 내적 의식 깊숙한 곳에 자리 잡고 있는 궁극적 실재에 대한 서로 다른 모델을 제시한다. 이는 놀라운 일이 아니다. 왜냐하면 우리의 모든 경험은 우리 인간과 같은 의식적 존재를 진화시키면서 말없이 불가해하게 운행되는 자연의 신비를 둘러싸고 펼쳐지기 때문이다. 자연의 색깔과 형태 자체는 부분적으로 인간의 의식이 낳은 산물이다. 자연은 인간을 만들고 인간은 자연을 만든다. 종교는 이렇게 의식이 우주 안에서 수행하는 신비스런 중간적 역할에 대해 중요한 무언가를 말해 준다.

지금까지의 논의는 하나의 물음으로 귀결된다. 어느 종교가 진리인가? 내 생각에 이를 판단할 수 있는 한 가지 기준은 어떤 종교가 다른 종교들을 얼마나 건설적으로 이해하고 있는가 하는 것이다. 어떤 종교가 다른 종교들을 모두 거짓이요 우상 숭배라고 단정한다면, 이 종교는 다른 종교들을 건설적으로 이해하고 있다고 할 수 없다. 또 다른 기준은 어떤 종교가 과학과 얼마만큼 조화를 이루면서 창조적인 상호 작용을 주고받는가 하는 것이다. 과학과 마찬가지로 종교도 자기 자신에 대해 비판적인 안목을 가지고 있어야 한다. 이런 기준들을 가지고 여러 종교들을 살펴보면 어떤 종교가 다른 종교보다 좀더 낫다고 판단할 수 있을지도 모르겠다. 하지만 이 문제를 파고드는 것은 여러분 각자의 몫으로 남겨 두고자 한다. 우리가 사는 세상에서 자신의 문제는 결국 자신이 해결해야 하는 법이니까 말이다. 그리고 (내 생각에) 이는 전통의 권위에 대해서도 제한을 가한다. 내가 아무리 내 바깥에 있는 어떤 권위를 받아들인다 해도, 그렇게 하는 사람은 다른 사람이 아니라 바로 나 자신일 뿐이기 때문이다. 결국 종교의 진위나 우열에 대한 판단은 우리들 각자의 몫이며 우리들 각자의 성찰과 판단에 달려 있다.

　우리가 종교의 진위 여부와 이에 대한 각자의 판단에 대해 무어라 말하든 간에 세계관의 한 측면으로서 교리의 중요성은 부인할 수 없을 것이다. 이 장에서 내내 살펴본 바와 같이, 교리는 종교의 다른 여러 측면들과 유기적인 관련을 맺고 있다. 그 측면들 중 하나인 의례는 종교적 감정을 활성화하고 종교적 상징을 행위로 표현하는 통로이다. 교리는 또한 우리가 내리는 가치 판단과도 밀접한 관련을 맺고 있다. 이 중에는 우리가 삶에 대해 견지하는 도덕적 가치들이 있다. 우리는 앞에서 진정한 행복이란 무엇인가 하는 물음에 대한 대답이 우리가 세계에 대해 갖고 있는 견해에 따라 달라진다는 점을 지적한 바 있다. 행복에 대한 문제는 도덕적 행위와 밀접한 관련이 있으며, 도덕적 행위의 대부분은 다른 사람의 복지와 행복을 증진시키는 것과 관련이 있다. 여기서 개인적 맥락과 우주적 맥락에 동시에 걸쳐 있는 윤리의 영역을 다룰 필요가 생긴다. 이제 이 문제를 살펴보도록 하자.

제6장 윤리적 차원

종교나 세계관의 윤리적 차원은 다른 차원들의 영향을 받는다. 그러나 **그 것은** 또한 다른 차원들에 영향을 끼치기도 한다. 예를 들어 누미노제 경험이 고대 이스라엘 백성과 예언자들에게 신비스럽고 역동적인 신을 계시해 주었다면, 그들의 도덕적 통찰은 이 신을 선한 신이라 여기게 해주었다. 그 신은 희생 제의뿐 아니라 회개도 요구했으며, 안식일 준수뿐 아니라 올바른 행동도 요구했다. 또한 초기 불교의 경우 신비 경험이 평온과 순수 의식의 영역을 제시해 주었다면, 도덕적 통찰은 이런 평온이 다른 사람과 공유되어야 한다는 사실과 다른 중생에 대한 자비심이 없는 깨달음은 결국 아무 가치도 없다는 사실을 보여 주었다.

불교인과 힌두교인 그리고 자이나교인은 환생을 믿기 때문에 도덕적 행위에 대해서도 독특한 입장을 취한다. 인간은 누구나 동물이나 곤충으로 다시 태어날 수도 있으므로 다른 생명체에 대해 유대감을 지녀야 한다. 그러나 서양 종교들의 지배적인 견해에 따르면 인간은 영혼이 있지만 동물은 영혼이 없다. 적어도 이론적인 면에서만 본다면 서구 전통보다는 인도 전통이 동물이나 다른 생명체에 대해 더 큰 도덕적 책임감을 느낀다는 것이 사실이다. 그러나 오늘날 서구에서는 동양 문화의 영향으로 살아 있는 자연 환경에 대한 관심이 점점 커지면서 태도의 변화가 일고 있다. 고래나 표범 같은 동물을 보호하려는 운동이 이를 잘 보여 준다. 이와 같이 그 태도가 무엇이든 간에 도덕적 영역이 해당 사회의 일반적인 세계관에 영향을 받는다는 사실은 분명하다.

도덕은 또한 우리가 생각하는 이상적인 인간의 모습으로부터도 영향을 받는다. 기독교인은 그리스도와 성인들 그리고 신앙의 영웅들을 이상적인 인간으로 여긴다. 마찬가지로 불교인은 석가모니를, 이슬람교인은 무함마드를, 힌두교인은 라마Rama와 크리슈나를, 도교인은 노자를, 그리고 유교인은 공자를 이상적인 인간으로 여긴다.

이렇게 볼 때 종교의 윤리적 차원이 종교 경험, 우주에 관한 교리들, 그리고 신화나 영웅 이야기 같은 것들과 관련을 맺는다는 사실을 알 수 있다.

현대에는 전통적인 종교적 신념과 상관없이 독자적인 토대 위에서 윤리학을 정립하고자 하는 노력이 이루어져 왔다. 그러나 나중에 보게 되겠지만 이런 시도가 완전하게 성공할 수는 없다. 모든 윤리 체계는 그 이면에 세계관의 문제를 담고 있기 때문이다.

예를 들어 보자. 아마 현대의 가장 강력하고 영향력 있는 윤리 체계는 공리주의utilitarianism일 것이다. 공리주의는 19세기에 존 스튜어트 밀John Stuart Mill(1806~1873)이 쓴 책에 잘 나타나 있다. 공리주의의 중요성은 도덕적 행위를 유용성의 관점에서 이해했다는 것과, 유용성이 인간의 행복을 증진시키고 고통을 감소시킨다고 보았다는 데 있다. 이러한 공리주의는 현대 서구 민주주의 사회의 정치와 경제에 지대한 영향을 끼쳤다. 서구인들은 공리주의적인 방식으로 사고하는 경향이 있다. 서구인들은 이혼법 같은 제도적 측면들이 과연 최대 다수의 사람에게 최대의 행복을 주고 최소의 사람에게 최소의 고통을 주는지에 대해 관심을 갖는다. 서구인들은 경제 정책을 수립할 때도 모든 사람이 빈곤에서 벗어나 가능한 한 최대의 행복을 누려야 된다는 원칙에서 출발한다. 미국의 헌법은 행복 추구권에 대해 말하고 있으며, 사회주의의 밑바탕에는 빈곤을 추방하고 사람들이 좀더 나은 삶을 누리도록 해방되어야 한다는 생각이 깔려 있다. 이와 같이 서구 사회 전체는 공리주의적인 사고 방식에 젖어 있다.

종종 이러한 공리주의는, 인간이 추구해야 할 가장 중요한 가치는 개인과 개인 간의 상호 관계라는 과학적 휴머니즘 사상과 함께 나타난다. 앞에서 살펴본 바와 같이, 유대교 사상가 마르틴 부버는 『나와 당신I and Thou』이라는 책에서 심층적인 인간 관계가 삶에 담긴 의미의 핵심이라고 보고 있다.

서구적 사고 전반을 지배하고 있는 개인주의에 반기를 들고 나온 것이 마르크스주의 전통의 집단주의이다. 마르크스주의 전통에서는 인간의 행위와 경제 활동이 아주 밀접하게 얽혀 있다고 여기며, 따라서 윤리 문제도 집단적 차원에서 제기된다. 이들의 견해에 따르면 올바른 행위란 사회주의를 공고히 하는 혁명을 촉발하는 행위이거나, 혁명을 지속하고 모든 인간이 조화롭게 사는 이상 사회로 나아가는 행보를 돕는 행위이다.

종교 윤리에 대한 연구는 도덕과 관련된 일이나 도덕적 사고의 구조를 다루기도 하지만, 때로는 규범적인 입장에서 무엇이 옳고 그른가 하는 문제를 성찰하기도 한다. 물론 이 중에서 우리가 주로 관심을 갖는 것은 앞의 것이다. 하지만 필요할 경우에는 어떤 윤리적 가치를 선택할 것인가 하는 규범적 물음에 대해서도 조금씩이나마 언급하게 될 것이다.

비교 종교 윤리학

종교 윤리에 대한 비교 문화적 연구는 때로 "비교 종교 윤리학comparative religious ethics"이라 불리기도 한다. 이 용어는 최근에 생긴 것이며, 이 분야의 체계적인 연구가 본격적으로 이루어지기 시작한 것도 불과 몇 년 전의 일이다. 그러나 윤리에 대한 비교 연구가 이전에 전혀 없었던 것은 아니다. 이

중에서 가장 중요한 것은 아마 제1차 세계 대전을 전후한 시기에 헤이스팅스James Hastings(1852~1922)가 편집한 『종교와 윤리 백과사전Encyclopedia of Religion and Ethics』일 것이다. 모두 12권으로 되어 있는 이 백과사전은 종교학의 핵심 연구 주제들을 폭넓고 상세하게 다루고 있으며, 제목에 나타난 바와 같이 전 세계의 다양한 도덕적 관념과 실천을 수록하고 있다.

간단히 말해서 비교 종교 윤리학이란 세계 모든 사회에 존재하는 다양한 도덕 체계들을 서술하는 분야라고 할 수 있다. 대전통great tradition과 소전통little tradition을 구분하는 것은 종종 유용할 때가 있다. 예를 들어 우리는 스리랑카인들의 윤리적 신념을 대전통의 시각, 즉 경전이나 설법을 통해 표현되는 공식적인 불교의 시각에서 살펴볼 수 있다. 그러나 우리는 또한 고산 지대에 사는 사람들의 실제적인 신념 속에서 "공식적인 불교" 이외의 요소들을 발견할 수도 있다. 또 우리는 가톨릭 교회의 공식적인 가르침과 비교해 보았을 때 평범한 이탈리아인들의 실제 도덕적 삶이 어떤 모습으로 나타나는지를 살펴볼 수도 있다. 이와 같이 세상에 다양한 불교와 다양한 기독교가 있는 것과 마찬가지로 불교 윤리와 기독교 윤리도 다양한 모습을 띤다.

옳고 그름의 문제에 대해 각 문화권 사람들이 갖고 있는 생각들 사이에는 유사성과 차이점이 모두 나타난다. 이를 염두에 둘 때 다음과 같은 물음이 제기된다. 이 유사성과 차이점을 어떻게 설명할 것인가? 이 물음에 답하기 위해서는 우선 도덕적 가치를 교리, 신화, 종교 경험 등과 관련지어 살펴볼 필요가 있다.

대개의 종교들은 도덕적 행위에 관한 한 상당히 많은 공통점을 갖는다. 도둑질하지 말라, 거짓말하지 말라, 살인하지 말라, 성관계는 허용된 범위 안에서만 가지라는 등의 도덕적 금지 조항은 세계 대부분의 종교에서 발견된다. 사회 자체가 존속하기 위해서는 이런 규범들이 필요하다는 점을 생각한다면 이는 당연한 일이라 할 수 있다. 이런 규범들이 전반적으로 무너지면 혼돈이 찾아온다. 사회는 이런 잘못된 행위가 적어야만 존속할 수 있다.

그러나 자세히 살펴보면 이 규범들의 의미는 문화권마다 다르다는 것을 알 수 있다. 예를 들어 성적 관계의 경우 이와 관련된 도덕 체계는 매우 다양하다. 기독교인은 이혼을 인정하기는 하지만—대부분의 기독교 전통에서 이혼은 최근까지 금지되어 왔다—일부일처제를 원칙으로 한다. 이와 달리 이슬람교에서 남자들은 한번에 네 명의 부인을 거느릴 수 있으며, 이혼도 이미 오래전부터 법률로 인정되어 왔다. 살인의 경우를 보면 어떤 사회는 자기를 방어할 권리를 인정하고 심지어 전쟁에서 적을 죽이는 것을 의무로 규정하는 반면, 퀘이커교 같은 종교들은 전쟁을 경계하거나 또는 철저하게 거부한다. 또 어떤 종교들은 전쟁을 자신의 신앙을 확산시키는 자연스런 방편으로 여기기도 한다. 이슬람의 지하드jihad(聖戰) 사상이 그 대표적인 예이다.

때로는 규범 자체를 이해하는 방식도 매우 다양하게 나타난다. 그렇기에 모범적인 덕행에 대한 견해 역시 매우 다양하다. 예를 들어 유대교인과 이슬람교인에게 법이란 신에 의해 제정된 토라Torah나 샤리아를 말한다. 따라서 법에 복종하는 것은 곧 신에게 복종하는 것이다. 유대교에서 법에 대한 복종은 법이 신과 그 백성 사이의 계약이라는 믿음에 근거한다. 불교에서 도덕 규범은 궁극적인 해탈로 이끌어 주는 "팔정도"의 일부이다. 그것은 신에 대한 복종이 아니라 자신을 정화하는 전반적인 수련 과정의 일부로서 선한 삶을 살 것을 강조한다. 유일신교에서는 아브라함처럼 순종하는 신앙을 가진 사람이 이상적인 인간이지만, 불교에서는 높은 통찰력을 가진 사람이 이상적인 인간이다.

힌두교는 단일한 신적 존재에 대한 신앙을 갖고 있지만, 불교와 마찬가지로 법 또는 다르마를 신이 만든 것으로 보지 않고 세계의 본질의 일부로 본다. 법 자체가 우주를 구성하는 일부이기 때문에 법을 지킨다는 것은 곧 사물의 자연스런 본성을 따르는 것이 된다. 그렇기에 힌두교에서 카스트 제도—이것도 법에 의해 지배된다—는 우주적 질서의 한 측면으로 간주된다. 게다가 세계의 질서에는 사물의 도덕적 구조가 업業karma을 통해 표현되는 방식도 포함된다. 나의 도덕적 행위는 현생과 내생에서 결실을 맺을 것이다. 따라서 설사 궁극적으로(일부 사람들이 생각하듯이) 업을 다스리는 존재가 신이라고 하더라도, 선행은 상을 받고 악행은 벌을 받는다는 자연스런 기제는 늘 있기 마련이다. 이런 관념은 인과응보 관념과 연결된다. 이 관념에 따르면 지혜로운 사람은 좀더 나은 조건으로 환생하기 위해 선을 행함으로써 공덕을 쌓는 사람이다.

믿음과 영적 수행이 윤리에 어떤 영향을 끼치는지에 대해 좀더 자세히 살펴보기 위해서는 다양한 윤리 체계의 역동성을 개관할 필요가 있다.

위에서 나는 상좌부 불교에서 윤리 체계는 팔정도에 포함되어 있으며 따라서 해탈에 이르는 수단의 일부가 된다고 지적한 바 있다. 이는 왜 불교의 오계五戒 중에 "취하게 하는 것"(술과 약)을 먹지 말라는 계율이 있는지를 이해할 수 있게 해준다. 술은 마음을 흐리게 하고 분노를 일으키기 때문이다. 덕스러운 사람이 추구하는 것은 명료한 의식과 자기 의식의 계발이기 때문에 술을 마셔 마음을 흐리게 하는 따위의 짓을 해서는 안 된다. 모든 것에서 한 걸음 물러서서 바라보는 통찰력은 명료한 의식을 통해서만 얻을 수 있다. 그리고 이런 통찰력이 있어야만 비로소 윤회의 사슬에서 벗어나 궁극적인 적멸 속에서 해탈에 이를 수 있다. 더욱이 분노를 비롯한 온갖 감정들은 해탈의 경지에서 느낄 수 있는 평정과 상반된다. 이러한 점들을 생각할 때 우리는 술이나 약을 금지하는 계율이 해탈을 추구하는 수련 과정에 부합된다는 것을 알 수 있다.

그러나 모든 사람이 열반에 이를 수 있는 것은 결코 아니다. 불교에서는 흔히 비구나 비구니는 열반에 이르는 길에 좀더 가까이 나아갈 수 있지만, 평범한 재가 신도는 다음 생에 가야만 비로소 그런 기회를 가질 수 있다고 말한다. 업과 윤회에 관한 교리는 모든 개인의 삶을 무덤 너머의 다음 생으로 이월시킴으로써 불교 사회의 다양한 계층을 통합하는 역할을 한다. 평범한 재가 신도는 현생에서 좋은 일을 많이 해 공덕을 쌓아야만 내생에서 더 나은 삶을 누릴 수 있다. 물론 절에 시주를 많이 하고 도덕적인 삶을 살았던 사람은 극락왕생할 수 있다. 그런데 이 극락은 영원히 머무는 곳도, 최후의 목적지도 아니다. 바로 이 점에서 불교와 기독교는 커다란 차이가 있다. 기독교에서는 모든 사람이 최후의 심판을 거쳐 영원 불변한 천국이나 지옥으로 가게 된다. 이와 달리 불교에서 각 개인이 쌓은 공덕은 시간이 흐르면서 소멸하기 때문에, 극락에 있는 사람도 언젠가 다른 곳에서 새로운 존재—예를 들면 열반에 이르는 길에 좀더 가까이 있는 비구나 비구니 같은 존재—로 다시 태어나게 된다. 이런 관념은 극락에 있든 지옥에 있든 간에 모든 존재는 무상하다는 불교 사상 전반과 맥을 같이한다. 불교에서 영원한 것은 오직 열반뿐이며, 열반은 현생과 내생 너머에, 모든 존재 너머에 있다.

간단히 말해서 상좌부 불교는 전통적으로 도덕을 열반에 이르는 과정의 일부로, 업의 지배를 받는 우주 안에서 작용하는 무언가로 간주한다. 업은 윤회의 사슬 안에서 움직이는 인과응보의 법칙이다. 내가 현생에서 동물로 살아가든 인간으로 살아가든 또는 그 어떤 상태로 살아가든 간에 이 모든 것은 내가 전생에 쌓은 업의 결과이다. 상좌부 불교에서 도덕은 부분적으로 분별 있는 삶을 영위하는 문제로 여겨진다. 왜냐하면 도덕은 궁극적인 해탈과 진정한 행복에 이르는 과정을 돕거나 아니면 적어도 내생에서 좀더 나은 삶을 누릴 수 있도록 해주기 때문이다. 또한 도덕은 평정을 추구하며 번잡한 세상으로부터 어느 정도 벗어날 것을 요구한다. 불교의 이런 도덕 관념은 두 가지 층위로 나뉜다. 하나는 고차원적이고 좀더 엄격한 차원으로 승려들이 지켜야 하는 행위 규범이며, 다른 하나는 덜 엄격한 차원으로 재가 신도나 일반 사람들이 지켜야 할 행위 규범이다.

이와 달리 이슬람교의 윤리는 매우 다른 분위기를 지닌다. 우선 이슬람교의 윤리는 불교와는 달리 두 층위로 나뉘지 않는다(물론 이는 내적 문제를 추구하는 이슬람 신비주의 운동인 수피즘을 제외했을 경우의 이야기다). 이슬람교는 알라의 다스림을 받는 모든 사람에게 똑같이 적용되는 종교이다. 여기서는 누미노제 경험의 대상이 되는 알라와 그를 숭배하는 낮디 낮은 신자들이 확연하게 구분된다. 그래서 신자들은 신 앞에서 모두가 평등하다고 느끼며 겸손한 태도를 갖게 된다(이슬람이라는 말은 문자 그대로 "신에게 복종한다"는 뜻이다). 그리고 같은 이슬람 신자들 사이에는 강한 형제애가 존재한다. 한편 현대 서구인의 눈으로 보면 이슬람교에는 여성에 대한 차별이 있는 것처럼 보인다. 『쿠란』과 전통에 근거를 두고 있는 이슬람교의 법과 관습은 여성에게 많은 제한을 가하기도 한다. 남자는 한 번에 네 명의 아내를 거느릴 수 있지만, 여자가 여러 명의 남편을 거느리는 일처다부제는 인정되지 않는다. 또한 『쿠란』에 명시되어 있지는 않지만 이슬람 국가들에서 모든 여자들은 관습에 따라 베일을 쓰고 다녀야 한다. 비록 여성이 재산권을 갖고 있기도 하고, 또 창시자 무함마드의 근본적인 개혁 운동에 따라 여성이 보호 받게 되기는 했지만, 보기에 따라서는 여성이 열악한 지위에 처해 있는 것처럼 보이는 것이 사실이다. 그러나 정통 이슬람 신자의 견해는 다르다. 그들은 남자와 여자는 본래 상이한 본성과 역할을 갖고 있기 때문에 이슬람의 법이 여자와 남자를 각기 구분해서 동등하게 다룬다고 생각한다.

　무함마드가 누미노제적인 계시를 통해 경험한 알라의 전적인 타자성은 창조된 모든 것이 그로부터 나왔다는 것을 의미한다. 따라서 인간이 지켜야 할 법 역시 알라로부터 나온 것이다. 예를 들어 이슬람교가 성립되는 결정적인 동인이었던 무함마드의 종교 경험에는 신이 법을 제정했다는 믿음이 담겨 있다. 또한 초기 이슬람 신자들은 무함마드가 받은 계시가 기존 종교들의 예언자들이 받은 계시와 관련이 있으며, 따라서 다른 종교들에 법이 있듯이 이슬람교에도 법이 있다고 여겼다. 하지만 그들에게 이슬람의 법은 매우 특별한 것이었는데, 이는 무함마드에게 내려진 새로운 계시가 기존 종교들의 계시를 완성한 것으로 여겨졌기 때문이다.

　법에 대한 강조는 초기 이슬람교의 강력한 공동체 의식에서 생겨난 것이기도 하다. 알라를 믿는 사람은 모두 형제이며, 형제들로 구성된 특별한 공동체는 알라의 축복을 받는다. 그리하여 무함마드의 지도 아래 이슬람 공동체가 성립되었고, 이 공동체는 무함마드가 죽기 전에 이미 아랍 인근 지역을 통일하는 데 성공하였다. 이후로도 이슬람 공동체는 계속 확장되었으며 결국 아프가니스탄에서 모로코까지 그리고 스페인에서 이란까지 이르는 새로운 제국으로 성장하게 되었다. 그리하여 이슬람의 법은 공동체의 세세한 생활 규범까지 규정하게 됨으로써 좁은 의미의 도덕보다 훨씬 포괄적인 범주가 되었다. 예를 들어 거기에는 경제, 노예 제도, 의례 등의 다양한 문제가 담겨 있다.

　종교는 도덕적 가르침 외에도 안식일을 지키고 순례를 하고 수도원에 기부금을 내는 것과 같은 일정한 종교적 의무를 요구하기도 한다. 이런 것들은 윤리적인 의무가 아니라 종교적인 의무들이다. 윤리적 의무는 다른 사람들과의 관계에 관한 직접적인 규정인 반면, 종교적 의무는 신에 대한 의무나 또는 특별한 방식으로 종교적 진리를 표현해 준 사람들에 대한 의무에 관한 특별한 규정이다. 이런 종교적 의무의 바탕에는 그것이 신앙의 본질 자체에서 우러나는 것이라는 신념이 깔려 있다. 신을 사랑하는 사람은 그를 숭배하게 마련이며, 이는 신에 대한 사랑의 결과일 뿐 아니라 그 자체가 종교적 의무이기도 하다. 때로 종교적 의무는 그야말로 의무이다. 이때 그것은 의무감과 기쁨의 감정을 동시에 불러일으킨다. 또한 때로 종교적 의무는 일종의 교환이라고 볼 수도 있다. 예를 들어 불교에서 승려에게 시주를 한 신자는 그 보답으로 완전한 삶을 살아가는 법에 관한 가르침을 받게 된다.

　이슬람교에서 형제애와 공동체가 얼마나 중요한 위치를 차지하는지는 자선에 관한 의무 조항을 보면 알 수 있다. 누구든 가난한 형제와 자매를 도와야 한다. 이슬람의 대의를 위해 성스러운 전투인 지하드에 참가해야 한다는 의무 조항을 보면 이슬람교는 종교와 국가를 분명하게 구분하지 않는다는 사실을 알 수 있다. 지하드의 목적은 이슬람 사회를 건설하는 데 있으며, 이는 이슬람교의 적에 대해서는 전쟁을 포함한 모든 힘을 사용한다는 것을 의미한다. 알라는 본질적으로 힘이요 권능―물론 알라는 온화하고 자비롭기도 하다―이기 때문에 세속적인 힘이 알라의 주권을 표현하고 강화하는 수단으로 여겨지는 것도 그리 놀랄 일은 아니다. 이와 대조적으로 불교는 힘이 아니라 평정과 비움을 중시하기 때문에 어떤 면에서는 "내세 지향적인" 모습을 보여 준다. 그래서 불교 왕국에서는 과연 힘을 어떻게 사용할 것인가 하는 것이 문제로 등장할 수밖에 없다. 힘을 사용하는 것은 다른 사람의 삶을 짓밟고, 의식을 타락시키며, 악한 업을 쌓는 것일 수도 있기 때문이다.

이슬람교와 불교 전통의 차이점은 그 위대한 창시자들의 성격에서도 찾아볼 수 있다. 무함마드는 신의 말을 전하는 사람이었을 뿐 아니라 능수능란한 외교가요 정치가요 장군이기도 했다. 이와 달리 석가모니는 출생 당시의 예언에 따르면 세계를 정복할 정치 지도자가 되거나 아니면 영적인 지도자가 될 사람이었다. 그는 호사스런 궁전을 떠나 정처 없이 떠돌아다니면서 고행을 하고 이를 통해 진리를 추구했다. 그는 모든 세속적인 권력을 내팽개쳤다. 그리하여 그는 결국 깨달음을 얻을 수 있었고, 정말로 훗날 온 세상에 지대한 영향을 끼치게 되었다. 그러나 그가 순수 의식의 상태에 도달하여 모든 것의 본질을 밝혀 주고 그의 가르침의 원천이 될 깨달음의 빛을 얻었을 때, 그는 온갖 고행으로 깡마른 모습을 한 채 나무 아래 앉아 정면을 응시하던 고독한 현자에 불과했다. 그의 능숙한 설법에서는 외교가의 자질을, 그리고 그 고상한 품행에서는 왕자다운 기질을 엿볼 수 있었다. 그러나 그는 결코 외교가나 정치가도 아니었고 물론 장군도 아니었다. 석가모니가 입적한 후 3백 년이 지나서 인도의 아소카 왕은 좀더 광대한 제국을 건설하기 위해 이웃 나라들을 정복했다. 그러나 그는 자신이 저지른 호전적인 행위 때문에 괴로워했으며 따라서 이후로는 나라를 평화롭게 다스리려고 애쓰게 되었다. 이와 같이 불교의 핵심에는 힘의 문제를 둘러싼 딜레마가 자리 잡고 있다.

그러면 기독교는 어떤가? 기독교는 이슬람교나 불교와는 또 다른 양상을 보여 준다(물론 불교도 후기로 오면서 그 강조점이 약간 달라진다). 그리스도는 기독교의 얼굴이다. 그리스도 안에는 기독교 윤리를 틀 짓는 모든 동기가 결합되어 있다. 기독교사 전반을 살펴볼 때 그리스도는 기본적으로 두 가지 모습을 갖고 있다. 한편으로 그는 인간의 몸으로 이 땅에 내려와 십자가에 못 박혀 죽은 신이다. 그러나 다른 한편으로 그는 부활해서 하늘로 올라갔으며, 두렵고도 영광스러울 인류 역사의 마지막 날에 산 자와 죽은 자를 심판하러 올 신이다. 앞의 그리스도는 세속적인 의미에서 말하는 그런 힘이 전혀 없는 반면, 뒤의 그리스도는 엄청난 힘을 지니고 있다. 전자는 고통 받는 종이고, 후자는 무시무시한 심판관이다. 이 모든 것은 기독교인이 그리스도를 인간이면서 동시에 신이기도 한 존재로 여겨 왔다는 것을 보여 준다. 그리스도는 두 세상에서 살고 있다. 그는 이 세속적인 세상에서는 겸손과 사랑의 전형이지만, 다른 세상에서는 신적 존재 고유의 누미노제적 힘을 지닌 존재이다.

이런 양면성은 기독교가 말하는 신약과 구약, 즉 새로운 계약과 낡은 계약 사이에서도 나타난다. 기독교는 초기 유대교 전통 대부분을 그대로 계승하면서도 이를 다른 방식으로 해석했다. 기독교는 십계명 같은 옛날 율법의 일부를 인정하기는 하지만, 이제 그리스도가 삶의 새로운 모델이며 그의 삶과 죽음과 부활을 통해 신과의 새로운 계약이 성립되었다고 여긴다. 기독교는 비록 신과 이스라엘 백성 사이에 성립되었던 낡은 계약이 신이 인간에게 자신을 드러내는 계시의 일부였다는 점을 인정하기는 하지만, 이제는 더 이상 율법을 그대로 지킬 필요가 없다고 여긴다.

그리스도의 두 모습으로 인해 기독교 윤리는 내적 갈등에 휘말리곤 했다.

예를 들어 초기 기독교인들은 남에게 해를 끼치지 않는 올바른 삶을 추구하고 있었기 때문에 전쟁에 가담하는 것을 나쁘게 여겼다. 하지만 교회는 신이 만든 것이기 때문에 신이 창조한 세계에 대해 책임을 져야만 한다. 그리하여 교회가 로마 제국을 지배하게 되자 "정당한" 전쟁에 관한 주장이 강조되기 시작했다. 자신을 방어하기 위한 전쟁은 정당하다는 것이었다. 훗날의 십자군 전쟁이 기독교인의 의무가 되었던 것도 바로 이 때문이다. 교회는 심판관으로서의 그리스도를 통해, 정의를 위해서는 힘을 사용할 수 있다는 관념을 정당화했던 것이다.

그러나 기독교 윤리의 핵심에는 신과 이웃에 대한 무조건적 사랑인 아가페agape 관념이 있다. 이웃에 대한 사랑은 원수에게도 적용된다. 이는 그리스도가 십자가에서 "아버지, 저들을 용서해 주십시오"라고 말했던 데서 잘 드러난다. 이런 아가페 관념은 부분적으로 모든 인간이 신의 형상대로, 다시 말해 그리스도의 형상대로 만들어졌다는 인식에 기반을 두고 있다.

기독교 윤리는 또한 타락에 관한 교리로부터 많은 영향을 받고 있다. 기독교는 「창세기」를 유대교와 다르게 해석한다. 기독교인들은 아담이 지은 원죄로 인해 온 인류가 재난에 빠지게 되었으며 그 결과 인간의 본성이 타락하게 되었다고 주장한다. 인간은 스스로의 힘으로 선을 행할 수 없으며, 은총을 통해 신의 도움을 받아야만 한다. 원죄에 대한 강조는, 그리스도의 죽음이 신과 인간의 관계에서 결정적인 중요성을 가진다는 확신에서 생겨난 것이다. 따라서 "두 번째 아담"인 그리스도의 위대함은 자기 자신과 이브 그리고 온 인류를 신과 단절시킨 첫 번째 아담의 행위에 비추어 이해되어야 한다. 그리스도를 통한 구원은 아담이 가져온 재난을 전제로 한다. 기독교가 인간의 본성이 인간 자신의 행위로는 결코 완전해질 수 없다고 여겨 온 것은 바로 이 때문이다. 인간은 오직 그리스도의 권능과 은총에 의해서만 도덕적으로 성숙해질 수 있다. 그런데 루터 같은 초기 종교 개혁가들은, 순례를 하고 교회에 헌금을 하고 가난한 사람을 돕고 미사에 참석하고 하는 행위를 통해 인간이 그 영적 상태를 개선할 수 있다고(그리고 그렇게 해야 한다고) 가르쳐 온 로마 가톨릭 교회에 대해 이의를 제기했다. 이런 행위들은 인간이 선을 행함으로써 구원 받을 수 있다는 사실을 전제하는데, 루터 같은 종교 개혁가들은 이를 거부하면서 인간은 오직 신의 은총을 통해서만 선을 행할 수 있다고 주장했다.

이렇게 보면 기독교에서는 은총의 수단, 즉 기독교인이 그리스도의 권능을 받을 수 있는 방법이 중요하다는 것을 알 수 있다. 가톨릭이나 정교회에서는 그 권능이 다양한 성사聖事sacraments를 통해 전달된다고 여긴다. 그중에서도 특히 중요한 것은 바로 미사이다. 이와 달리 개신교에서 가장 중요한 성사는 말씀, 즉 인간을 성스러운 삶으로 인도해 주는 『성서』나 설교에 나타나는 말씀 자체인 그리스도이다. 성사는 그리스도의 신적인 측면을 강조하는 반면, 설교는 종종 그의 인간적인 측면을 부각시킨다. 신자들은 성사에서는 의례 속에서 활동하는 신을 통해 권능을 얻으며, 설교에서는 영감과 인간 예수의 모범적 삶을 통해 권능을 얻는다.

세세한 도덕에 대한 이후의 많은 논쟁은 바로 이런 관념과 실천에 근거를 두고 있다. 가톨릭 교회가 결혼을 평생의 결합으로 간주하여 이혼을 금지하고 있는 것은 결혼식이 신이 제정한 성사라는 관념에서 비롯한다. 혼인성사는 육체적으로나 사회적으로 더불어 사는 부부와 가족에게 신의 내적인 은총과 권능을 부여해 준다. 또한 낙태에 대한 기독교인들의 반대는 인간의 삶은 신성한 것이라는 생각에서 나오는 것인데, 이런 생각은 궁극적으로 인간이 신의 형상대로 만들어졌다는 교리에 근거한다. 그리고 작고한 캘커타의 마더 테레사 같은 이들이 행하는 기독교적 사회 봉사 역시 이런 인간관에 따라 다른 사람을 존중하는 진정한 사랑에서 나오는 것이며, 그리스도가 보인 모범을 따르는 것이다.

이 세상과 저 세상에 대한 기독교의 태도에 긴장이 있는 것과 마찬가지로 해탈과 자비에 대한 불교의 태도에도 역시 갈등이 있다. 앞에서 보았듯이,

불교는 올바른 행위를 강조한다. 선한 행위는 궁극적인 해탈에 이르도록 도와주며, 아니면 적어도 다음 생에서 좀더 나은 삶을 살 수 있도록 해준다. 그런데 다른 존재의 고통을 불쌍히 여기는 자비는 자기 희생을 요구한다. 고통받는 중생을 도와주다 보면 자신의 해탈이 연기될 수도 있다. 앞서 살펴본 바와 같이 대승 불교는 이런 자기 희생을 중시하기에 보살 정신을 강조한다. 보살은 부처가 될 수 있음에도 불구하고 중생을 도와주기 위해 이 세상에 머무름으로써 자신의 구원을 미룬 존재이다. 불교에는 존경 받고 숭배되는 수많은 보살이 있는데, 그중 가장 대표적인 존재가 바로 관음 보살 觀音菩薩Bodhisattva Avalokitesvara이다. 관음 보살은 그 이름에서 나타나듯이 자비로운 눈으로 세상의 고통 받는 중생을 "내려다보는" 보살이다. 보살은 전생에 수도 없이 자신을 희생해서 많은 공덕을 쌓았기 때문에(그 공덕은 열반에 이르고도 남을 만큼 많다고 여겨진다) 그 남아도는 공덕을 다른 중생에게 나누어 줄 수 있는 존재이다. 따라서 공덕이 모자라는 사람이 보살의 이름을 계속해서 부르면 보살의 그 남아도는 공덕을 받을 수 있으며, 그리하여 고통에서 벗어나 궁극적인 해탈을 향해 조금 더 가까이 다가갈 수 있게 된다. 이렇게 볼 때 대승 불교 사상은 많은 점에서 기독교 사상과 비슷하다. 다만 다른 점이 있다면 기독교가 사랑과 아가페를 강조하는 것과 달리 대승 불교는 자비를 강조한다는 점이다.

  기독교가 세상에서 물러나는 것보다는 "세상 속에서 살아가는 것"을 강조하는 것과 마찬가지로, 대승 불교에서도 저 너머의 열반과 이곳의 속세적 삶을 딱 잘라 구분하지 않는다. 불교 신자는 이 세상에서 올바른 삶을 살아감으로써 보살의 이상을 실현할 수 있다(그리고 이로써 부처가 되는 길에 한 걸음 더 가까이 다가갈 수 있다). 그러나 때로 이런 관념은 특이한 결과를 초래하기도 한다. 예를 들어 중세 일본에서 무사 계급은 궁술과 검술 같은 무술을 제대로 익히는 것이 자기 자신을 초월하는 길이라고 여겼다. 이렇게 본다면 심지어 전쟁이 좀더 높은 이상을 실현하는 수단이 될 수도 있다. 그러나 이는 일부의 이야기일 뿐이고 전반적으로 불교 윤리는 폭력을 최소화하려고 애써 왔다.

도덕의 본질

지금까지 제시한 사례들을 통해 볼 때, 우리는 윤리가 그 자체만 따로 떼어서 고찰할 수 있는 것이 아니며, 무엇이 옳고 그른가 하는 문제는 좀더 넓은 우주관에 비추어서 살펴야 할 문제라는 사실을 알 수 있다. 그런데 18세기 칸트 이후의 서구 현대 철학에서는 도덕의 "자율성" 내지 독자성을 확립하고자 하는 움직임이 지속적으로 이루어져 왔다.

철학자들은 옳고 그름의 문제가 어떤 특별한 상위의 신념을 전제하지 않고도 규정될 수 있다고 주장해 왔다. 옳은 것이 옳고 그른 것이 그른 까닭은, 신이나 석가모니가 그렇게 말했기 때문은 아니다. 신이나 석가모니는 무엇이 옳고 그른지를 알고 있기 때문에 자신들이 알고 있는 것을 그렇게 말하는 것일 뿐이다. 옳은 것이 옳은 까닭은 그것 자체가 옳기 때문이지, 신이나 석가모니가 그렇게 말하기 때문에 옳은 것이 아니다. 칸트는 옳고 그른 것을 판별하는 시금석은 이른바 정언 명령categorical imperative이라고 보면서 이에 대해 다양한 설명을 제시했다.

본질적으로 정언 명령은 양면적인 요구에 가깝다. 첫 번째 측면은 도덕적인 무언가가 정말로 옳으려면 그것은 보편적인 법칙, 다시 말해 모든 사람이 따를 수 있는 법칙이 될 수 있어야만 한다는 것이다. 두 번째 측면은 우리가 다른 사람을 단순히 수단으로만 여겨서는 안 되며 언제나 목적 그 자체로 여겨야 한다는 것이다. 칸트는 이 두 가지 원칙이 가설적인 것이 아니라 정언 명령이라고 생각했다. 정언 명령은 절대적이며 무조건적으로 적용된다. 반면 가언 명령hypothetical imperative은 특정 조건 아래서만 적용된다. 예를 들어 "폐암에 걸리지 않으려면 담배를 끊어라"는 명령은 가설적이다. 왜냐하면 이것은 하나의 조건, 즉 우리가 폐암에 걸리기를 원치 않는다는 조건을 전제하고 있기 때문이다. 그래서 우리는 얼마든지 이 명령을 무시할 수도 있다. 하지만 (칸트에 따르면) "도둑질하지 말라"는 명령은 무조건적인 명령이다. 이것은 우리의 바램과는 상관없이 적용된다. 사실 도덕적 명령은 대개 우리의 바램과 대립되는 명령이다. 도덕적 요청이란 나 자신이 나의 의지로 보편적 법칙이 될 수 있는 그런 요청이다. 그런데 만일 도둑질이 보편적인 일이 되면 그것은 반드시 모순에 빠지게 된다. 모든 사람이 너도나도 도둑질을 한다면 사유 재산이 없어질 것이며, 아예 사유 재산이 있을 수도 없다. 그리고 사유 재산이 없으면 도둑질할 것도 없게 된다. 마찬가지로 보편적인 거짓말 따위를 상상하는 것도 자기 모순적이다. 모든 사람이 너도나도 거짓말을 한다면 의사 소통 체계가 무너지고 따라서 언어 자체가 무너질 것이기 때문이다. 그러므로 우리가 언어를 사용하고 있다는 사실 자체는 사람들이 진실을 말하고 있다는 것을 전제로 한다.

또한 칸트는 무엇이 옳고 그른지를 판단하는 기준인 정언 명령이 외부로부터 인간에게 부과되는 것은 아니라고 생각했다. 도덕적으로 행동하고자 한다면 우리는 도덕 법칙을 존중하고 그것을 우리 스스로에게 적용해야 한다. 따라서 모든 도덕적 인간은 다 입법자이며, 어떤 의미에서 도덕의 원천이기도 하다. 이는 모든 사람이 도덕의 원천으로 존중 받아야 한다는 사실을 전제로 한다. 바로 여기서 정언 명령의 두 번째 원칙, 즉 다른 사람을 수단이 아니라 목적 그 자체로 취급해야 한다는 원칙이 나온다. 그렇기 때문에 다른 사람(예를 들어 창녀 같은 사람)을 단순히 쾌락의 수단으로만 다루는 것은 도덕 법칙을 위반하는 것이다.

이 모든 논증들은 우리가 이성을 통해 무엇이 옳고 그른지를 확립할 수 있다는 사실을 보여 준다. 도덕은 신은 물론 그 어떤 외부의 원천도 갖지 않는다. 앞에서 말한 바와 같이 도덕은 그 자신이 하나의 도덕적 입법자인 각 개인으로부터 나온다.

그런데 이렇게 칸트가 도덕의 자율성을 주장하고, 그리하여 "종교 없는 도덕"이 존립할 수 있다고 여기는 현대 서구 사상의 선구자가 되기는 했지만, 그는 실천적 견지에서는 도덕 법칙이 신을 전제로 한다고 주장하기도 했다. 덕행을 통해 행복을 얻을 수 없다는 것은 이치에 맞지 않는다. 그런데 이 세상에서는 올바르게 사는 사람이 그에 상응하는 행복을 누리는 것이 불가능하다. 더욱이 이 짧은 생을 살면서 절대적인 선과 도덕적인 완성을 달성한다는 것은 더욱 불가능하다. 우리는 다만 거기에 가까이 갈 수 있을 뿐이다. 하지만 원칙적으로 도덕 법칙은 우리에게 절대적인 것을 요구한다. 그래서 칸트는 실천적 차원에서 도덕 법칙의 요청이 우리가 죽은 이후에도 계속 삶을 살아야 하며 결국에 신이 우리가 마땅히 받았어야 할 온전한 행복을 주어야 한다는 사실을 보여 준다고 생각했다. 이렇게 보면 신과 불멸은 도덕 법칙에 의해 요청된 실천적 결과물이라고 할 수 있다. 비록 도덕이 신으로부터 비롯된 것은 아니라고 하더라도 우리는 도덕 법칙으로부터 신을 추론해 낼 수 있는 것이다.

그런데 만일 칸트가 서양 사람이 아니었다면 아마 그는 궁극적인 완전성을 지향하는 또 다른 모델로서 불멸이 아닌 윤회를 생각할 수도 있었을 것이다. 만일 그가 인도 사람이었다면 그는 도덕 법칙의 전제에 대해 전혀 다른 결론에 도달했을지도 모른다. 예를 들어 아마 그는 신이 아니라 업보 같은 것을 전제로 했을 것이다. 이와 같이 우리 자신의 문화적 시각에서 아무리 합리적으로 보이는 것이라 하더라도 다른 문화적 시각에서 보면 전혀 그렇지 않게 보일 수도 있다.

칸트의 주장은 이 외에도 또 다른 문제를 지니고 있다. 모든 도덕 법칙이 그가 제시한 판단 기준에 적용되는 것은 아니기 때문이다. 도둑질하는 것이나 거짓말하는 것이 보편적 행위가 될 때 이들이 그 자체로 모순에 빠지게 된다는 그의 주장이 옳다고 할 수는 있지만, 이런 생각이 예를 들어 근친상간 같은 것에도 그대로 적용되는 것은 아니다. 우리는 근친상간을 엄격하게 금지하지 않는 사회를 상상해 볼 수 있다. 설사 그런 사회가 우리 사회보다 열등하다 하더라도, 적어도 그 사회는 근친상간 때문에 무너지거나 하지는 않을 수도 있다. 또한 어떤 도덕 법칙을 불가피하게 위반할 수밖에 없는 예외 상황도 있을 수 있다. 굶어 죽어 가는 어린아이가 있는데 이 어린아이를 살릴 다른 뾰족한 방법이 없어서 빵을 훔쳤다면 과연 이 행위가 옳지 않은 도둑질이었다고 할 수 있을까? 칸트의 주장은 이와 같이 많은 문제점을 안고 있다. 그래서 현대에 와서는 도덕에 대해 접근하려고 했던 칸트의 논리적이라고 할 수 있는 작업을 수정하려는 시도가 이루어지기도 했다. 그러나 칸트의 이론이 지니고 있는 여러 가지 한계 때문에 오늘날의 대부분의 철학자들은 선험적인 원칙이 아니라 행위의 결과를 보고 무엇이 옳고 그른지를 판별해야 한다고 여기는 경향이 있다.

　이런 입장이 바로 공리주의의 입장이다. 공리주의에 따르면 어떤 법칙이나 제도나 행위가 옳으냐 그르냐 하는 문제는 과연 그것이 최대 다수에게 최대 행복을 주고/주거나 최대 소수에게 최소 불행을 주는지에 달려 있다. 도둑질하는 것이 나쁜 것은 이것이 개인에게 해를 끼칠 뿐만 아니라, 그것이 사람들로 하여금 사회에 해악이 되는 행위를 하도록 조장하기 때문이다. 물론 공리주의적 입장에도 문제가 없는 것은 아니다. 최대 다수의 최대 행복을 위해서 소수를 희생시키는 것이 과연 도덕적으로 정당하다고 할 수 있을까? 물론 온 세상의 행복이나 불행과 관련된 문제라면 어떤 사람을 단순한 수단으로 취급하는 행위가 정당화될 수도 있다. 하지만 예를 들어 아무리 사회 질서를 유지하고 모든 사람을 안전하고 행복하게 하기 위한 것이라고 해도 과연 어떤 범죄자를 사형에 처할 수 있을까? 이는 범죄자를 하나의 수단으로 취급하는 것이 아닐까? 만일 사형이 정당화된다면 그 다음 결과는 뻔하다. 범죄자가 아닌 사람도 언젠가는 단순한 수단으로 취급될 수도 있게 되는 것이다.

규범적 입장

무엇이 옳고 그른가 하는 문제를 다루기 시작했을 때 우리는 이미 규범적인 문제에 발을 들여놓은 것이다. 정말 무엇이 옳고 무엇이 그른 것일까? 지금까지 우리는 윤리적 사고의 유형들을 이들의 형성 배경인 종교 사상이나 종교 행위와 관련지어 살펴보았다. 하지만 나는 지금부터 무엇이 옳고 그른지에 대한 내 나름의 견해를 피력해 보고자 한다. 물론 이는 순전히 내 개인적인 견해이기 때문에—또 내게 무슨 특별한 권위가 있는 것도 아니기 때문에—아마 여러분은 나와 다르게 생각할 수도 있을 것이다. 하지만 이런 문제에 대해 다른 사람, 이를테면 나처럼 종교학을 공부하는 사람이 어떤 견해를 갖고 있는지 한번쯤 들여다보는 것도 흥미로운 일일 것이다.

우선 나는 우리가 다양한 문화들과 세계관들이 서로 영향을 주고받는 지구촌에서 살고 있다는 사실을 지적하고 싶다. 어떤 집단이 자신과 다른 가치관을 갖고 있는 집단에게 자신의 가치관을 강요한다면 이는 갈등을 일으키기 마련이다. 그래서 나는 우리에게는 종교적 관용이 절대적으로 필요하며, 특히 현대 사회에서는 종교와 가치관의 진정한 다원주의가 이루어져야 한다고 생각한다. 이러한 관용은 아마 사회적 인격주의social personalism라고 부를 수 있는 윤리를 길러 주게 될 것이다. 사회적 인격주의란 이런 것이다. 나는 다른 사람을 존중하기에 그 사람이 갖고 있는 사회적 가치도 존중한다. 또 나는 어떤 사람을 (어떤 식으로든) 사랑하기에 그 사람이 사랑하는 것을 사랑한다.

두 번째로 나는 종교의 목적이 영적인 삶을 강조하는 데 있다고 생각한다. 예를 들면 신에 대한 숭배, 세상에 대한 긍정적인 전망, 자기 수련의 실천, 만물의 무상함에 대한 인식 같은 것들이다. 도덕은 이런 영적인 통찰 및 영적인 삶과 관련되어야 한다. 종교들이 결코 하나로 통합될 수 없다는 것과 각 종교의 분위기가 때론 천차만별이라는 것은 분명한 사실이다. 그럼에도 불구하고 여전히 종교들은 달을 가리키고 있는 손가락과도 같다. 이들은 저 너머에 있는 무언가를 가리킨다. 종교의 이러한 속성은, 공리주의 전통 안에서 살고 있는 현대인들이 온갖 머리를 굴리며 이루어 보려고 하는 행복이나 복지 같은 "세속적" 개념들로는 결코 헤아릴 수 없는 것이다. 영혼의 진정한 평화는 우리가 저 너머에 있는 무언가와 관련을 맺을 때만 얻어질 수 있다(종교적인 시각에서라면 아마 나는 이런 견해를 제시할 것이다). 그러므로 이제 진정으로 필요한 것은, 인간의 복지를 존중하되 그것을 영원한 것에 대한 통찰에 비추어 이해하는 초월적 휴머니즘이다.

우리는 종교 경험의 두 양태 사이에, 즉 역동적인 누미노제 경험과 평온한 신비 경험 사이에 존재하는 긴장 속에서 무언가를 배울 수 있다. 이런 긴장은 그리스도의 신적 측면과 인간적 측면 사이에서도 나타나며, 불교의 통찰과 자비가 보여 주는 내세 지향적 측면과 현세 지향적 측면 사이에서도 나타난다. 종교인은 이 세상 안에서 살아가기를 주저해서는 안 되며, 또한 인간의 창조력과 열정이 일으키는 소용돌이를 기꺼이 감내해야 한다. 그러나 동시에 이는 언제나 평화에 대한 감각으로 균형 잡혀져야 한다. 그래서 나는 때로 힘을 사용하는 것이 불가피할 수도 있다고 생각한다. 사회는 질서를 유지하기 위해 힘을 필요로 하기도 하고, 민족과 계급은 대량 학살이나 노예 제도로부터 스스로를 보호하기 위해 힘을 필요로 하기도 한다. 그러나 언제나 진정한 목적은 폭력을 최소화하는 데 있다. 외과 수술이 고통을 최소화하기 위해 의도적으로 고통을 가하는 것과 마찬가지로, 우리는 폭력을 최소화하기 위해 의도적으로 힘을 사용할 수도 있다. 그런데 경찰이 사용하는 공권력이나 군부가 부추기는 민족주의적 증오심에서는, 아무리 그들이 자신들의 진정한 목적이 질서와 평화라고 부르짖는다 해도 이런 태도를 찾아볼 수 없는 경우가 많다. 힘과 폭력은 끔찍한 것이다. 그리고 힘과 폭력은 최소한으로만 필요한 것이기 때문에 이들은 지나치게 그리고 자주 사용되어서는 안 된다.

궁극적으로 말해 인간이 얼마나 신성한 존재인지를 알 수 있으려면 저 너머에 있는 무언가에 대한 인식이 필요하다. 어떤 의미에서 각 개인은 그 자체로 하나의 세계이며 하나의 우주이다. 세계는 우주와 인간의 의식이 상호 작용할 때 살아 있게 된다. 이렇게 살아 있는 세계 속에서 들판은 풀빛으로 빛나고, 하늘은 눈부시게 푸르러지고, 새들은 날갯짓하며 날아다니고, 비는 촉촉하게 땅을 적시고, 태양은 온기를 발산한다. 나는 비록 나의 우주 안에 있지만 언제나 다른 사람의 세계를 존중해야 한다. 어떤 점에서 모든 사람은 신과 같다. 그렇기에 우리 모두는 다른 사람의 창조성과 기쁨을 존중해야 하며, 다른 사람의 외로운 고통에 대해 연민을 느껴야 한다. 비록 종교들이 개인에게 제공하는 의미의 우산은 제각기 다른 모습이지만, 종교들은 우리로 하여금 모든 인간이 불멸의 존엄성을 지닌다는 사실을 알 수 있게 해 준다.

종교는 때로 사람들에게 힘을 사용하기도 하고 때로 관용적이지 못한 태도를 보여 주기도 했다. 또 우리 시대의 세속적 세계관들 역시 때로 힘을 휘두르고 때로 인간의 다양한 가치들에 대해 관용적이지 못한 태도를 취해 왔다. 그러나 아마도 바로 이 점 때문에 종교적 세계관들과 세속적 세계관들은 서로에 대한 비판적 성찰을 통해 무언가를 배울 수 있게 될 것이다.

제7장 의례적 차원

종교의 윤리적 측면을 살펴보면서 우리는 우리 삶 속에 자리 잡고 있는 가치관과 그 가치관의 영향을 받는 행위들을 어느 정도 이해할 수 있었다. 그러나 이에 못지 않게 종교에 핵심적이고, 살아 있는 세계관에 필수적인 또 다른 측면이 있다. 그것은 바로 의례적 측면이다. 신에 대한 믿음을 이야기할 때 우리는 자칫 이를 그저 생각의 문제로만 여기기가 쉽다. 예를 들어 신을 믿는다는 것은 "세상의 창조주가 존재하며 그/그녀는 선하다"는 진술을 진리로 생각하는 것이라는 식으로 말이다. 그러나 좀더 근본적이고 직접적인 차원에서 중요한 것은 그 신이 바로 숭배 받는 존재라는 사실이다.

숭배란 무엇인가? 만일 내가 신을 마음속으로만 숭배한다면 당신은 내가 무슨 생각을 하고 있는지 결코 알 수 없을 것이다. 그러나 대체로 인정할 수 있고 또 어느 정도 근본적으로 나타나는 사실은 숭배가 부분적으로 외적인 형태를 취한다는 점이다. 숭배자들은 엎드리기도 하고 무릎을 꿇기도 하며 일어서서 노래를 부르기도 한다. 때로 그들은 신에 대한 존경을 표현하기 위해 희생 제물을 바치거나 순례를 떠나기도 한다. 또한 의례에는 대개 초, 깃발, 예배당, 사원, 신상, 도상 등과 같이 외적이고 가시적인 수단이 이용된다. 성당을 바라보면 이른바 돌 속에 응결된 숭배 행위를 볼 수 있다. 십자가를 쳐다보면 신앙심이 나무나 쇠붙이 속에 담겨 있는 것을 알 수 있다. 또 감정을 말없이 경이롭게 표현하는 방법인 음악은 성스러운 것에게 바쳐지는 소리의 흐름이요 청각적인 숭배라고 할 수 있다. 이렇게 보면 숭배, 또는 좀더 일반적으로 말해 의례는 기본적으로 외적인 형태로 나타난다는 것을 알 수 있다. 대체로 의례는 몸짓에 근거하며, 따라서 숭배는 보이지 않는 어떤 것에 대한 신체적인 반응이다.

우리는 앞에서 언어가 수행적 기능을 한다는 점을 지적한 바 있다. "약속할게"라든지 "고마워"라든지 하는 말을 할 때 우리는 약속하거나 고마움을 표시하는 행위를 하고 있는 것이다. 그런데 이런 수행적 행위 역시 신체적인 몸짓으로 이루어져 있다. 우리는 어떤 의견에 동조를 할 때는 고개를 끄덕이며, 인사를 할 때는 얼굴에 웃음을 띠고, 누군가를 애도할 때는 운다. 일반적으로 의례에는 말과 몸짓이 함께 사용된다. 따라서 의례 행위는 수행적 행위의 특별한 유형이라고 할 수 있다. 의례 행위에는 가톨릭 미사처럼 엄격한 형식이 있는가 하면, 형식이 엄격하지 않고 유동적인 것도 있다. 예를 들어 혼자서 하는 기도는 별다른 형식이 없으며, 걸어 다니면서도 할 수 있고 무릎을 꿇거나 앉아서도 할 수 있다.

종교에서 의례가 차지하는 중요성은 사회 생활에서 수행적 행위가 차지하는 비중과 비슷하다. 내가 길을 걸어가다가 어떤 친구를 보았다면 나는 자연스럽게 손을 흔들 것이다. 손을 흔드는 행위는 따뜻한 우정을 표시하는 것이며, 다른 사람과 나의 관계를 돈독히 하는 행위다. 이것은 정보를 교환하는 행위가 아니라 의사를 소통하는 행위다. 또한 이것은 감정을 표현하고 관계를 돈독히 하는 행위이다. 마찬가지로 종교적 의례 역시 감정을 표현하고 관계를 돈독히 하며, 때로는 보이지 않는 실재를 어떤 한 영역에서 다른 영역으로 전달하기도 한다. 예를 들어 가톨릭 미사는 신자들에게 그리스도라는 존재를 전달해 준다. 미사의 영성체에서는 신자들에게 그리스도의 몸과 피, 즉 그리스도의 본체가 전달된다. 미사에서 빵과 포도주는 신자들의 몸과 피가 된다. 이렇게 볼 때 미사에서는 두 번의 변환이 일어난다고 하겠다. 먼저 물질적인 것이 변환되고, 이어서 그것을 먹음으로써 신자들이 변환된다.

현대 종교학은 의례 과정을 분석하고 이해하는 데 상당한 진전을 이루어 왔다. 이제부터 의례의 대표적 형태인 희생 제의와 통과 의례에 대해 자세히 살펴보기로 하자.

희생 제의

희생 제의Rituals of Sacrifice에는 여러 종류가 있는데, 그중에는 무리 가운데 맨 처음 태어난 것을 신에게 바치는 것이 있다. 이 희생 제의의 작동 논리는 매우 복잡하다. 우선, 맨 처음 태어난 것은 무리의 이상적인 대표자이다. 처음 것은 전체를 대표한다. 다른 장에서 살펴본 바와 같이, 우리는 대개 어떤 것 전체를 기념하기 위해 그중 첫 번째 것(예를 들어 최초로 하늘을 나는 데 성공한 사람, 달에 첫발을 내디딘 사람, 인류의 시조 등)을 기념하곤 한다.

둘째, 희생 제의는 제물을 성스럽게 하는 과정을 포함한다. 성스럽게 한다는 것은 사실 희생sacrifice이라는 말의 라틴어 어원인 sacrificium의 문자 그대로의 뜻이기도 하다. 그렇다면 희생 제물은 왜 성스럽게 되어야만 하는 걸까? 그것은 희생 제물이 저 너머에 있는 존재, 즉 성스러운 신에게 전달되는 것이기 때문이며, 또한 성스러움은 성스러운 것을 끌어당기고 성스럽지 않은 속된 것을 밀어내기 때문이다. 따라서 만일 희생 제의가 흔히 말하듯이 보이는 세계와 보이지 않는 세계를 연결하는 것이라면 제물은 당연히 신의 "관심을 끄는" 것이어야만 할 것이다. 그래서 희생 제의에 쓰이는 제물은 맨 처음 태어난 것이거나, 혹 그렇지 않더라도 반드시 온전한 것을 택하며,

또 이를 성스럽게 정화한 다음에야 바치는 것이다. 제물은 이상적이고 정결한 속성을 지닌 신에게 적합한 것이어야 한다. 그러나 또한 신은 힘을 지니고 있기도 하다. 예를 들어 고대 그리스인들은 바다의 신 포세이돈에게 희생 제물을 바쳤다(포세이돈은 원래 바다의 신이 아니라 말의 신이었다. 이런 변화는 그리스인의 역사와 밀접히 관련된다. 그리스인은 원래 러시아 남부의 평원에서 살았으며 말이 끄는 수레를 타고 다녔다. 그러나 그리스 반도로 옮겨 온 후에는 배가 중요한 교통 수단이 되었다. 그래서 포세이돈도 말의 신이 아니라 바다의 신이 되었다). 포세이돈에게 희생 제물을 바치는 것은 그가 장엄한 희생 제사를 받고 기뻐하게 만들기 위해서였다. 포세이돈은 보이지 않는 신이지만 바다가 그의 얼굴이며 대양이 그의 몸이다. 또 폭풍은 그의 얼굴 표정이며 태풍은 그의 찡그린 얼굴이다. 맑고 잔잔한 파도는 그의 미소이고 뱃머리에서 갈라지는 물결소리는 그의 웃음소리이다.

어떤 이들은 희생 제의가 "**받으려고 준다**do ut des"는 원리에 근거한 것이라고 여기기도 한다. 이렇게 보면 종교는 단지 뇌물을 주고받는 문제가 되고 만다. 그러나 사실 대부분의 희생 제의는 전혀 다른 원리에 근거한다고 보는 것이 더 정확하다. 그것은 곧 "**나도 주고 당신도 준다**do et das"는 원리이다. 좀더 자세히 말하자면, 그것은 "나는 당신에게 준다. 그러니 친절한 당신은 호의를 베풀어 내가 원하는 것을 들어주기 바란다"는 원리이다. 따라서 희생 제의는 원활하게 신과 인간을 소통시키고 양자의 관계를 돈독히 하는 기능을 한다.

내가 내 친구에게 선물을 줄 때 이것은 우정의 구체적인 표시이다. 그리고 그 친구는 나와 동등한 관계에 있다. 만일 그가 진정한 친구라면 그도 역시 나에게 보답을 할 것이다. 그러나 신과 인간의 관계는 동등하지 않기 때문에 인간은 신을 찬양하는 행위 속에서 희생 제물을 바쳐야 한다. 찬양과 경배는 신의 권능과 인간의 열등함을 동시에 인정하는 것이다. 그리스 신화에는 인간의 낮디 낮은 본성을 인정하지 않고 무모하게 신들과 대등해지려고 했던 사람에 관한 이야기가 많이 나온다. 결국 이들은 오만과 지나친 야망으로 인해 파국을 맞게 된다. 한편 신들이 너무나 사랑한 나머지 일찍 죽게 된 사람에 관한 이야기들도 있다. 행운과 재능을 타고난 사람들은 신들과 비슷한 면을 갖는다. 그래서 신들은 이들을 질투한 나머지 될 수 있는 대로 일찍 이들을 죽여버린다. 아담과 이브의 이야기에서도 신의 이런 태도를 어느 정도 엿볼 수 있다. 선악과를 먹고 나자 이들은 신과 다를 바 없는 존재가 되었고, 결국 신을 위협하는 존재가 되었던 것이다. 이런 이야기들은 모두 이상적이고 강력한 힘을 지닌 신적 존재와 열등한 존재인 인간 사이의 거리를 신화적으로 표현하고 있는 것들이다. 따라서 간단히 말해 희생 제의는 신적 존재의 우월성을 인정하고 찬양하는 행위를 포함한다. 희생 제의는 숭배의 맥락 속에서 이루어지는 행위인 것이다.

희생 제의의 논리를 좀더 따라가다 보면 제물을 왜 죽여야만 하는지, 또 제물을 왜 불태워야만 하는지 하는 물음에 부딪히게 된다. 제물을 죽이는 이유는 그것을 보이는 세계에서 보이지 않는 세계로 보내기 위해서이다. 제물의 핵심, 즉 제물의 영혼은 저 너머의 세계로 간다. 그래서 제물을 태우는 것은 그것을 변형시킨다는 특별한 의미를 갖는다. 불에 태워진 제물은 연기로 변하며, 연기가 된 제물의 영혼은 위로 올라가 신들이 사는 곳으로 사라진다.

앞에서도 살펴본 적이 있지만 여기서 잠시 "위로upward"라는 개념이 지니는 상징적 의미에 대해 생각해 보자. 신은 우월하다. 이때 "우월하다"는 것은 "위에 있다"거나 "더 높은 곳에 있다"는 것을 의미하는 말로, "열등하다"거나 "더 낮은 곳에 있다"는 말과 대조된다. 우리는 높은 품질, 높은 이상, 높이 올라가는 승진, 고위 간부, 크고 높은 인품, 최고의 결정 같은 말들을 쓴다. 여기서 높은 것은 선하고 힘 있고 완전한 것을 상징하며, 낮은 것은 볼품없고 무력하며 불쌍한 것을 상징한다. 그래서 신화적 우주의 구조에서는 하늘 저 높이에 영광스런 천국이 있고, 땅 밑에는 어둡고 음침한 연옥과 지옥이 있으며, 우리는 그 중간 지대인 땅 위에서 살고 있는 것이다.

한마디로 희생 제의는 비록 신적 존재와 열등한 인간 사이의 불평등한 관계를 전제하기는 하지만 어쨌든 양자 사이에 소통의 길을 열어 준다. 인간은 자신이 갖고 있는 것을, 즉 자신의 "일부"를 신에게 바치고, 이를 통해 자신이 신과 결속되어 있다는 믿음을 표현한다.

과거에는 종종 희생 제의가 물질적인 수단으로 신의 행위에 영향을 미치려는 의도에서 행해지기도 했다. 자연의 다양한 부분과 양상들은 신적인 힘에 의해 다스려진다고 여겨졌으며, 자연의 사물들도 살아 있다고 여겨졌다. 바다와 바람, 하늘과 강, 그리고 불 같은 것들은 모두 제각기 다양한 신들이 발현한 것이라고 여겨졌다. 영혼과 육체가 밀접히 관계되듯이, 신 역시 신을 나타내는 물질적 표현들과 밀접히 관계되어 있었다. 여기서 희생 제물은 신적인 힘들과 자연의 양상들 사이에 좋은 관계를 확립시키기 위한 선물과도 같은 것이었다. 그러나 희생 제의는 분명히 윤리적이고 정신적인 의미를 지니기도 했다. 예루살렘 성전에서 야훼에게 바치는 제물은 유일신에게 존경과 영광을 돌리는 수단이자 동시에 나쁜 행동이나 죄를 속죄하는 수단이기도 했다. 이는 인간 관계에서도 역시 마찬가지이다. 부부 싸움을 한 후에 사태를 개선하기 위해 부인에게 꽃을 사다 주는 남편의 행동은 희생 제의에서 제물을 바치는 사람의 행동과 유사하다. 왜냐하면 이 경우에 부인이 꽃을 받는다면 그 꽃은 부부 사이의 관계를 다시 결속시켜 주고 불화를 없애 주기도 하기 때문이다.

오늘날 세계 대부분의 지역에서 산이나 강 또는 태양이나 불과 관련된 신들은 거의 사라졌다. 또 유대교만 보더라도 비록 현대 유대교 학자들이 이스라엘의 하느님에게 희생 제물을 바치는 의미가 무엇인지에 대해 여전히 숙고하고 있기는 하지만, 실제로는 이미 오래전부터 희생 제의를 올리지 않고 있다. 희생 제의는 이제 더 이상 과거에 지녔던 힘을 갖지 못하게 되었다. 그러나 그럼에도 불구하고 희생 제의의 근본 원리는 아직도 생생하게 작동하고 있다. 왜냐하면 희생 제의는 신과 인간 간의 본질적인 상호 작용에 대해 보여 주고 있기 때문이다. 동물을 죽여 그 피를 바치는 희생 제의는 사라졌지만, 신적 존재와 소통하기 위해 동물이 아닌 다른 제물을 바치는 희생 제의는 지금도 여전히 존재한다.

현대 종교학의 역사 속에는 한때 주술magic과 종교의 관계에 대한 일대 논쟁이 벌어진 적이 있었다. 이 논쟁은 주로 원시 종교에 관심을 가진 인류학자들 사이에서 이루어졌다. 희생 제의도 어떻게 보면 주술과 같은 것이 아닐까? 그러나 주술적 의례는, 예를 들어 원수에게 해를 입히기 위해 인형을 만들어 바늘로 찌른다든지, 곡식이 잘 자라게 하기 위해 주문을 외운다든지 하는 경우에서 볼 수 있듯이, 신적 존재와 무관하게 무언가에 영향을 미치기 위해 행해지는 수행적 행위이다. 그런데 이런 주술적인 의례 기법은 종교에서도 종종 나타난다. 이런 것들은 대부분 "가능한 것은 모두 해본다"는 생각에서 비롯되는 것이다. 우리는 어쩔 수 없는 상황에 봉착하게 되면 밑져야 본전이라는 심정에서 온갖 말과 몸짓을 동원한 수단을 강구하기도 한다. 그 수단이 아무 효력이 없더라도 상황이 더 나빠질 위험은 없다. 게다가 예를 들어 주술적 치료에서 흔히 볼 수 있듯이 주술이 실제로 효험이 있는지 없는지 판단하기 힘든 경우도 많다. 사실 주문은 정말로 병을 치료할 수도 있다. 의사가 환자의 침대 곁에 서서 해주는 말은 어떤 점에서 무당의 주문과 비슷한 것일 수도 있다. 그러나 어쨌든 농업 같은 분야에서 과학 기술이 발달하면서, 이로 인해 주술적인 의례 기법이 변화하고 이전에 가졌던 위상을 상실하게 되었다는 것만은 분명하다. 이렇게 보면 현대의 과학 기술도 일종의 주술이라고 할 수 있을 것이다.

희생 제의가 집단적인 의례인 것과 달리 기도는 개인적이고 사적인 의례이다. 그러나 기도 역시 희생 제의와 마찬가지로 신적 존재와 소통하기 위한 수단이다. 기도의 논리가 무엇인지 알려 주는 좋은 사례를 이슬람교에서 찾아볼 수 있다. 양탄자를 깔고 그 위에서 메카를 향해 절을 하는 이슬람 신자는 꽤 많은 것을 시사해 준다. 이슬람 세계에서 제작된 양탄자에는 온갖 꽃과 새가 그려져 있다. 그것은 양탄자를 일종의 동산으로 간주하기 위한 것이다. 낙원도 역시 동산이다(아담과 이브의 낙원인 에덴 역시 동산이었다). 이슬람 세계 대부분에서는 정원이나 안뜰에 이른바 지상 낙원을 만든다. 그래서 한 이슬람 시인은 이렇게 노래하기도 한다. "신에게 좀더 가까이 가려거든/이 세상 그 어디보다도 앞뜰의 동산으로 가 보시오!" 이와 같이 이슬람 신자들은 조그만 오아시스를 만들어 이를 낙원의 상징으로 삼고 거기에서 기도를 올린다. 그들이 길에서나 들판에서나 사무실 바닥에서나 그 어디서든 기도를 하기 위해 양탄자를 까는 것은 속된 공간을 성스러운 공간으로 만들기 위한 것이다. 경건한 이슬람 신자는 스스로에게 일종의 성스러움을 부여한다. 그는 자신을 정화한다(모스크에서의 준비 과정은 좀더 정교하다. 이슬람 신자는 자신을 알라와 소통할 수 있는 적합한 상태로 만들기 위해 몸을 씻는다). 그는 알라에게 거부당하는 일이 없도록 자신을 단장한다. 그가 온몸을 숙여 땅에 이마를 맞대고 절을 하는 것은 신 앞에서 자신의 하찮음과 열등함을 육체적으로 표현하고, 그리하여 알라의 광대하고 무한한 우월성을 나타내기 위한 것이다. 메카를 향해 절을 하는 것은 알라가 이 세상과 접촉하는 매개가 되었던 성스러운 검은 돌이 바로 그곳에 있기 때문이다. 경건한 이슬람 신자에게 메카는 우주의 중심이요, 힘과 거룩함으로 가득 차 있는 곳이다. 메카는 알라가 예언자 무함마드에게 스스로를 계시했던 곳이며 하늘과 땅의 만남이 가장 역동적으로 나타났던 곳이다.

한편 이슬람 신자들은 계시의 장소인 메카를 향해 절을 함으로써, 곳곳에서 같은 시각에 같은 곳을 향해 똑같이 절을 하는 모든 사람들, 즉 세계의 모든 이슬람 형제들과 결속을 다진다. 이슬람 신자의 기도는 무함마드의 메시지를 통해서뿐만 아니라 이슬람 공동체를 통해서도 하늘로 가는 길을 연다.

희생 제의와 기도에 관해 지금까지 설명한 내용은 기본적으로 1898년에 희생 제의에 관한 유명한 논문을 썼던 프랑스의 위베르Henri Hubert(1872~1927)와 모스Marcel Mauss(1870~1950)의 생각에서 빌려 온 것이다. 그리고 일부는 엘리아데에게서 빌려 온 것이다. 나는 또한 『숭배의 개념The Concept of Worship』(1973)이라는 책에서 희생 제의에 대한 내 나름의 생각을 개진한 바 있다.

희생 제의는 격식에 맞추어 지내야 할 필요가 있기 때문에(그래야 신이 희생 제물을 좋아할 것이기 때문에) 대부분의 문화권에서 종교 전문가인 사제 계급이 생겨나게 되었다. 희생 제물을 바치려는 사람은 제사를 제대로 거행하기 위해 사제를 고용하기도 한다(힌두교 전통에서는 사제 계급인 브라흐만들에게 최고의 사회적, 종교적 지위를 부여한다). 그러나 의례가 비교적 단순하고 엄격한 형식이 없는 경우에는 일반인도 얼마든지 이를 능히 행할 수 있다. 모든 의례 형식을 극단적으로 거부하는 사례는 바로 퀘이커교에서 찾아볼 수 있다. 퀘이커교의 예배는 자발적인 특성을 갖는다. 참가자들은 성령이 그들 중 한 사람에게 임해서 그 사람이 기도를 하고 설교를 하도록 이끌 때까지 조용히 기다린다.

한편 문자 그대로 동물이나 어떤 물질적인 제물을 바치지는 않지만 가톨릭도 역시 미사를 희생 제의의 일종으로 간주해 왔다. 그리스도의 죽음과 부활을 기념하는 미사는, 신과 인류가 새로운 관계를 맺게 한 그리스도의 자기희생을 부각시킨다. 십자가 위에서 죽은 그리스도의 죽음은 일종의 희생 제의이다(그는 일종의 인간 제물이라고도 할 수 있다). 그리고 미사는 바로 그 희생 제의를 재현한다. 가톨릭 신자에게 미사는 그리스도가 스스로 제물이 되어 지냈던 희생 제의를 바로 지금 이 자리에서 재현하는 행위이다.

이는 의례의 또 다른 중요한 측면을 제시해 준다. 의례는 신화가 서술하는 사건을 재창조하며 그 사건을 바로 지금 여기의 현실로 만든다. 이는 앞에서 살펴보았던 시간 여행과도 비슷하다. 아주 먼 과거의 사건이 현재의 나에게 현실이 된다. 고대 드라마는 재연을 통해 바로 지금 여기서 내게 일어나는 현실적인 사건이 되는 것이다. 따라서 기독교에서 예수의 죽음과 부활은 팔레스타인이라는 곳에서 아주 먼 과거에 일어났던 역사적 사건일 뿐 아니라, 의례와 내적 경험을 통해 바로 지금 여기서, 20세기 후반의 뉴욕이나 영국 맨체스터에서 기독교인들에게 실제로 일어나는 사건이기도 하다.

이미 지적했듯이 의례의 외적이고 형식적인 측면에 부여되는 중요성은 종교마다 다르다. 그리고 이에 대해서는 의견이 분분하다. 예를 들어 내가 친한 친구에게 선물을 주었다고 치자. 이 선물은 나의 우정의 표시이다. 그러나 분명 이때 중요한 것은 나의 생각, 그리고 선물의 배후에 있는 나의 감정이다. 가장 중요한 것은 내가 친구에게 느끼는 내적 감정이며, 선물은 단지 그 감정을 표현해 주는 것일 뿐이다. 예를 들어 내가 친구에게 내가 가장 소중히 여기는 것—예를 들어 내가 가장 아끼는 책—을 선물로 주었다면 나는 그에게 "나 자신의 일부"를 준 것이나 다름없다. 왜냐하면 우리는 언제나 소유물이나 사람에 대해 독특한 감정을 지니기 때문이다. 프랑스의 인류학자 레비-브륄Lucien Lévy-Bruhl(1857~1939)의 표현을 빌자면, 이때 우리는 "신비적 참여mystical participation"의 관념에 따라 사고하고 있는 것이다. 내가 소유하고 있는 것은 나와 별개의 것이 아니라 좀더 포괄적인 나의 일부분이다. 조그만 실험을 하나 해보자. 값이 싼 평범한 볼펜을 책상 위에 놓아두고 누군가가 그것을 집어 갈 때 당신이 어떤 반응을 나타내는지 관찰해 보라. 이때 당신은 "저건 내 볼펜인데 누가 감히 그걸 집어 간단 말야?" 하고 생각하게 될 것이다. 내 볼펜을 집어 가는 것은 나의 공간을 침범하는 행위이며, 이는 내 머리카락을 뽑아 가는 것이나 다름없다. 이와 같이 비록 값싼 물건이기는 해도 그 볼펜은 당신 안에, 그리고 당신은 그 볼펜 안에 "신비적으로 참여한다." 물론 내가 정말로 소중히 여기는 것이라면 이런 유대 관계는 더 강해질 것이다. 마찬가지로 내가 신에게 바치는 희생 제물도 "나의 일부분"이다. 이것은 사물에만 해당되는 것이 아니라 집단에도 해당된다. "나는 스코틀랜드인이다"라는 말은 내가 스코틀랜드라는 나라에 신비적으로 참여하고 있다는 것을 의미한다. 만약 어떤 사람이 스코틀랜드나 스코틀랜드 사람에 대해 나쁜 말을 한다면 나는 당연히 화를 낼 것이다. 왜냐하면 그 사람의 말은 나의 일부분에 대한, 나아가 나 자신에 대한 것을 건드리고 있기 때문이다. 마찬가지로 그리스도는 인간이기 때문에 그는 인류 안에, 그리고 인류는 그리스도 안에 참여한다(초기 기독교의 저술들에는 이런 생각이 많이 나타난다). 그러므로 그리스도는 인류를 대표할 수 있었고, 아담과 그 이후의 세대가 지은 죄를 속죄하기 위해 자신을 희생 제물로 바쳤던 것이다.

이와 같이 의례는 구체적인 사건—양을 제물로 바치거나 친구에게 책을 선물하거나 하는 행위—을 통해 감정을 전달하거나 의사 소통을 하는 중요한 하나의 방법이다. 이것은 또한 상징이기도 하다. 그런데 이때에는 (우리들 대부분이 그렇게 생각하듯이) 반드시 진실된 감정이 수반되어야만 한다. 만일 내가 참회 기도를 하면서도 나쁜 행실을 고치기 위해 아무 노력도 하지 않는다면 그 참회는 아무런 가치도 없다. 또 겉으로만 뉘우친 듯한 행동을 한다면 그 참회는 진실된 것이라고 할 수 없다. 이와 같이 볼 때 외적인 측면과 내적인 측면은 언제나 일정한 긴장 관계에 있다. 외적인 몸짓이 물론 있어야 하지만 그것만으로는 충분하지 않으며, 그것은 항상 진지하게 행해져야만 한다.

역사적으로 볼 때 개신교와 불교는 외적인 형식보다는 내적인 감정을 더 중요하게 여겨 왔다. 종교 개혁 당시의 개신교에서는 구원이 오직 하느님의 은총에 의해서만 얻어질 수 있다고 여겼다. 예배에 참석하거나 순례를 하는 것만으로는 영적인 유익을 얻을 수 없으며, 이를 추구하는 것은 사실상 복음의 정신과 누미노제적 감정에 어긋난다고 여겨졌다. 예를 들어 세례를 받는 행위 자체보다는 "거듭남"의 경험을 더 중시하는 데서 알 수 있듯이, 개신교는 의례의 외적 측면보다는 의례에 수반되는 내적 경험을 더 강조해 왔다. 한편 불교가 희생 제의를 거부하는 것은, 부분적으로 신비적 참여라는 관점에서 사고하기를 거부하기 때문이다. 불교는 신비적 참여라는 관념이 세계에 대한 집착과 관련된다고 여긴다. 만일 내가 "신비적 참여"라는 관념에서 벗어난다면 나는 더 이상 나의 책이나 볼펜 따위에 연연해하지 않게 될 것이다. 오직 의식을 정화하고, 모든 욕망을 없애야만 열반에 이를 수 있다. 외적인 행위로는 결코 열반에 이를 수 없다.

그렇다고 해서 불교에 의례가 전혀 없다는 말은 아니다. 후대로 내려오면 불교에도 외적인 행위를 강조하는 경향이 생겨나기도 했다. 석가모니가 죽었을 때(기원전 483년경) 이미 그의 사리에 대한 숭배가 시작되었다. 석가모니의 사리는 그가 죽자마자 전국으로 흩어져서 사리탑stupa과 사리함에 보관되었는데, 바로 이 사리탑과 사리함이 오늘날의 사찰의 기원이다. 경건한 불교인들은 석가모니나 고승의 사리에 경의를 표시한다. 그러나 대체로 불교인들이 의례에 대해 취하는 태도는 실용적이다. 다시 말해 불교인들은 의례를 수단으로 생각한다. 의례는 사람들이 정신을 가다듬게 해주기는 하지만 그 자체가 목적은 아니다. 예를 들어 스리랑카에는 (적어도 이론상으로는) 석가모니를 마치 신처럼 여겨 그에게 기도를 하거나 제물을 바쳐 그와 소통하려는 따위의 행위가 전혀 없다. 석가모니가 열반에 이르렀을 때 이미 그의 개체성 자체가 사라졌기 때문이다. 다시 말해 불교인들은 석가모니를 영속적인 존재로 여기지 않는다. 그가 존재한다거나 또는 존재하지 않는다거나 하는 말은 모두 틀린 말이다. 이와 같이 불교에서 의례는 숭배가 아니라 다만 불교인들이 열반에 이르도록 도와주는 수단에 불과하다.

희생 제의의 논리는 국가나 민족과 관련된 현대의 세속 의례에서도 찾아볼 수 있다. 예를 들어 미국의 전몰 장병 추도의 날이나 영국의 휴전 기념일 등에서 볼 수 있는 것처럼, 현대 서구의 국가들은 전쟁에서 죽은 이들을 추모하기 위해 특별한 날을 정해 놓고 있다. 전몰 장병을 추모하기 위해 국립묘지의 추모비에 화환을 바치는 것은 우리를 위해 죽어 간 이들에게 경의를 표시하는 수단이다. 이런 행위를 통해 우리는 죽어 간 이들과 결속을 다진다. 그리고 역으로 그들은 우리의 존경을 통해 성스러운 지위를 획득하게 된다. 우리는 전쟁에서 그들이 보여 주었던 희생의 의미를 인정한다. 나라를 위해 죽는 행위는 나라의 정신을 드높인다. 전쟁은 사람들로 하여금 집단을 위해 죽게 만들기 때문에 그 자체로 집단 정신을 고양시키는 기능을 한다. 영웅적인 행위에 대해서도 비슷한 생각을 적용할 수 있다. 달에 첫발을 내디딘 사람들은 그들이 그럴 수 있게 해준 국가의 위신을 드높였다. 세속 종교나 현대의 종교 사회학자 로버트 벨라Robert Bellah(1927~)가 명명한 "시민 종교civil religion"의 대부분은 사회의 집단 정신을 고양시키는 수행적 기능을 지닌다.

이상의 설명을 요약해 보자. 희생 제의를 비롯한 다양한 의례들은 저 너머에 있는 존재와 소통하기 위한 것이고, 세속 의례는 민족이나 국가 또는 집단과 소통하기 위한 것이다. 그리고 이들은 모두 수행적인 행위이다. 경외감 같은 의례 감정이 표현될 때는 무언가가 전달된다. 예를 들어 미사에서는 신적 존재에 대한 외경심이, 그리고 군사 행진에서는 국가에 대한 충성심이 전달된다. 의례에는 엄격한 형식을 갖춘 것도 있고 일체의 형식을 거부하는 것도 있다. 그리고 종교에 따라서는 외적인 행위나 몸짓보다는 내적인 경험을 강조하기도 한다.

통과 의례

의례의 또 다른 중요한 유형으로는 통과 의례Rites of Passage가 있다. "통과 의례"라는 말은 벨기에의 종교 인류학자 반 게넵Arnold van Gennep(1873 ~1957)이 그의 저서에서 처음 사용한 것이다. 통과 의례는 삶의 주요 전환기에 행해진다. 예를 들어 성년식은 어린아이가 어른이 될 때 행해지며, 세례식은 기독교 공동체 밖에 있던 사람이 공동체 안으로 들어갈 때 행해진다. 그리고 결혼식은 남녀가 새로운 관계를 맺고자 할 때 행해진다. 이와 같이 통과 의례는 어떤 사람이 한 범주에서 다른 범주로 옮겨 가는 것을 표시하는 기능을 한다.

잠시 어린아이와 어른의 차이에 대해 생각해 보자. 당신이 어리다는 것은 무엇보다도 다른 사람들이 당신을 어린아이처럼 **취급한다**는 것을 의미한다. 예를 들어 사람들은 당신에게 말을 낮출 수도 있다. 이와 달리 당신이 어른이라는 것은 사람들이 당신을 항상 어른처럼 대해 준다는 것을 의미한다. 어른은 직업을 가질 수 있고 결혼도 할 수 있다. 이와 같이 "어린아이"와 "어른"이라는 범주는 각각 어린아이와 성인의 수행적 행위와 관련된 의미를 지닌다. 따라서 이것은 모두 "수행적 범주performative category"라고 할 수 있다. 다시 말해 주어진 맥락에 맞도록 행위를 규정짓는 범주인 것이다.

사실 우리가 사용하는 사회적 범주들은 대개 수행적이다. 그렇기 때문에 어떤 사람이 하나의 범주에서 다른 범주로 옮겨 갈 때는 일정한 방식으로 이를 표시해 주는 것이 중요해지게 되는 것이다. 대부분의 사회에서 이는 의례를 통해 분명하게 그리고 결정적으로 행해진다. 예를 들어 대부분의 소규모 사회에서 사춘기에 도달한 소년들은 여러 가지 고된 시련을 겪게 된다. 그 목적은 어린아이라는 과거의 정체성을 지우고, 어른으로서 새로운 책임을 완수할 수 있게끔 준비시키는 데 있다. 일반적으로 이런 통과 의례는 이전 상태로부터 격리되는 분리 단계, 과도기적인 리미널liminal 상태에 있는 전이 단계(liminal이라는 말의 어원은 문지방을 뜻하는 라틴어 limen이다. 문지방을 건너는 행위에 대해 생각해 보면 liminality라는 말이 무엇을 뜻하는지 알 수 있을 것이다), 그리고 새로운 정체성을 얻게 되는 통합 단계의 세 단계로 이루어진다.

결혼과 관련된 의례들을 통해 이러한 단계들에 대해 좀더 생각해 보자. 결혼식 전날 밤에 신랑은 친구들을 불러 총각 파티를 연다. 남자들끼리 모여 밤을 새는 이 파티는 결혼 이전의 총각 상태에 종지부를 찍는다는 의미를 갖는다. 결혼 식장으로 들어오는 신부가 아버지의 손에서 신랑의 손으로 "인도되는" 것은 그녀가 딸의 신분에서 다른 신분으로 바뀐다는 것을 나타낸다. 결혼식에서는 "서약합니다"라는 수행적 발화를 통해 결혼이 성립된다. 결혼식 이후의 피로연은 일종의 중간 단계이다. 이것은 세속적인 행사지만 이때 신부는 여전히 웨딩 드레스를 입는다. 이 모든 것이 끝나면 신랑과 신부는 신혼 여행을 떠난다. 이것은 일종의 성스러운 간주곡이고 진정한 전이 단계이다. 이때 이들은 이전에 살던 집도 아니고 그렇다고 새로 살 거처도 아닌 비일상적인 곳에서 아무도 모르게 지낸다. 이 전이 단계는 남편이 된 신랑이 아내를 데리고 문지방을 넘어 집으로 들어와 가정을 꾸미고 나면 끝이 난다. 이렇게 해서 한 쌍의 남녀가 남편과 부인이 되고 나면 사람들은 이제 이들을 이전과는 다르게 대해 준다. 이들은 이제 새로운 한 쌍의 부부가 되는 것이다. 현대 사회에서는 결혼식 전에 동거를 시작하거나 결혼식을 하지 않고 동거하는 사람들이 늘어나면서 이런 범주가 다소 모호해졌다. 그리고 이렇게 범주가 모호해지면서 수행상의 어색함performative awkwardness이라 할 수 있는 현상이 생겨났다.

"이도 저도 아닌betwixt-and-between" 리미널 상태와 관련해서 과거에는 생각도 할 수 없었던 새로운 범주가 생겨나는 것을 관찰하는 것도 매우 흥미로운 일이다. 예를 들어 전통 사회에서는 동성애자들에 대해 적대적인 태도를 취해 왔다. 왜냐하면 사람들은 일반적으로 남자와 여자라는 확연하게 구분된 범주를 유지하고 싶어하기 때문이다. 남성적 속성과 여성적 속성을 함께 지니고 있는 사람은 이러한 범주 체계에 위협적인 존재가 된다. 그래서 사람들은 배제와 모욕의 수행적 행위를 통해서 동성애자들을 거부하거나 그들에게 모욕을 가하기도 한다. 그러나 이와 같은 의례적 거부는 경우에 따라 역반응을 일으키기도 한다. 그래서 최근에는 본질적으로 의례적 전략이라 할 수 있는 "게이 해방 전선"이 생겨나기도 했다. 이 운동은 "퀴어queer"라는 용어 대신에 좀더 긍정적인 수행적 용어인 "게이gay"라는 용어를 사용하기 시작했고, 또 시위를 통해 게이들 간의 연대를 표출하면서 기존 관습에 도전장을 던졌다. 그리하여 이러한 운동의 결과 이성애적인 남성과 여성의 중간에 위치하는 "게이"라는 새로운 제3의 중간 범주가 생겨나게 되었다.

한편 교육 기간이 점점 길어지면서 어린아이와 어른 사이의 구분이 다소 모호해지는 경향도 생겨났다. 그 결과 어린아이와 어른의 중간에 있는 "십대teenager"라는 제3의 새로운 범주가 생겨났다. 그러나 십대라는 범주는 아직 어정쩡하다. 십대의 사회적 역할이 종종 그리 뚜렷하지 못하기 때문이다. 십대는 어린아이인가 어른인가? 십대를 어떻게 대해야 할까? 이와 달리 대부분의 전통 사회에서는 십대라는 범주가 전혀 존재하지 않는다. 예를 들어 인도에서는 조혼이 일반적인데, 사춘기 이전에 결혼을 하는 경우가 많기 때문에 사회적 역할이 모호한 십대라는 중간 범주는 불필요하게 된다.

종교적 통과 의례에서 나타나는 상징의 의미는 좀더 복잡하다. 예를 들어 기독교 전통에서 행하는 세례식은, 본질적으로, 인류를 파멸로 이끈 옛 아담과의 관계를 청산하고 인류를 구원할 새 아담인 그리스도와 관계 맺게 되는 것을 보여 준다. 세례식에서 입문자는 혼돈과 죽음을 상징하는 물 속으로 들어간다―물은 정화의 의미를 갖기도 한다. 그리하여 세례를 받는 입문자는 십자가에서 죽은 그리스도와 더불어 죽은 후에, 문지방을 넘고, 부활한 그리스도와 더불어 부활하게 된다. 이로써 그는 본질상 주님과 연결된 공동체의 새로운 일원으로 태어난다. 기독교에서 그리스도는 포도나무로, 신자들은 포도나무의 가지로 여겨진다. 그러므로 신자들의 모임인 교회는 어떤 의미에서 그리스도의 일부이다. 이러한 "신비적 참여"의 관념에 따르면 내 볼펜이 나의 일부이면서 나의 일부가 아니기도 한 것과 마찬가지로, 교회 역시 그리스도이면서 그리스도가 아니기도 하다. 어쨌든 세례를 받은 사람에게 과거의 자아는 죽었으며, 이제 그는 공동체 안에서 새로운 삶을 살게 된다. 그리고 그에게는 또한 공동체의 의례에 참여할 수 있는 자격이 부여된다.

이도 저도 아닌 중간 단계인 리미널 상태는 대개 힘으로 가득 차 있다고 여겨진다. 이는 거룩한 힘일 수도 있고, 불쾌하며 위험한 힘일 수도 있다. 이는 두 범주 사이에 있는 사람들에게도 똑같이 적용된다. 예를 들어 어떤 사람은 신이면서 인간인 예수의 언행에서 거룩함을 느끼지만, 어떤 사람은 여기에서 위험을 느끼기도 한다.

이미 살펴본 대로 불교에서 의례는 일정한 정신 상태에 도달하기 위한 수단이다. 그런데 여기서는 의례의 내적 의미보다는 그 결과가 더 중요하다. 예를 들어 불상 앞에 꽃을 바치고 나면 평정을 느끼게 되고 이를 통해 선업을 쌓게 된다. 이 경우에 나의 행위는 그것이 나에게 어떤 결과를 가져다 주기 때문에 중요한 것이다. 여기서 우리는 누미노제 경험에 관련된 종교적 실천과 좀더 신비적이고 내적인 경험에 관련된 종교적 실천 사이의 차이를 발견하게 된다. 누미노제 경험을 강조하는 종교에서 숭배는 그 자체로 (압도적인 전적 타자에 대한) 자연스럽고 적절한 반응이다. 그것은, 마치 우리가 해가 지는 광경을 보고 저절로 감탄사를 발하는 것같이, 성스럽고 강력한 존재에 대한 적절한 반응이다. 하지만 내가 감탄사를 발하기 때문에 해가 지는 것은 아니다. 감탄사는 다만 일몰의 장관 때문에 생겨난 것일 뿐이다. 그러나 불교의 경우는 사정이 다르다. 불교에서 교리와 의례가 적절한 의미를 갖는 것은 이들이 순수하고 명징한 의식을 불러일으킴으로써 평정과 깨달음에 이르는 데 도움을 주기 때문이다. 호흡법과 같은 정신 수련과 신체 수련은 비어 있음을 경험하게 해준다. 따라서 불교의 교리와 의례는 이러한 수련에 적합한 지침이자 방법이다.

이슬람교와 기독교의 신비주의에서는 사정이 좀더 복잡하다. 여기서는 신에 대한 철저한 경건심과 신앙심에서 우러나오는 기도와 금욕 행위가 서서히 명상 수행 쪽으로 바뀌어 가기 때문이다. 이렇게 되면 숭배와 신비주의가 뒤섞이게 되고 누미노제적 반응이 신비주의적 방법과 혼합된다.

한편 극적인 성격은 좀 약하지만 엄숙한 예배 같은 의례 역시 위대한 신에 대한 경외감을 표현할 뿐만 아니라 이런 감정을 불러일으키기도 한다. 찬송가는 보이지 않는 존재에 대한 사람들의 감정을 고양시킨다. 성상을 비롯한 종교 예술품들은 저 너머에 있는 존재를 가리킨다. 따라서 이런 예술품들은 종교적 실천에서 직접 사용되기도 한다. 사실 이는 인류 역사 초기부터 있어 왔던 사실이다. 피레네 산맥의 양쪽 기슭과 유럽 일부 지역에는 거대한 동물과 기이한 인간의 형상이 그려진 동굴 벽화들이 있다. 이 신비스러운 동굴 벽화는 도대체 무엇을 의미하는 것일까? 그 의미를 확실히 알 수는 없다. 그러나 여러 가지 증거들은 이런 벽화를 그리는 행위 자체가 성스러운 행위였을 것임을 암시해 준다. 이러한 종교 예술은 인간을 둘러싸고 있는 신비스런 힘들에 대한 반응을 표현하는 수단이기도 하다.

현대에 와서 종교들은 거듭남이나 순수 의식 같은 내적 경험을 점점 더 많이 강조하게 되었다. 1960년대와 1970년대에 서구에서 동양의 선불교와 다양한 신비주의가 유행한 것은 서구인들이 점점 제도화된 종교의 형식적인 의례와 결별하고, 개인적인 체험을 통해 좀더 생생하게 신앙의 의미를 발견하려는 욕구를 갖고 있었기 때문이다. 이는 다시 말해 서구인들이 진정성에 대한 욕구를 더 많이 느끼고 있었다는 사실을 반영한다. 이렇게 종교의 개인적인 측면이 강조되면서 의례의 궁극적인 의미가 경험적 차원에 있다는 생각이 갈수록 힘을 얻고 있다. 그래서 의례의 타당성은 의례가 일으키는 감정과 의례를 통해 얻을 수 있는 통찰력에 달려 있다는 생각이 점차 증가하고 있다.

의례가 지니는 "신성함"은 세속적 맥락에도 적용될 수 있다. 앞에서 살펴본 바와 같이 의례는 범주들을 만들어 내고 유지하는 기능을 하기 때문이다. 세상에서 우리가 가장 중요하게 여기는 범주가 있다면 그것은 "인간"이라는 범주일 것이다. 도대체 인간이란 무엇인가? 인간은 분명 일종의 생명체이다. 하지만 인간은 존엄하게 대우 받고 감정을 존중 받아야 할 생명체이다. 이미 살펴본 대로 인간을 인간답게 대해 주는 수행적 행위들이 있다.

인간은 불손하고 모욕적인 행위로 고통을 받아서는 안 되며, 언제나 타인으로부터 존중 받아야 한다. 궁극적으로 우리 인간들은 모두 이런 대접을 받고 싶어한다. 사실 현대적 삶의 대부분은 인간이 이런 대접을 받지 못하게 하고 있다. 거대한 경제 권력이 비인간적인 힘으로 우리를 짓누르고 있으며, 수많은 정부들이 고문과 구금, 그리고 온갖 종류의 무자비한 만행을 저지르고 있다. 또 일부 정치 철학은 추상적인 혁명 이론에 따라 필요할 경우 인간을 물건처럼 취급하기도 한다. 인간에 대한 이러한 폭력적 행위들은 바로 의례적인 폭력이며, 인간에게 합당한 의례적 대우를 해주지 않는 것이다. 이런 짓들은 무례하고 험악하며 인간의 존엄성을 짓밟는 비인간적인 행위들이다. 이와 같이 볼 때 우리는 "인간"이라는 개념이 그 자체로 수행적인 개념이라는 사실을 알 수 있다. 우리는 예의를 지키고 애정 어린 몸짓으로 서로를 대할 때에만 비로소 우리 자신의 인간다운 본질을 얻게 된다.

이렇게 보면 삶의 의례적 차원과 윤리적 차원은 서로 밀접히 관련되어 있다는 것을 알 수 있다. 다른 사람을 단순한 수단으로 취급해서는 안 되고 그들을 목적 자체로 여겨야 한다는 칸트의 주장은 우리에게 다음과 같은 사실을 촉구하고 있다. 즉, 우리는 인격적 행위를 통해 타인에게 그들도 존엄성과 인격적으로 배려 받을 가치를 가진다는 사실을 보여 주어야 한다는 것이다. 기독교와 유대교의 용어를 빌자면, 모든 사람이 신의 형상대로 만들어졌기 때문에 우리가 창조주를 숭배하는 것처럼 각자가 지니고 있는 신의 이미지를 공경해야 한다고 말할 수 있을 것이다. 여기서 공경이라는 말은 무엇을 의미할까? 이 말에는 자신이 공경하는 대상의 신성성을 몸짓으로 보여 준다는 의미가 내포되어 있다. 따라서 공경 역시 종교의 의례적 차원에 속한다.

이미 지적한 대로 의례적 차원과 윤리적 차원은 사회적 맥락 없이는 존재할 수 없다. 이제 종교와 인간 실존의 사회적 차원에 대해 살펴보도록 하자.

제8장 사회적 차원

소규모 사회에는 일반적으로 하나의 단일한 포괄적 세계관이 존재한다(소규모 사회란 인류학자들이 주로 연구하는 인종 집단ethnic group을 말한다). 개인이 나름대로의 신념을 가질 수도 있고 또 간혹 회의적인 충동을 가질 수도 있지만, 대체로 소규모 사회는 단일한 종교적 신념 체계를 갖고 있다. 반면 규모가 좀더 큰 사회 대부분은 몇 가지 점에서 이와 다른 모습을 보인다. 첫째, 우리가 살펴본 대로 민족 국가들은 점차 내적으로 다원화되고 있다―다시 말해 이들 국가 내에는 종종 먼 곳에서 이주해 온 다양한 소수 인종들이 포함되어 있다. 따라서 이런 사회 안에는 다양한 세계관들이 모여 있다.

둘째, 교회―또는 모스크나 사원―와 국가의 분리가 점점 더 확연해지고 있다(대부분의 서구 국가와 아시아의 일부 국가가 이를 시행하고 있다). 이는 사람들이 내적으로나 외적으로 얼마든지 다양한 신앙을 가질 수 있으며, 나아가 모든 공식적인 신념 체계를 거부할 수도 있다는 사실을 의미한다.

셋째, 대부분의 현대 산업 사회는 세속화되어 왔다. 이들 사회에 사는 대부분의 사람들은 공식적인 종교나 이데올로기와 단절되었거나 적어도 이로부터 멀어지고 있다. 따라서 대부분의 사회에서 특정한 종교나 신념 체계를

"신봉하는" 사람과 그렇지 않은 사람을 구분하는 것이 가능해졌다. 따라서 오늘날의 서구 종교들이 믿음과 헌신을 점점 더 강조하고 있는 것도 그리 이상할 것은 없다. 왜냐하면 한 개인이 정말로 종교적으로 되려면 믿음과 헌신을 가져야 하기 때문이다. 이와 달리 과거의 소규모 사회를 포함한 대부분의 전통 사회에서는 (물론 이런 사회들에도 변화가 있기는 하지만) 모든 개인이 어려서부터 종교적 가치들을 포함한 일련의 가치들을 일찌감치 습득하며 자랐다. 예를 들어 전통적으로 이탈리아인들은 태어난 순간부터 "당연히" 가톨릭 신자가 되었다. 마찬가지로 루마니아인들은 루마니아 정교회 신자가 되었으며, 이라크인들은 이슬람 신자가 되었다. 하지만 현대 사회에서는 상황이 많이 달라졌다.

현대 사회 이론들

인류학자들은 사회의 다양한 부분들이 어떻게 서로 맞물리면서 전체적으로 상호 작용을 하는지에 대해 훌륭한 설명을 제시해 왔다. 그리고 여기서 종교는 종종 핵심적인 사회적 기능을 하는 것으로 설명되었다. 이른바 **기능주의**functionalism 이론은, 사회와 사회를 구성하는 다양한 요소들(여기에는 물론 종교도 포함된다)을 이해하기 위해서는 이들이 사회적 평형 상태를 유지하는 데 어떤 기능이나 필요성을 담당하는지를 이해해야 한다고 주장하는 이론이다. 기능주의를 최초로 제창한 사람은 프랑스의 유대인 사회 이론가인 뒤르켐Emile Durkheim(1858~1917)이었다. 그는 원래 랍비 교육을 받은 사람이었다. 그러나 초자연적 존재에 대한 신앙이 아무런 합리적인 근거를 갖지 않는다고 생각했던 뒤르켐은 결국 종교가 사회적 가치의 반영일 뿐이라고 설명하게 되었다. 그리하여 그는 현대 종교학의 심리학적 연구와 사회학적 연구에 강력한 영향을 끼쳤던 투사 이론을 대표하는 인물이 되었다. 어떤 면에서 뒤르켐은 사회를 유대교 공동체의 세속적인 형태로 간주했다. 그래서 법의 근원은 이제 야훼가 아니라 사회 자체가 되며, 또 사회는 사회적 가치들의 이런 기원을 교묘하게 은폐한다. 뒤르켐의 주장에 따르면, 사회적 가치들은 하늘에서 내려오는 것처럼 보이지만 사실은 사회 내부에서 생겨나는 것에 불과하다.

현대 **구조주의**structuralism 역시 인류학 전통에서 나왔다. 구조주의는, 신화와 다양한 문화적 측면들에 깔려 있는 구조들과 이 구조들이 통합되는 과정을 이해하고자 하는 이론이다. 레비-스트로스Claude Lévi-Strauss(1908~)는 막강한 영향력을 가진 일련의 저서들을 통해, 신화와 사회에서 찾아볼 수 있는 다양한 이항 대립들은 인간의 심층적 사고 방식을 반영하는 것이라고 주장했다. 구조주의는 신비스럽고 무질서해 보이는 이야기들의 논리를 종합적으로 묶어 내고자 하는 방법이며, 그러기 위해 다양한 대칭들과 문제들을 표면으로 이끌어 낸다. 그러나 이런 방법은 신화를 해석하는 데는 유용하다고 할 수 있지만, 신화와 종교가 어떤 사회적 기능을 반영하는지를 설명해 주지는 못한다.

그보다 구조주의는 한 문화의 여러 다양한 부분들이 어떻게 서로 관련되는지를 보여 주는 이론이라고 할 수 있다. 구조적 패턴은 통합성이 높은 단일한 문화에서 더 쉽게 발견될 수 있다. 따라서 구조주의는 특히 인류학자들에게 적합한 이론이라고 하겠다.

그런데 인류학자들의 업적이 종교학에 큰 영향을 끼친 것은 사실이지만, 이들은 세계 종교들을 이해하는 데는 그리 도움이 되지 않는다. 세계 종교들은 소규모 사회들의 종교와는 다른 모습을 지니기 때문이다. 소규모 사회들에서는 종교가 사회 조직의 일부이지만, 세계의 거대 종교들은 대개 사회가 공유하는 가치관에 도전하면서 사회 내의 새로운 세력으로 출현했다. 예를 들어 기독교와 불교 그리고 이슬람교 같은 종교는 모두 그 성립 초기에 기존의 사회적 평형 상태를 유지하기보다는 세계와 사회에 대한 새로운 견해를 (혁명적으로) 제시하는 데 주력하고 있었다. 또한 이러한 종교들은 대개 한 사회에서 다른 사회로 전파된다. 즉, 이들은 포교에 전력한다. 그리고 이들은 소규모 인종 집단이 갖고 있는 기능적 종교와는 달리 나름의 좀더 깊고 독특한 역사 의식을 창출해 왔다. 한마디로 이러한 세계 종교들은 좀 더 다원적이고 역동적인 배경을 갖는다. 따라서 사회학자들은 종교와 세계관이 형성되고, 억제되고, 변화하는 과정에 점점 더 많은 관심을 갖게 되었다. 이는 이미 마르크스의 저술에서도 찾아볼 수 있다. 마르크스가 종교에 관심을 가졌던 것은 종교가 종종 보수적인 역할을 하기도 하지만, 종교 사상 자체는 새로운 역사 과정이 펼쳐지게 만드는 변화를 야기하는 하나의 요인이 되기도 한다고 여겼기 때문이다.

종교의 이러한 창조적 역할에 대한 관심은 막스 베버의 저술에서 찾아볼 수 있다. 이미 살펴본 바와 같이 베버는 왜 서구에서 자본주의가 생겨났는지, 그리고 종교 개혁이 자본주의 발생에 어떤 영향을 끼쳤는지를 탐구했다. 그는 루터의 개혁이 기존 질서를 변화시키는 데 영향을 끼쳤다고 보았다. 우선 루터는 믿음을 강조했는데, 이는 구원이 개인의 문제라는 관념을 낳았다. 그리하여 개인은 이제 사회 내의 핵심적인 요소가 되었다. 개인주의의 발생은 수많은 결과를 야기했는데, 그중에서도 특히 대표적인 것은 근대화를 촉발하고 인적 자원의 사용을 유동적으로 만들었다는 점이다. 이렇게 해서 루터의 가르침은 도시 중산층이 형성되는 데 영향을 끼쳤으며, 바로 그 도시 중산층에 의해 자본의 축적이 이루어졌다.

또한 교황청에 대한 루터의 반항, 그가 독일의 제후들로부터 받은 지원, 그리고 특히 『성서』를 독일어로 번역해서 현대 독일어에 기여한 점은 독일의 민족 의식이 형성되는 계기가 되었다. 민족주의는 근대화에서 매우 핵심적인 역할을 수행했다. 예를 들어 네덜란드와 영국을 비롯한 북유럽에서는 새로운 민족주의의 기치 아래 상업 활동과 개신교가 서로 강력한 영향을 주고받았다. 새로이 출현한 칼뱅주의는 루터주의보다도 더욱 철저하게 자본주의에 친화적인 세계관을 제시했다. 수도원에서와 같은 금욕적 생활은 이제 더 이상 의미를 갖지 못했다. 기독교인들은 비록 자신이 이 세상에 속해 있지 않다고 여기기는 했지만, 그럼에도 불구하고 이 세상을 살아가는 동안은 열심히 살아야 한다고 생각했다. 새로이 출현한 공동체의 구성원들은 절제하는 삶을 살았으며, 이를 통해 저축이 증대되고 자본이 축적되었다. 개신교 신자들은 겉만 번지르르한 의례를 거행하거나 대성당을 짓고 축제를 벌이는 일에 돈을 쓰지 않고 검소한 생활을 했다. 더욱이 개인이 소유한 재산은 신의 은총을 보여 주는 징표가 되었다.

이와 대조적으로, 베버는 서구에서 자본주의의 발생을 가능하게 했던 힘이 중국과 인도에는 없었으며, 오히려 그곳에는 이를 방해하는 힘이 있었다는 것을 보여 주고자 했다. 유교는 합리적이고 "현세적"이기는 했지만, 동시에 고전에 대한 지식을 갖춘 선비를 중시하는 전통적인 사회 질서에 집착하고 있었다. 힌두교의 카스트 제도는 사회 각 계층의 사람들에게 제한된 역할만을 부여했기 때문에, 기능공은 전통 수공업에만 종사하고 상인은 특정한 지위에만 머물러 있어야 했다.

한편 최근에는 일본이 일으킨 경제 기적과 관련해, 일본의 불교와 유교 그리고 신도가 이러한 변화와 어느 정도나 관계가 있는가 하는 문제가 제기되기도 했다. 일본의 불교가 "현세적인" 선불교로 발전한 것이 이를 설명해 줄 수 있을까? 가르침을 전하기 위해 "방편"을 이용한다는 불교의 관념이 일본 사회에 실용주의적인 경향을 가져다 준 것일까? 유교가 낡은 교육 체제의 속박으로부터 자유로워지면서 근면한 노동과 질서를 존중하는 태도를 형성시킨 것일까? 이런 물음들을 던지면서 경제학자들은 일본의 경제 발전 이면에 있는 심층적인 문화 요인들을 찾아내려고 애쓰고 있다.

경제와 사회 그리고 종교의 관계에 대한 이러한 다양한 논의들을 살펴보고 나면, 종교의 사회적 차원에 대한 핵심적인 물음은 바로 다음과 같은 것들이라는 사실을 알 수 있다. 종교는 사회 구조 안에서 진행되고 있는 것들을 과연 어느 정도나 반영하고 있을까? 또 종교는 이러한 사회 구조를 발생시키는 데 어느 정도나 영향을 끼칠까? 좀더 직접적으로 말해서, 종교는 과연 어떤 결과를 야기할까? 과연 종교는 단지 무언가의 결과일 뿐일까?

물론 이 물음들은 지나치게 단순화된 것들이다. 우리는 언제나 종교 자체나 종교 일반이 아니라, 특정 종교, 특정 사회, 특정 집단에 관심을 갖는다. 그리고 좀더 정확하게 말하자면 우리가 관심을 갖는 것은 특정 종교라기보다 그 안에 있는 특정 운동이나 교파 또는 종파이다. 더 나아가 사실 우리는 제도화된 종교보다는 특정한 종교 경험이나 상징 그리고 사상에 더 많은 관심을 갖고 있다. 예를 들어 동양적 영성 운동의 구루이자 저술가로 동양의 신비주의와 서구 정신을 나름대로 혼합했던 앨런 왓츠Alan Watts(1915~1973)는 1960년대 후반과 1970년대 전반 미국을 떠들썩하게 했던 반문화 운동 같은 일련의 사건들에 커다란 영향을 끼쳤다. 그러나 그는 아무런 교파나 교회도 설립하지 않았으며 나름의 사상, 분위기, 삶의 방식, 세계관을 표현하고 제시했을 뿐이다. 그러나 비록 아무런 제도도 만들지 않았지만 그가 제시한 세계관이 사회에 영향을 끼친 것은 틀림없는 사실이다. 그리고 동시에 왓츠 자신의 경험은, 그가 살면서 일정한 영향을 주었던 바로 그 시대로부터 영향을 받기도 했다.

종교에 대한 사회학적 이론들

종교에 대한 사회학적 탐구는 종종 특수하고 제한된 문제들을 다룬다. 하지만 우리는 특정한 사건이나 사상 또는 현상에 대한 연구를 통해서 좀더 일반적인 이해와 이론에 도달할 수도 있다.

미국의 사회학자 피터 버거Peter Berger(1929~)는 『성스러운 천개The Sacred Canopy』를 비롯한 여러 저서에서 사회학자의 "방법론적 무신론

methodological atheism"에 대해 언급한 바 있다. 그러나 나는 "방법론적 불가지론methodological agnosticism"이 좀더 적절한 표현이라고 생각한다. 왜 그런지 생각해 보자. 버거가 주장하고자 했던 요지는, 사회학자가 어떤 사건을 설명할 때는 신이라는 개념을 끌어들이지 않는다는 것이다. 다시 말해 사회학자는 사건을 설명하기 위해 신의 존재를 상정하거나 하지 않는다. 신이 존재한다고 전제하지 않는 것과 신이 존재하지 않는다고 전제하는 것은 엄연히 별개의 문제이다. 좀더 일반적으로 말해서 만일 우리가 궁극적인 존재나 저 너머에 있는 존재가 없다고 전제한다면, 이는 곧 종교가 거짓이라고 전제하는 것이다. 이렇게 되면 종교는, 존재하지 않는 것을 가리키는 손가락에 불과해진다. 손가락은 달을 가리킨다고 하는데 달은 어디에도 없는 것처럼 말이다. 하지만 이렇게 종교가 거짓이라거나 참이라거나 하는 전제에서 출발하는 것은 모두 과학적인 태도가 아니다. 우리가 관심을 갖는 것은 종교가 참이냐 거짓이냐 하는 문제가 아니라 종교가 어떤 힘을 갖느냐 하는 문제이다. 따라서 과학적인 태도와 방법을 견지하고자 한다면, 우리는 당연히 종교가 참이냐 거짓이냐 하는 문제에 대해 중립적인 입장을 취해야만 한다. 우리는 손가락이 달을 가리키는지 아니면 아무것도 가리키지 않는지 하는 문제에 대해 중립적인 입장을 취해야 한다. 이렇게 볼 때 "방법론적 무신론"보다는 "방법론적 불가지론"이 좀더 적절한 표현이라고 할 수 있다. 신이 존재하는지 존재하지 않는지를 판단하는 것은 유신론자나 무신론자들이 할 일이지 불가지론자가 할 일은 아니기 때문이다.

 종교에 대한 사회 과학적 연구의 주된 목적은 영향이나 힘의 관점에서 종교의 사회적 차원이 종교의 다른 차원들과 어떤 관계를 맺는지를 살피는 데 있다. 그러나 종교의 사회적 차원이라는 개념은 다소 모호한 개념이다.

 대부분의 소규모 사회에서 볼 수 있듯이, 종교는 사회적 삶과 매우 밀접하게 관련되어 있기 때문에 종교만 따로 떼어 내서 연구한다는 것은 사실상 불가능하다. 종교는 집단이 영위하는 삶의 한 측면이다. 그러나 때로 종교는 독립된 제도로 존재하기도 한다. 이때 종교는 전체 사회의 한 부분이면서도 사회의 나머지 부분들로부터 독립되어 있다. 예를 들어 서구 사회에는 길고 짧은 역사를 갖는 다양한 종교 조직들이 존재한다. 여기에는 가톨릭 교회를 비롯해 다양한 교파와 종파, 신종교 운동, 그리고 다른 나라에서 들어온 종교들이 포함된다. 그렇기에 내가 종교의 사회적 측면이라고 말할 때 이는 넓은 사회적 맥락 안에 있는 종교를 지칭하거나, 또는 실제 종교 제도들 자체를 지칭하는 것이다.

예를 들어 우리가 "미국 종교"라고 말할 때 이는 단순히 제도화된 종교를 지칭하는 것이 아니라 미국 사회에 있는 종교의 일반적인 특징을 지칭하는 것이다. 이는 "미국 가톨릭"이라고 말할 때도 마찬가지다. 미국 가톨릭은 미국의 사회적 과정에 영향을 끼치면서 동시에 이로부터 영향을 받는다. 예를 들어 미국 가톨릭은 사람들이 낙태 문제를 바라보는 태도에 일정한 영향을 끼치고 있으며, 미국의 정치와 문화에 지대한 공헌을 한 많은 인물을 배출해 왔다. 또 반대로 미국 가톨릭은 미국의 민주주의 이념과 미국 문화로부터 영향을 받기도 한다. 미국의 가톨릭계 사립 학교들이 어떻게 미식 축구와 파리 노트르담 성당의 예술을 함께 가르치면서 미국적 가치관과 가톨릭적 가치관을 결합하고 있는지를 생각해 보라. 과거의 소규모 사회와 같은 높은 통합성을 갖지 못한 사회에서, 종교의 사회적 차원이란 좁은 의미에서 하나의 종교가 제도화되어 있는 방식을 말한다. 그러나 넓은 의미에서 보면 종교의 사회적 차원은 종교가 좀더 넓은 사회 안에서 수행하는 사회적 역할을 지칭한다. 그렇기에 종교 사회학은 주로 다음과 같은 문제를 탐구한다. 종교의 제도적 차원은 사회 일반에 어떤 영향을 끼치며 반대로 그 사회는 종교에 어떤 영향을 끼치는가?

우리는 지금까지 줄곧 전통 종교들 또는 전통적인 의미의 종교뿐 아니라 세계관이라 할 수 있는 것들 일반에 대해서도 함께 살펴왔다. 마찬가지로 우리가 방금 위에서 논의한 견해는 제도화된 세속적 세계관을 탐구할 때도 그대로 적용될 수 있다. 예를 들어 우리는 중국 공산당이 중국 사회의 가치관을 얼마나 성공적으로 바꾸어 놓았는지, 그리고 마오쩌둥 숭배가 혁명의 활력과 열기를 유지하는 데 얼마나 기여했는지를 살펴볼 수 있다. 간단히 말해 하나의 교회나 종교 운동이 생겨나고 펼쳐지는 과정과 중국 공산당이 겪었던 과정 사이에는 일종의 유사성이 존재한다. 그 과정은 이렇게 진행된다. 먼저 카리스마적인 영웅이 나타난다(가톨릭에는 성 프란체스코가 있고, 중국 공산당에는 마오쩌둥이 있다). 시간이 흐르면서 그 카리스마는 개인적 차원을 넘어 제도화되며, 이런 제도화가 진행되면서 카리스마는 점차 "일상화된다." 그리고 카리스마가 일상화되고 나면 추종자들은 일상화된 카리스마를 고수하고자 하는 현실주의적 부류와 "옛날의" 그 카리스마 정신을 되살리고자 하는 급진주의적 부류로 분열된다.

이러한 카리스마 개념은 막스 베버가 종교의 제도화 과정을 설명하면서 처음으로 제시하고 체계화한 개념이다(『신약 성서』에서 빌려 온 이 용어는 원래 신의 은총에 의해 주어진 것을 의미한다). 종교는 일반적으로 과거에 집착하기 때문에 실제로 순환적인 과정을 겪는 경향이 있다. 처음에는 선각자인 예언자나 신비가가 나타나 핵심적인 역할을 수행한다. 시간이 흐르면서 이들이 제시한 통찰이 정착되고 종교는 제도화되기 시작한다. 이에 따라 본래의 메시지가 갖고 있던 신선함과는 다른 전통주의가 나타나게 된다. 따라서 그 안에서는 알력이 빚어지게 된다. 창시자의 메시지를 지키고자 하는 이들은 혁명에 대한 기억을 간직하고자 하며, 제도화된 신앙에 충실하고자 하는 이들은 전통주의를 고수하고자 한다. 그리고 새로운 신비가나 예언자가 출현하여 혁명의 조용한 힘에 불을 당기면 이 시한 폭탄은 결국 폭발한다.

어떤 새로운 혁명이 성공을 거두기 위해서는 적절한 시대 상황이 필요하다. "시대가 사람을 만든다"는 말이 있다. 그러나 거꾸로 "사람이 시대를 만든다"는 말도 성립 가능하다. 예를 들어 종교 개혁의 선구자들을 생각해 보

자. 루터가 변화의 불꽃을 당기기까지는 다양한 기폭제들이 필요했다. 또한 고대 기록들을 통해 추측해 보면, 석가모니 당시의 시대는 그에게 매우 "적절한" 상황을 제공하고 있었음을 알 수 있다. 당시에는 갠지스 강 주변을 따라 도시들이 발전하고 있었는데, 새롭게 성장하던 상인 계급은 석가모니의 가르침을 열렬히 받아들였다. 불교는 희생 제물을 바치는 것보다는 자선을 베푸는 것을 중시했다. 따라서 갠지스 강 유역에서 형성되던 문화의 "새로운 주인공들"은 불교 덕분에 브라흐만 계급이 그들에게 부과했던 골치 아픈 금기들로부터 벗어날 수 있게 되었다. 그들은 승려들에게 시주를 함으로써 선업을 쌓을 수 있었고, 그리하여 내생에서 좀더 나은 삶을 보장 받을 수 있었다. 마찬가지로 신종교의 발생을 연구할 때도 이를 가능케 했던 사회적 상황을 살펴볼 필요가 있다. 그래서 우리는 현대 신종교 운동의 발생 원인에 대해 이런 질문을 던질 수 있다. 신종교 운동이 발생하게 되는 특정한 사회적 요인들은 무엇일까? 신종교 운동은 어떤 사회적 욕구를 충족시켜 주고 있을까?

이와 같이 종교는 한편으로 사회에 의존적이면서 동시에 다른 한편으로 사회에 영향을 주는 다양한 방식의 역동성을 갖는다. 종교는 사회가 공유하는 가치관의 영향을 받기도 하지만, 거꾸로 자신의 가치관을 사회에 부과하기도 한다.

물론 우리는 종교가 특정 지역 안에서나 특정 사회 집단을 위해 어떻게 움직이는지를 좀더 자세히 살펴볼 수도 있다. 결국 어떤 종교 운동이 사람들을 끌어 모은다면, 이는 그 종교 운동이 사람들의 욕구나 삶의 방식과 맞아떨어졌기 때문일 수도 있다. 예를 들어 통일교나 선불교 또는 정통 유대교 같은 독특한 집단에 참가하는 사람들의 사회적 배경과 심리적 특징을 연구해 보는 것도 흥미로운 일일 것이다.

이런 친화성 문제는 때로 심리학의 "성격 유형"에 따라 설명될 수도 있다. 그러나 이 문제는 사회적인 용어로 설명될 수도 있으며, 사실 이런 입장의 연구가 훨씬 더 많이 행해져 왔다. 예를 들어 지금까지 행해진 다양한 연구들은 미국 사회에서 남성보다 여성이 종교적 물음에 더 많은 관심을 가진다는 사실을 밝힌 바 있다. 이는 1953년에 렌스키Gerhard Lenski(1924~)가 행했던 연구에서 잘 나타난다. 당시 여성의 사회적 지위를 염두에 둘 때 이에 대해서는 두 가지 설명이 가능하다. 우선, 여성은 주로 자녀를 양육하는 역할을 맡고 있었다. 따라서 어떻게 하면 자녀를 제대로 기를 수 있을지를 놓고 고민하게 되었고, 그러다 보니 자연스레 종교 전통이나 궁극적인 문제에 관심을 많이 갖게 되었을 것이다. 다음으로, 여성은 어떤 면에서 힘없는 소수 집단이었다. 그리고 종교는 이렇게 패배감을 느끼는 사람들에게 자신이 처해 있는 곤경을 표현하는 수단을 제공했을 것이다. 여성 해방 운동이 여성의 지위에 얼마나 실질적인 변화를 가져왔는지가 밝혀진다면, 종교의 기능에 관한 이러한 가설의 타당성 여부도 판가름될 것이다.

종교, 사회, 세속 국가

마르크스는 종교와 억압의 관계를 강조했다. 하지만 이는 마르크스주의를 내세우는 사회에도 여전히 종교가 살아 있다는 당혹스러운 문제를 제기해 왔다. 이론적으로만 본다면 종교는 억압 받는 피조물의 한숨이자 민중의 아편이기 때문에 사회주의 사회에서는 그 필요성이 사라져야 한다. 그러나 모순되게도 실제로는 사회주의 사회에도 종교가 엄연히 존재한다.

가톨릭 국가인 폴란드와 동방 정교회 국가인 루마니아의 경우를 보면, 이 두 나라의 국민이 진지하게 한 마음으로 실천하는 신앙은 민족주의와 밀접히 관련되어 있다는 것을 알 수 있다. 그러나 이들 국가에 여전히 종교가 잔존하고 있다는 사실은 또한 국가적 신념 체계로는 쉽게 해결될 수 없는 삶의 측면들이 있다는 사실을 말해 준다. 어떤 사회 체제 아래서든 간에 모든 인간은 죽음의 문제에 직면하여 이를 해결해야 한다. 그런데 낡은 사회주의 체제의 칙칙한 분위기와 새로운 시장 경제를 확립하기 위한 시도에서 생겨난 어려움들에 비할 때, 가톨릭이나 정교회의 의례는 밝고 풍성해 보일 수도 있다.

"세속적" 사회라는 개념은 모호한 개념이다. 흔히 세속화된 삶이라고 하면 전통적인 종교적 가치나 실천으로부터 더 이상 영향을 받지 않는 삶을 말한다. 예를 들어 유럽의 전통적인 농촌 문화는 종교적 삶의 리듬에 깊이 젖어 있었지만, 산업 혁명과 종교 개혁 이후 과거의 전통적인 종교적 삶은 점차 쇠퇴하기 시작했다. 그 한 가지 이유는 도시 생활의 리듬이 농촌 생활의 리듬과 전혀 다르기 때문이었다. 또 다른 이유는, 종교적인 뿌리를 갖고 있고 또 종교적인 모습으로 표현되던 확대 가족의 유대 관계가 이제 유동성이 강한 산업 사회로 접어들면서 약해지기 시작했기 때문이었다. 더욱이 새로운 형태의 사회 경제 제도는 사람들에게 지금 여기서 좀더 풍족하게 살 수 있다는 확신을 심어 주었다. 예를 들어 20세기 초까지만 해도 미국을 비롯한 대부분의 나라에서는 "현대식 부엌을 갖추고 자가용을 갖는 것"이 행복―새로운 사회의 신조―을 추구하는 구체적인 방법이었다. 이와 같이, 어떤 점에서 보면 세속화란 전통적인 종교적 관습이나 생각에서 벗어나는 것을 의미한다. 세속화된 사회에서는 종교 축제가 아니라 축구 경기를, 순례가 아니라 관광을, 성당이 아니라 극장을, 금식이 아니라 식이 요법을, 찬송가가 아니라 팝송을, 신이 아니라 사랑을, 성스러운 전쟁이 아니라 세속적인 전쟁을, 기독교 공동체가 아니라 국가를, 『성서』가 아니라 신문을, 기도가 아니라 텔레비전을, 구원이 아니라 행복을, 마음의 안식이 아니라 몸의 쾌락을, 고백성사가 아니라 정신분석을, 그리고 예수의 재림이 아니라 진보를 더 중요하게 여긴다.

그러나 "세속적"이라는 용어는 또 다른 의미도 지니고 있다. 세속 국가란 공식적인 국교를 인정하지 않는 국가를 말한다. 과거에는 스웨덴 사람은 루터교 신자가 되어야 하고, 스페인 사람은 가톨릭 신자가, 그리고 이집트 사람은 이슬람 신자가 되어야 했던 시대가 있었다. 당시에 통치권은 종교적으로 승인되어야 했으며, 동시에 국민으로부터도 추인되어야 했다. 따라서 영국에서 가톨릭 신자들이 쫓겨나고 스페인에서 유대인들이 쫓겨나는 것과 같은 종교적 추방이 자주 일어나기도 했다. 그러나 1688년 영국의 명예 혁명을 기점으로 미국의 독립과 프랑스 혁명을 거치면서 관용의 정신이 현대 자유주의 국가들의 주요한 특징으로 자리 잡게 되었다. 이 국가들은 은연중에 특정 종교 교파에 좀더 우선권을 주기도 하지만 실제로는 무신론까지 포함하는 신앙의 다양성을 허용하고 있다. 예를 들어 미국의 모든 주립 대학에는 다양한 종교를 포괄적이고 객관적으로 다루는 종교학과가 설치되어 있는데, 여기서는 특정 종교 교파의 입장에 입각한 교육을 할 수 없게 되어 있다. 다시 말해 주립 대학의 종교학과에서는 유대교나 기독교 같은 특정 종교를 마치 이들이 국교인 양 가르칠 수 없게 되어 있다. 종교를 고백적으로 가르치는 것은 어디까지나 "사적인" 문제이기 때문에 공공 기관인 학교에서는 이것이 수용되지 않는다. 이와 같이 "세속 국가"란 모든 종교들 "위에" 서서 중립적인 입장을 취하는 국가를 말한다.

"세속적"이라는 용어를 이 두 번째 의미로 이해하게 되면, 인도 같은 나라는 전혀 세속적이지 않은 국민들로 이루어진 세속 국가라고 부를 수 있을지도 모른다. 이슬람 헌법을 엄격히 강요하는 파키스탄과 달리, 인도는 종교에 대해 어느 정도 중립적인 입장을 취한다. 인도는 절대 다수를 점하는 힌두교 외에 이슬람교, 시크교, 조로아스터교, 기독교 같은 소수 종교들이 매우 활발하게 공존하고 있는 지극히 종교적인 나라이다.

이러한 세속 국가는 주로 서구에서 찾아볼 수 있지만, 아프리카를 비롯한 다른 지역에서도 약간 변형된 형태의 세속 국가를 볼 수 있다. 이와 반대로 오늘날의 마르크스주의 국가들은 오히려 과거의 종교 국가와 매우 비슷한 모습을 보여 준다. 마르크스주의 국가의 국민들은 국가가 인정하는 국교나 다름없는 공식적인 세계관에 복종해야 한다. 만일 어떤 사람이 경건한 기독교인이거나 불교인이라면 그 사람은 사회적으로 출세할 생각을 버려야만 한다. 동유럽의 한 공산 국가에서 살던 나의 한 친구는 불교를 믿었다는 이유로 감옥에 갇혔다. 이런 상황은 한때 영국이나 스페인 또는 이집트에서 벌어졌던 상황과 매우 비슷하다. 사실 공산 국가의 체제는 전통적인 종교 국가의 체제를 훨씬 더 강력한 형태로 변형시켜 놓은 것이라 할 수 있다. 왜냐하면 예를 들어 비밀 요원이 국민을 감시하는 식의 권위적인 통제 방식은 과거의 종교 국가가 사용했던 통제 방식보다 훨씬 더 끔찍할 정도로 효율적이기 때문이다.

이러한 체제의 특성을 세속 국가의 "다원성"과 대조되는 "일원성"이라고 부를 수 있을 것이다. 따라서 "세속적"이라는 용어는 "전통적인 방식과는 다른 방식으로 종교적이다"라는 의미도 지니면서 동시에 "일원적이지 않다"라는 의미도 지닌다고 하겠다. "일원적" 국가의 이념은 서구 민주주의 국가의 입장에서 보았을 때는 전혀 세속적이라고 할 수 없다. 하지만 그것은 현대적이고, 전통적이지 않고, 종교를 반대한다는 의미에서 세속적이라고도 할 수 있다. 구 소련에서 이상적인 인간은 한 손에 연장이나 총을 들고 작업장이나 혁명의 전장으로 뛰어드는 인간이었다. 이상적인 인간은 새로운 기술로 무장하고, 억압적이고 위선적인 과거를 과감히 떨쳐 버리며, 더 이상 민중의 "아편"이나 저 너머에 있는 존재에 의존하지 않은 채, 오직 새로운 세계가 펼쳐질 빛나는 미래를 향해 달려가는 인간이었다. 우리는 마오쩌둥 당시나 그 이후의 중국에 대해서도 비슷한 이야기를 할 수 있다.

그러나 세속화의 두 가지 의미는 사실 서로 밀접히 연결되어 있다. 현대 세속 국가에서는 관용 정신을 비롯한 다양한 요인들 덕분에 전통적인 종교를 하나의 **선택** 대상으로 여기는 경향이 있기 때문이다. 세속 국가 안에는 다양한 종교가 공존하고 있으며, 따라서 선택의 여지가 넓다. 신앙은 점차 개인적인 문제로 변하고 있으며, 따라서 전통주의는 설득력을 상실해 가고 있다. 전통적인 종교들은 좀더 넓은 전체 안에 위치한 교파들로 변해 가고 있다. 한편 종교가 개인적인 문제로 변했다는 것은 종교가 전체적인 삶의 틀 속에서 사소한 부분으로 전락해 버렸음을 의미한다. 세속 국가에서 교회는 단지 골프 동호회와 비슷한 위치를 차지하고 있을 뿐이다.

종교 사회학의 주요 과제 중 하나는 현대 사회에서 종교에 영향을 끼치고 있는 주요 변화들을 찾아내는 일이다. 이러한 변화들 중에서 전통적이지 않은 태도를 조장하는 세속화는 서구 사회에서 분명한 중요성을 갖는다. 더욱이 세속화의 문제는 단순히 전통적인 태도가 어느 정도나 남아 있는지 하는 문제를 파악하는 데만 그치지 않는다. 전통적인 태도는 새로운 힘의 충격을 받으면 변화하기 마련이다. 이는 아프리카와 남반구의 여러 지역에서 출현해 온 신종교 운동들의 발생 과정에서 잘 나타난다. 또한 이는 힌두교 같은 오래된 종교들이 서구의 도전과 현대 과학 기술의 충격에 적응해 가는 과정에서도 볼 수 있다. 힌두교는 전통적인 사상에 근거해 종교와 과학이 우주에 대한 서로 다른 반응이라는 나름의 새로운 철학을 제시해 왔다. 이에 따르면 우주는 신비가와 신앙인의 눈에는 신적인 질서로 보이며, 과학자의 눈에는 이해되고 지배되어야 할 물질적인 질서로 보인다.

사회적 기능을 통해 종교를 설명할 수 있다고 주장하는 사람들은 소규모 사회에서 발생하는 신종교 운동들을 사회적 혼란에 대한 반응으로 간주한다. 이들의 견해에 따르면, 신종교 운동은 한 사회가 외부로부터 가해져 오는 위협에 대응해 적절히 기능하지 못해서 새로운 해결책이 필요하게 될 때 생겨난다. 이런 견해에 따르면 이 새로운 해결책은 종종 환상적인 해결책에 불과하지만, 어떤 의미에서는 그 사회가 직면하고 있는 갈등에 대한 생각이 표현되고 투사된 것이기도 하다. 따라서 대부분의 신종교 운동은 풍요롭고 평화로운 새 사회의 질서를 갈구하는 천년왕국 사상을 주술적 사고와 결합하고 있는 것이 보통이다. 20세기에 남태평양 뉴기니아의 여러 지역에서는 이른바 화물숭배라고 불리는 신종교 운동이 대대적으로 일어났다. 이 운동은 주술을 통해 "백인들의" 상품을 빼앗을 수 있으며(화물숭배 신자들은 백인들이 자신의 조상에게서 그 상품을 훔쳐갔다고 믿었다), 그리하여 원주민들이 안심하고 평화롭게 살 수 있는 새로운 사회 질서를 이룰 수 있다고 믿었다. 여기서 우리는 화물숭배 신자들이 백인들의 침입으로 인해 야기된 혼란에 대처하기 위해 삶에 대한 원주민 자신의 전통적 견해를 끌어 오고 있다는 사실을 알 수 있다.

신적 존재의 행위를 통해 새로운 사회 질서를 이룩하겠다는 희망은 결코 새로운 것이 아니다. 이런 희망은 초기 기독교인들에게서는 물론 현대 유대교 공동체의 일부 분파에서도 볼 수 있다. 거기에는 물질적 풍요와 권력을 미래에서 찾으려는 민중의 염원이 담겨 있다. 이제껏 백인들만 소유할 수 있었던 상품을 가득 실은 비행기가 착륙하기를 꿈꾸며 "주술적인" 비행장을 만들었던 멜라네시아인들의 모습은 다소 우스꽝스러워 보일 수도 있다. 하지만 우리는 지상에 새 예루살렘을 건설하겠다는 희망이 서구 문명을 이끌어 온 강력한 꿈이었다는 사실을 잊어서는 안 된다. 문제는 이러한 꿈을 어떻게 창조적으로 이용하느냐 하는 것이다. 화물숭배자들은 그 꿈을 상품에 두었기 때문에 결국 실패할 처지에 놓일 수밖에 없었다. 이와 달리 모르몬교인들은 새로운 공동체를 향한 꿈을 창조적으로 이용한 사례에 속한다. 만일 그런 꿈이 없었다면 미국의 유타 주는 오늘날 우리가 알고 있는 모습으로 존재하지 못했을 것이다.

세계 각 문화권의 사람들이 밀접하게 상호 작용을 주고받고, 모든 사회에서 새로운 세력들이 계속 등장하면서 (그리고 소규모 사회들이 이런 긴장을 느끼기 시작하면서) 세계 곳곳에서 신종교 운동들이 많이 발생하게 되었다. 이런 상황은 종교에 대한 새로운 사회 과학적 설명을 요청하고 있다. 이런 신종교 운동들이 전개되는 과정에 대해 일말의 지식을 얻게 된다면, 우리는 이 지식을 좀더 오래된 종교들의 초창기 상황에 적용해 이에 대한 역사적 이해를 도모할 수 있을 것이기 때문이다. 예를 들어 우리는 이런 지식을 이용해 2천 년 전 당시에는 "신종교 운동"의 하나였던 초기 기독교를 좀더 잘 이해할 수 있을지도 모른다.

실제로 우리는 신종교 운동들에 대해 다양한 범주를 적용해볼 수도 있다. 여기서 트뢸치Ernst Trœltsch(1865~1923)가 종교 조직의 유형을 구분했던 방식은 우리에게도 도움이 된다. 트뢸치는 사회학적 방법을 진지하게 받아들인 신학자였는데, 그는 종교 조직의 유형을 크게 "교회Church"와 "종파sect"로 나누었다. 트뢸치가 구분한 이 두 가지 유형은 후에 다른 학자들이 추가한 "교파denomination"나 "컬트cult"와 더불어 종교 사회학의 주요 개념으로 사용되어 왔다. 그런데 종교 사회학은 이런 개념들을 사용하면서 기독교 전통의 특수한 경험이 반영된 서구적 언어에 너무 집착하는 경향이 있다. 그래서 종교 사회학이 사용하는 용어들은 대개 동양을 비롯한 비서구 사회의 종교들에는 잘 들어맞지 않기도 한다. 하지만 트뢸치가 시도했던 것과 같은 구분이 종교에 대한 사회학적 연구의 출발점이 된다는 것만은 분명하다. 여기서 잠시 한 가지 문제를 짚고 넘어갈 필요가 있을 것 같다. 베버와 트뢸치를 비롯한 여러 학자들은 자료를 분류하고 이해하기 위해 이른바 "이념형ideal type"을 사용한 것이다. 이념형은 실제 제도의 복잡한 모습을 완전하게 보여 주는 모델은 아니다(사실 그럴 수도 없다). 하지만 이념형 모델은 다른 방식으로는 이해하기 힘든 자료를 단순화함으로써 이를 좀더 포괄적으로 이해할 수 있게 해준다. "교회"와 "종파" 개념은 바로 이런 의도에서 만들어진 이념형이라고 할 수 있다.

교회는 하나의 제도로서, 그것이 속해 있는 사회 구조를 지배하기도 하고 또한 사회 구조의 지배를 받기도 한다. 교회가 사회 구조를 지배한다는 것은, 교회가 사회 전반으로 확산되어 사회를 좀더 기독교적인 사회(스리랑카나 태국의 경우라면 좀더 불교적인 사회)로 만들기 위해 영향력을 행사한다는 것을 의미한다. 교회가 사회의 지배를 받는다는 것은 교회가 해당 사회의 특성에 영향을 받는다는 것을 의미한다. 이런 의미에서 보면 초기 기독교 시대에는 교회가 존재하지 않았다고 할 수 있다. 오히려 초기 기독교 운동은 오늘날의 종파와 비슷했다. 그러나 기독교가 로마 제국의 종교가 되고 난 후, 로마 세계는 가톨릭화하였고 가톨릭 교회는 로마화하였다. 이와 대조적으로 종파는 다소 반문화적인 성격을 지닌다. 종파는 교회와 달리 세상과의 타협을 거부하는 경향이 있다. 종파는 이상적인 행동을 강조하며, 회심을 통해서만 가입할 수 있는 폐쇄적인 집단을 이룬다(이와 달리 교회의 구성원은 "태어나면서 자동적으로 거기에 소속되는" 경향이 있다).

종파는 간혹 사회를 인정하고 사회의 목표를 긍정하기도 하지만, 이 경우에도 자신들의 방법이 그 목표를 달성할 수 있는 더 좋은 방법이라고 여긴다. 예를 들어 크리스천 사이언스Christian Science나 초월 명상Transcendental Meditation 신자들은 그들이 사회의 건강과 복지를 증진시킬 수 있는 특별한 방법을 지니고 있다고 생각한다. 종파는 종종 세속에 물들지 않고 구원을 추구하는 공동체의 윤리를 세속적 윤리보다 우위에 둔다. 이는 종교적 생활 공동체가 지니는 일반적인 특성이기도 하다. 이러한 종교적 생활 공동체는 종종 사회 안에 있는 이상 사회로 여겨지기도 한다. 그렇기 때문에 종파는 내-집단in-group의 성격이 매우 강하다. 여호와의 증인Jehovah's Witnesses은 종파의 이런 성격을 잘 보여 주는 좋은 사례이다. 여호와의 증인은 역사의 종말을 예언하면서 구원 받은 자들만이 휴거될 것이라고 믿는다(그들에 따르면 구원 받지 못한 사람은 아무 흔적도 없이 사라진다고 한다). 어떤 종파들은 원칙적으로나 실제적으로 사회에 반대하여 반란이나 폭동 같은 방법을 동원해 가면서까지 사회를 근본적으로 변화시키려 하기도 한다. 이탈리아의 붉은 여단Red Brigades이나 유럽의 좌파 테러 집단들은 이러한 종파 유형의 세속적인 형태라고 볼 수 있다. 이러한 혁명적 종파들은 혼란을 일으켜 기존 질서를 무너뜨림으로써 새롭고 정의로운 사회를 실현할 수 있다고 믿는다. 이러한 유형의 종파들은 사회를 근본적으로 변화시키려는 의도에서 종종 공격적인 선교 행위를 펼치기도 한다.

교파는 종파와 교회의 중간에 위치하는 유형이다. 말하자면 교파는 교회로부터 제도적으로 분리된 분파이다. 종파와 달리 교파는 좀더 넓은 사회에 어느 정도 통합되고자 하는 성향을 지닌다. 그런데 아무리 똑같은 종교라 하더라도 어떤 나라에서는 교회의 위상을 차지하는 반면, 좀더 다원적인 다른 나라에서는 교파의 위상을 차지하기도 한다. 예를 들어 스페인이나 이탈리아에서 가톨릭은 교회의 성격을 지닌다. 하지만 미국에서 가톨릭은 교파의 성격을 지니며 개신교의 다른 교파들과 동등한 위상을 갖고 있다.

최근에 서구 학계에서는 위에서 말한 범주들 외에 컬트라는 새로운 범주를 추가하는 경향이 있다. 컬트는 통일교나 하레 크리슈나Hare Krishna 운동 그리고 사이언톨로지Scientology와 같이 종파로 정착해 가고 있는 종교 집단을 말한다. 컬트는 대부분 카리스마적 지도자를 갖고 있다. 하지만 사실 컬트와 종파를 명확하게 구분할 수 있는 확실한 기준이 있는 것은 아니다 (컬트도 때로는 사회 안에서 "정상적인" 집단으로 받아들여지기도 하며, 교파의 일종으로 정착하기도 한다). 컬트 운동 중에는 특정 사회나 국가의 맥락보다 좀더 넓은 맥락에서 이해될 필요가 있는 것들도 있다. 다시 말해 초국가적인 성격을 지니는 컬트들이 있다. 이들 안에는 다양한 사회적, 문화적 배경에서 나온 요소들이 함께 결합되어 있다. 예를 들어 문선명이 창시한 통일교는 유교 전통과 복음주의 기독교를 나름대로 독특하고 역동적인 방식으로 결합시키고 있다. 또 하레 크리슈나 운동은 인도 전통을 뉴욕과 샌프란시스코의 상황에 맞게 수정하고 있다.

오늘날 우리는 다양한 종교들과 세계관들이 서로 상호 작용을 주고받고 또 세계 각지로 확산되면서 변화해 가는 모습을 볼 수 있는 독특한 기회를 얻고 있다. 종교가 세계 각지로 확산되면서 어떻게 적응하는지에 대해서는 이미 연구가 시작되어 있다. 예를 들어 피지와 가이아나의 힌두교, 로스엔젤레스에 사는 베트남인들의 불교, 싱가포르와 샌프란시스코에 있는 중국인들의 세계관, 영국과 독일의 이슬람교, 남아프리카 도시들에서 사는 줄루족의 종교 등은 현재 종교학자들의 많은 관심을 끄는 연구 대상이 되고 있다. 더욱이 오늘날은 다양한 문화들과 생활 방식들이 충돌하면서 생기는 문제들에 창조적으로 대처하기 위해 다양한 전통들에서 취한 요소들을 결합하는 종교 운동들이 많이 출현하고 있다.

종교는 분명 그 자체로 사회 변동으로부터 막대한 영향을 받는다. 그리고 신종교 운동들은 이러한 변화와 상호 작용 속에서 발생하고 성장한다. 이러한 신종교 운동들은 기존의 신화와 상징들을 보존하면서 다양한 가치들을 창조적이고도 새롭게 결합하고 있다는 점에서 나름의 역동성을 갖는다. 또한 이러한 운동들의 카리스마적 지도자들은 종종 자신의 삶 속에서 어떤 긴장들을 경험하고, 종교 지도자의 입장에서 이 긴장들을 거시적으로 표현하고 해결하려고 하는 사람들이다. 그리하여 그들은 자신도 모르는 사이에 종종 새로운 사회 형태를 낳는 변화를 일으키기도 한다.

지금까지 우리는 인간 삶 속에 나타나는 종교적 요인들에 사회 과학적으로 접근하는 여러 방식들을 개괄적으로 살펴보았다. 종교에 대한 사회적 연구는 우리로 하여금 종교의 미래에 대해, 그리고 종교 사회학이 제기하는 좀더 커다란 문제들에 대해 생각할 수 있게 해준다.

또한 사실 종교 자체도 우리가 연구를 통해 지속적으로 얻어 가는 새로운 관점에 영향을 받기도 한다. 우리는 인간 삶의 다른 영역들에서와 마찬가지로 종교적 영역에서도 서서히 우리 자신에 대한 새로운 인식에 눈뜨고 있는 중이다. 그러면 이제 종교를 포함한 다양한 세계관들의 미래에 대해 생각해 보기로 하자.

제9장 20세기에 대한 성찰

민족주의의 중요성

　지난 20세기에 종교들과 세속적 이데올로기들은 생소한 과정을 겪었다. 두 차례의 세계 대전은 무엇보다도 유럽과 극동 지역 사람들의 삶을 황폐하게 만들었으며, 러시아와 동유럽 그리고 중국에서는 다양한 종류의 마르크스주의가 나타났다. 또한 냉전 시기에는 세계의 미래가 두 개의 체제, 즉 자본주의를 근간으로 하는 자유민주주의나 전체주의적 사고와 실천을 근간으로 하는 사회주의 중 어느 한쪽의 승리로 귀결될 것이라는 확신이 지배하고 있었다. 물론 냉전 시기 이전에는 나치즘의 엄청난 만행을 비롯한 온갖 형태의 민족주의적 도발이 저질러지기도 했고, 동시에 이에 대한 뿌리 깊은 저항도 계속되고 있었다. 그러나 전반적으로 볼 때 공산주의와 나치즘은 이미 자멸했다. 더욱이 소련의 붕괴는 많은 사람들을 놀라게 했다. 군사적 측면을 제외한 거의 모든 면에서 비능률적이었던 소련의 체제는 외부 세계에서 거의 인정을 받지 못했다.
　소련의 붕괴 이후 한편으로는 민족주의의 힘이 부각되기 시작했고 다른 한편으로는 종교의 정신이 되살아나기 시작했다. 그리고 이들은 간혹 서로 결합되기도 했다. 먼저 민족주의의 힘을 살펴보자. 일반적으로 "민족"이라는 개념은 대개 언어를 기초로 하는 개념이지만, 때로는 역사에, 때로는 종교나 세계관에 근거를 두기도 한다는 점을 유념할 필요가 있다. 미국은 헌법과 (대체로) 민주주의 이념에 근거를 두고 있는 하나의 독특한 민족이다. 이와 달리 다른 많은 민족들의 정체성은 민주적인 가치들과 오직 부차적인 관계만 맺고 있다. 이탈리아는 자유주의의 이상이 만연하고 있었을 때 하나의 국가로 등장했다. 그러나 이탈리아는 반민주적이고 전체주의적이며 극도로 민족주의적인 파시즘 시기를 거치기도 했다. 폴란드, 체코 공화국, 스페인, 러시아, 태국, 일본, 중국, 말레이시아 등은 각각의 독자적인 언어에 기초한 민족들이다. 인도는 어느 정도 역사와 헌법에 기초한 민족이다. 인도의 헌법은 힌두교의 가치들을 반영하고 있지만 다른 종교들을 존중하기도 한다. 20세기의 전반적인 역사는 식민지 경험에 자극을 받아 민족 정체성을 되찾으려 한 투쟁들로 점철되어 있다. 제국주의 국가가 다른 민족을 자기네 민족으로 동화시키려 하면 핍박 받는 민족 쪽에서는 강렬한 민족주의 감정이 싹트게 된다. 그래서 심지어 다양한 문화가 뒤섞여 있고 따라서 엄밀한 의미의 민족을 이루고 있지 않았던 식민지 아프리카의 여러 사회들도 정복자들에 맞서 그들의 민족 정체성을 형성해 가기 시작했다. 제1차 세계 대전이 끝나면서 오스트리아-헝가리 제국이 붕괴되고 수많은 신생 국가들이 출현했다. 또 오스만 제국은 터키와 여러 개의 아랍 국가들로 분리되었다. 제2차 세계 대전 후에는 이스라엘이 생겨났으며(이스라엘의 성립은 민족적 이상과는 좀 거리가 있었지만, 어쨌든 이는 히틀러가 너무도 많은 유대인을 학살했기에 생겨난 불가피한 현상이었다), 대영 제국에 속해 있던 인도, 파키스탄, 버마(현재의 미얀마), 스리랑카 등이 독립했다. 그리고 그 뒤를 이어 말레이시아, 싱가포르, 캄보디아 등 아시아 여러 민족들이 각각 영국, 프랑스, 네덜란드 등으로부터 독립했다. 또 아프리카에서는 프랑스, 벨기에, 포르투갈, 스페인 등에 속했던 많은 민족들이 독립했다. 또 카리브해와 태평양에서도 많은 나라들이 속속 등장했다. 한편 소련 제국이 붕괴되자 중앙아시아의 민족들이 다시 등장하기 시작했으며, 그리하여 우크라이나와 몰도바를 비롯하여 코카서스 지역의 아르메니아, 아제르바이잔, 체첸 같은 나라들이 생겨났다. 또 유고슬라비아는 유혈 사태를 겪으면서 마케도니아를 비롯한 여러 나라들로 분열되었다.

그러나 이 과정은 아직 끝나지 않았다. 팔레스타인,[1] 쿠르드, 티베트, 위구르 등과 같이 아직 독립을 이루지 못한 민족들이 여전히 많이 남아 있기 때문이다. 또한 서로 다른 인종 집단들 간의 분쟁도 계속되고 있는데, 앙골라, 케냐, 스리랑카 등을 그 예로 들 수 있다. 그리고 언젠가 붕괴될 수도 있는 두 제국이 있는데, 가능성이 매우 높은 것이 중국이고, 러시아도 그럴 가능성이 약간 있다. 한편 소련 붕괴 이후에도 러시아는 여전히 이슬람권인 타타르 등 여러 지역, 불교권인 부리야트, 샤머니즘권인 야쿠트를 비롯한 많은 민족을 거느린 하나의 제국으로 남아 있다. 이들은 모두 러시아의 통치 아래 살고 있는 이질적인 민족들이다. 그 외에 이란, 이라크, 영국, 프랑스를 비롯한 다른 많은 국가들 내에도 나름대로 오랜 전통을 간직해 온 소수 민족들이 존재한다. 그래서 적어도 이론적으로만 본다면 이 국가들은 엄연한 제국이라고 할 수 있다.

대개 우리는 민족주의의 시대가 끝났다는 소리를 들어 본 적이 없다. 하지만 스칸디나비아, 남북아메리카, 남태평양, 그리고 아프리카와 아시아의 일부 지역에서는 민족주의가 점차 약화되고 있다. 그러나 한국, 이스라엘, 이라크, 코카서스, 중앙아시아, 중국, 그리고 아프리카 일부 지역들에서는 민족주의가 매우 강해서 이로 인한 민족 전쟁이나 내전이 발발할 가능성이 높다.

앞에서 보았듯이 종교는 때로 민족주의와 결합하거나, 베트남의 경우처럼 이데올로기와 결합하여 강력한 혼합물을 만들어 내기도 한다. 또한 어떤

---

[1] 제2장의 p. 74 참조.

경우에는 민족 정체성이 종교의 차이에 따라 결정되기도 한다. 예를 들어 세르비아와 크로아티아는 언어가 아니라 종교에 의해 분열되었다. 또 보스니아에서는 (티토 장군에 의해) 이슬람 신자들이 종교적 이유로 분리되었다. 마찬가지로 북아일랜드의 민족적 분리 역시 종교 문제로 인한 것이며, 파키스탄과 인도가 분리된 것도 역시 사실상 종교적인 이유 때문이다.

바로 이런 이유들 때문에, 그리고 진정한 민주주의를 위해서도 세속 국가 개념이 중요해진다. 여기서 내가 사용하는 "세속적"이라는 말은 이 말이 담고 있는 두 가지 뜻 중에 "다원적"이라는 뜻을 가리킨다. 앞에서 다루었듯이 "세속적"이라는 말은 한편으로 "종교적이지 않다"라는 뜻을 갖기도 하고, 다른 한편으로 "다원적이다"라는 뜻을 갖기도 한다. 먼저 후자에 대해 살펴보자. 예를 들어 세속적인 대학은 다원적인 학교를 뜻한다. 이런 학교에서는 그 어떤 종교도 학칙으로 규정해 놓지 않으며 누구든 개인적으로 자신이 원하는 종교를 믿을 수 있다. 또한 미국 헌법과 같은 세속적인 헌법은 그 어떤 종교에도 근거하지 않는 헌법을 말한다. 이런 헌법을 가진 국가에서는 누구라도 얼마든지 개인적으로 (그리고 공동체를 구성해서) 자신이 원하는 종교를 믿을 수 있다. 이것이 "세속적"이라는 말의 한 가지 뜻이다. 반면에 스코틀랜드가 점점 세속적이 되어 간다고 말할 때, 이는 스코틀랜드 사람들이 점점 종교에 무관심해지고 있다는 것을 뜻한다. 또는 구 소련이 세속적인 국가였다고 말할 때, 이는 소련이 공식적으로는 비종교적 입장을 표방했지만 실제로는 반종교적이었다는 것을 뜻한다. 소련의 이데올로기는 마르크스주의를 변형시킨 것으로 어떤 면에서 보면 종교에 버금가는 세계관이었다. 다시 말해 소련은 닫혀진 국가였다. 이것이 "세속적"이라는 말의 또 다른 뜻이다.

결국 민족주의에는 일정한 제한이 가해질 필요가 있다. 아무리 민주적인 국가라도 때로 강압적인 것을 선호할 수 있기 때문이다. 그리고 실제로 나치즘이 남긴 쓰라린 교훈은 하나의 국가 자체가 전체주의적이고 제국주적인 가치 속으로 빠져들 수도 있다는 것이다. 다행스럽게도 20세기에 아주 중요한 세 가지 체제 가운데 두 가지가 붕괴되었다. 물론 중국이 여전히 그 제국주의적 속성을 그대로 간직하고 있기는 하지만, 어쨌든 중국은 현재 자본주의에 의해 변해 가고 있는 중이다. 그리고 아마도 중국은 민주적인 가치들을 향해 나아가게 될 것이다.

자본주의의 발전

근대 자본주의는 그 반동으로 사회주의를 태동시켰으며, 이로 인해 좀더 나은 결과가 나타났다. 그리고 이러한 결과는 부분적으로 종교적인 의무감에 자극된 것이기도 했다. 특히 뉴질랜드와 스칸디나비아의 사회 민주주의는 현대 복지 국가를 태동시켰으며, 사람들 사이의 평등을 증진시켰다. 가난한 사람들은 (일정한 범위 안에서) 적절한 보살핌을 받게 되었다. 한편 1929년 주식 시장의 몰락과 이에 따른 대공황으로 인해 자본주의의 효용성에 의문이 제기되었다. 그런 까닭에 제2차 세계 대전 이후 사회주의가 유행하게 되었던 것도 그리 놀라운 일은 아니다. 하지만 사회주의도 역시 그릇된 방향으로 나아가고 말았으며, 동유럽 전체와 동아시아 일부를 포함한 모든 사회주의 세계에서 전체주의적인 형태로 군림하게 되었다. 이와 달리 자본주의는 가장 생산적이고, 새로운 기술과 사상에 대해 개방적이라고 판명되었다. 자본주의 세력의 핵심이었던 미국은 세계 대전 이후 유럽을 구해냈으며, 냉전이 종식되고 소련식 공산주의가 무너진 이후에도 계속 살아남았다. 또한 새로운 기술들은 인간의 생활을 새롭게 변모시키기 시작했다. 우주 개발 사업을 통해 우리는 아름답고 연약한 우리 지구의 새로운 모습을 보게 되었다. 특히 1970년대 이후 우리는 제트 엔진을 단 대형 여객기를 타고 신속하게 여행할 수 있게 되었으며, 팩스와 인터넷은 믿을 수 없을 정도로 놀라운 통신 수단으로 자리 잡게 되었다. 이렇게 교통과 통신이 발달하면서 세계는 하나의 지구촌이 되어 갔다. 자본주의는 훨씬 더 쉽게 다국적화되었다. 이에 따라 다양한 피부색, 종교, 언어를 가진 사람들이 뒤섞이게 되었으며, 그리하여 사람들은 이제 낯선 민족들과 관습들에 대해 좀더 잘 알게 되는 한편 인종 차별이나 (인종을 비롯한 여타의 이유로 다른 집단을 혐오하는) 집단주의가 왜 문제가 되는지를 좀더 잘 인식하게 되었다.

자본주의는 종교와 여타 세계관에 쉽게 영향을 끼치는 경향이 있다. 자본주의는 대체로 민주주의를 선호하는데, 이는 개방된 사회가 개혁과 변화에 좀더 자유롭기 때문이다. 또한 값싼 노동력을 착취하면 더 많은 돈을 벌 수 있다는 식의 편견이 자리 잡고 있는 지역을 제외하면, 대체로 자본주의는 성별이나 인종 따위로 사람을 차별하지도 않는다. 다른 조건들이 동등하다면 여성도 남성과 같은 일을 할 수 있고, 이민자들이 자기 집을 가질 수도 있다. 그래서 비록 (칠레, 대만, 남한, 홍콩 같은) 많은 나라들에서 자본주의가 권위주의적인 체제로 변질되기도 했지만, 이 나라들도 어느 정도는 개방적이며 민주주의를 향해 나아가고 있다. 한편 자본주의는 발달된 교통 통신망과 다국적 기업을 통해 한 사회를 보다 발전된 사회로 전환시킬 수 있다. 이는 실제로 분명한 발전이기는 하다. 왜냐하면 이러한 전환을 통해 사람들의 생활 수준이 점점 나아지기 때문이다. 그러나 다국적 기업의 영향으로 인해 민족 정부의 위상은 눈에 띄게 약해지고 있다. 세계는 대체로 수백 개의 다국적 기업들에 의해 통제되고 있다. 실로 주소 없는 새로운 형태의 제국주의가 태동하고 있는 것이다(비록 다국적 기업이 주로 영어를 구사하고 또 여러 가지 점에서 미국과 관련되기에 그 본부가 주로 미국이라고 여겨지기는 하지만, 어쨌든 다국적 기업은 대체로 국적 없는 모습으로 나타난다). 그래서 더 이상 경제적 자율권을 누릴 수 없게 된 주권 국가들은 이제 자국민을 착취로부터 보호하기 위해 점점 더 직능 조합처럼 처신해야만 하게 되었다.

지구촌 세계의 종교

1950년대 이후로 줄곧 세계는 점점 더 하나의 지구촌이 되어 갔다. 하나의 민족이 세계 곳곳으로 흩어져 공동체를 이루고 사는 디아스포라diaspora는 이제 유대인들(오래전부터 세계 곳곳에 흩어져 살아온 유대인들의 디아스포라는 홀로코스트 때문에 약화되었다가 1948년의 이스라엘 건국과 이어지는 승전으로 더욱 강력해졌다)뿐 아니라 세계 모든 민족의 문제가 되었다. 아시아, 아프리카, 남아메리카의 수많은 사람들이 유럽과 미국으로 이주했다. 또한 남아시아인들처럼 이미 오래전에 세계 각지로 이주했던 이들은 이제 더욱 빨라진 교류를 통해 각 사회로 통합되었다. 그리하여 동아프리카와 남아프리카에서는 인도인들이, 그리고 영국과 북아메리카에서는 마우이, 피지, 말레이시아, 카리브해를 비롯한 각지 출신의 사람들이 인구 구성의 상당 비중을 차지하게 되었다. 불교는 중국의 핍박을 받던 티베트인들이 이를 피해 세계로 흩어지면서 함께 확산되었고, 아울러 중국인들과 일본인들을 통해 미국 등지에서도 널리 확산되었다. 캐나다와 영국에 사는 시크교인들은 재정적·정치적 지원을 통해 편잡 지역의 시크교인들에게 강한 영향력을 미치고 있다. 이슬람교인은 북서아프리카의 모리타니로부터 세계를 가로질러 인도네시아까지 광범위하고도 조밀하게 퍼져 나갔을 뿐만 아니라 유고슬라비아의 보스니아인들, 독일의 터키인들, 러시아의 타타르인들을 비롯해 동아프리카와 서인도 제도까지 확산되었다. 마찬가지로 기독교 역시 조밀하고 광범위하게 퍼져 나갔으며, 동시에 인도, 방글라데시, 동남아시아, 중국 등지에도 전파되었다. 따라서 우리는 하나의 문화권에서 세계적으로 퍼져 나간 주요 디아스포라들을 볼 수 있는데, 그들은 바로 유대인들, 힌두교인들, 불교인들, 이슬람교인들, 기독교인들, 그리고 중국인들이다. 이보다 좀더 작은 규모의 디아스포라로는 자이나교인들, 조로아스터교인들, 그리고 모르몬교인들을 들 수 있다. 게다가 현대 세계에서는 고립된 사회들의 소규모 종교들이 연합체를 형성하거나, 아프리카와 아메리카 원주민을 비롯한 다양한 영적 전통들이 좀더 광범위한 연방체를 형성하는 것이 용이해졌다.

이와 같이 현대 사회에 들어 다양한 디아스포라들 간에 소통이 증가하면서 종교들이 점차 강화되는 경향을 보인다. 동시에 점점 더 많은 종교 지도자들이 근대 교육을 받고 있다는 사실은 종교 전통들 안에도 근대화의 흐름이 스며들기 시작했음을 보여 준다. 더욱이 종교들은 더욱 더 내적으로 단합되어 가고 있다. 예를 들어 남아공의 인도인들은 대개 전통적인 힌두교 의례들을 상실했었지만, 제2차 세계 대전 이후 인도와의 교류가 크게 늘어나면서 전통을 다시 회복시켰다. 또한 종교 관련 신문들이 창간됨으로써 다른 나라에 흩어져 사는 같은 종교인들에게 무슨 일이 벌어지고 있는지를 생생하게 접할 수 있게 되었다.

전 세계를 쉽게 여행할 수 있게 됨으로써 다양한 전통들이 서로에게 영향을 주는 추세는 더욱 강화되었다. 힌두교의 구루나 불교의 승려들은 서구로 쉽게 여행할 수 있게 되었다. 또한 20세기 서구 세계에는 이 밖에도 온갖 종류의 외래 종교들과 낯선 종파들이 유입되었다. 또 반대로 기독교 선교사들의 활동은 다른 비서구 종교들에도 많은 영향을 끼쳤는데, 특히 포교 방법이나 조직 구성 면에서 많은 영향을 주었다.

이 모든 것은 일정 정도의 절충주의에 기여하고 있다. 현대 사회의 모든 개인은 그들 "자신의 것"을 하려는 열망이 강하다. 이러한 분위기 속에서 "뉴 에이지New Age"에 관한 사상과 실천들이 증가하고 있다. 이와 아울러 모든 종교들이 궁극적으로 하나로 합쳐질 것인지, 모든 종교들은 동일한 진리를 말하고 있는 것인지 하는 물음에 대한 성찰도 제기되고 있다.

이 문제는 바로 현대 힌두교의 주요 주제이기도 하다. 현대 힌두교는 모든 종교들이 아무리 겉으로 서로 분리되어 있는 듯이 보여도 궁극적으로는 이들 모두가 진리라는 생각을 항상 갖고 있다. 이런 생각은 매혹적이다. 그러나 이 생각은 심각한 결점도 갖고 있다. 어떤 종교들은 지고의 인격신을 믿는 반면, 어떤 종교들은 희망이나 열반이나 도 같은 비인격적 원리에 전념하기 때문이다. 더욱이 통합을 추구할 경우 각 종교는 그들이 누려온 영광을 포기해야 할 수도 있다. 예를 들어 만일 기독교가 모든 종교는 어쨌든 단일한 궁극적 실재를 지향한다는 주장을 받아들이게 된다면, 기독교에서조차도 그리스도는 더 이상 유일한 구세주가 아니게 된다. 또 이슬람교가 이 주장을 받아들인다면 그들이 그토록 중시하는 『쿠란』이 『베다』나 『성서』와 똑같은 경전이 되어 과거의 힘을 잃게 될 수도 있다. 또 만일 석가모니가 세계의 수많은 현자들 중 한 명에 불과하다면, 도대체 그런 존재에 대해 얼마나 신실한 믿음을 지닐 수 있을까? 단일한 세계 종교라는 것이 성립될 가능성이 아무리 그럴듯해 보인다고 해도 우리는 이 문제에 대해 좀 다른 각도에서 생각해 보아야 한다.

반면 우리는 좀더 작은 규모의 사회들에서 다양한 종교들 사이에 통합성이 나타나기도 하는 것을 볼 수 있다. 물론 소규모 사회들은 자본주의나 거대 종교들이 지닌 전 지구적인 힘에 쉽게 휘둘리기도 한다. 이런 이유 때문에 20세기에는 아프리카의 복잡다단한 사회들에 존재하는 다양한 종교들을 하나로 묶는 (단수로서의) "아프리카 종교"라는 개념이 나타나게 되었다. 아프리카 종교들에서 나타나는 공통된 스타일(조상들, 지고신, 치병 의례, 예언자 등등)은 앞으로 이들을 더욱 강하게 통합할 것이다. 또한 수많은 신종교들과 아프리카적 성격이 강한 새로운 독립 교회들 안에 내재해 있는 범아프리카적 영성은 현대 세계의 온갖 도전에 직면해서 더욱 강화될 것이다.

마찬가지로 북아메리카에서는 다양한 부족의 통찰력을 종합한 아메리카 원주민 종교의 새로운 세력이 등장하고 있다(이는 중앙아메리카 이남까지 확장되고 있다). 또한 북극 지방에 사는 부족들 사이에도 일정한 통합 의식이 나타나고 있다. 이들은 소련 공산주의의 영향과 부분적인 산업화 이후에도 살아남은 다양한 샤머니즘을 간직하고 있다.

종교와 과학, 그리고 자유주의

 20세기에 들어 과학은 놀라우리만치 진보했다. 상대성 이론과 양자 역학은 우주를 구성하는 물질과 실체에 대한 의문을 해결해 주었으며, 이제 세상은 수많은 사건들로 거대하게 얽혀 있는 것으로 여겨지게 되었다. 세상은 우리의 감각 기관이 감지하는 것보다 훨씬 더 구체적이다. 우리의 감각 기관은 필연적으로 우리 주변의 세상을 단순화시킨다. 또 우리가 아무리 노력한다 해도 우리는 결코 이 세상을 다 섭렵할 수 없다. 더욱이 이 세상은 우리가 만지고 보고 냄새 맡고 듣고 맛볼 수 있는 온갖 색깔과 형상으로 이루어진 지극히 아름다운 곳이기에, 우리는 감각 기관으로 지각하는 세계를 마치 그것이 세계의 전부인 양 착각할 수도 있다. 하지만 우리는 우리가 직접 볼 수 있는 것 이상을 이해할 수 있는 충분한 지적 능력을 갖고 있기 때문에, 우리가 지각하는 이 세상을 구성하는 보이지 않는 구성 요소인 원자나 미립자나 쿼크에 대해 얼마든지 이해할 수 있다.
 그뿐만 아니라 우리의 상상력 속에서 우주는 놀랍도록 확장되어 왔다. 1929년에 허블Edwin Hubble(1889~1953)은 우주가 팽창하고 있음을 말해 주는 적색 편이red shift를 발견했다. 우주는 놀랍도록 광대하며 끊임없이 팽창하고 있다. 우리는 우리 태양계에서 어떻게 생명이 생겨나게 되었는지에 대해 생각해 볼 수도 있지만, 여기서 더 나아가 지구 아닌 다른 곳에 우리와 비슷한 생명체가 살고 있지 않을까 생각해 볼 수도 있다. 그리고 우리의 은하계는 물론 광대한 이 우주의 수많은 은하계들이 비슷한 모습을 하고 있다는 점을 감안한다면 이것이 그리 터무니없는 생각은 아니다. 우주에 대한 이 모든 생각은 우주가 무한하고 광대하며, 거기에는 나름의 부처를 가진 수많은 "세계들"이 있다고 하는 전통적 불교 사상과 매우 잘 조화된다. 반면 이런 우주관은 서구의 유일신교 전통들이 제시해 온 전통적인 우주관과는 전혀 들어맞지 않는다. 서구 전통들이 근거로 삼고 있는 『성서』의 우주론은 현대의 견해에 비교해 볼 때 너무도 편협하다. 하지만 이미 오래전에 뉴턴 Isac Newton(1643~1727) 같은 사람은 과학적 우주관에 근거하여 『성서』의 우주관을 다시 그려 보려고 시도하기도 했다. 그리고 그후 19세기와 20세기의 많은 학자들은 『성서』가 문자 그대로가 아니라 상징적으로 받아들여져야 한다고 생각하게 되었다. 그리하여 그들은 진화론에 근거하여 하느님이 어떻게 세상과 인류를 창조했는지를 새롭게 설명해 냈다. 경전을 이런 식으로 해석하는 것은 흔히 자유주의liberalism로 알려진 학문 전통에서 취하는 입장이다(자유주의는 또한 『성서』의 역사적 사실성에 대해서도 비판적으로 접근한다). 뒤에서 다루게 되겠지만, 이러한 자유주의에 대한 반응으로 근본주의가 나오게 되었다. 근본주의자들은 우주의 기원에 대한 현대 과학의 설명을 거부하면서 창조론을 새롭게 들고 나왔다. 그러나 분명한 것은 우리가 우주의 광대함을 알게 된 이상 이제 우리가 살고 있는 이 작은 지구상의 생명체들과 지구 자체의 의미에 대해 새로운 관점을 지니게 되었다는 점이다.

환경주의

과학적 생물학은 물론 모든 생명체의 상호 관련성을 강조해 왔다. 이러한 사고는 오늘날 다양하고 포괄적인 생태학ecology을 탄생시켰다. 생태학이란 다양한 유기체들이 주어진 자연 환경 안에서 어떻게 서로 관계를 맺으며 살아가는지를 연구하는 학문이다. 생태학은 다양한 식물 종들과 동물 종들이 어느 만큼이나 서로 통합되어 있는지에 관심을 갖는다. 따라서 생태학은 인간이 자연 환경에 어떤 영향을 끼치는지에 관심을 가지며, 이에 근거하여 자연을 보존하기 위한 정책들을 제시한다. 생태학은 또한 종교들이 환경의 가치에 대해 역설하는 바를 경청해 왔다. 불교는 모든 만물이 서로에게 의존한다는 것을 강조하고, 도교는 조화의 중요성을 강조한다. 마찬가지로 실천적인 차원에서 자이나교의 불살생 윤리는 중요한 도덕적 가치를 지닌다. 또 기독교의 인간관은 인간을 창조주 하느님의 대리인으로서 만물에 대해 책임을 지는 존재로 간주한다. 그리고 아메리카 원주민은 자연과의 협조를 중요시한다. 환경주의environmentalism는 그 자체로 하나의 세계관이다. 환경주의는 그 자체의 세계관을 갖고 있을 뿐 아니라 전통적인 종교들이나 뉴에이지 종교들의 세계관도 적극적으로 받아들인다. 또 환경주의는 자동차와 발전소에서 나오는 배기 가스 때문에 지구가 온난화되고 있다는 사실이 발견되면서 매우 절박한 세계관으로 부각되고 있다. 그러나 환경주의는 여느 종교적 세계관들과는 다르다. 환경주의는 과학에 근거한 세계관이기 때문이다. 한편 환경주의는 전통 종교들이 어떻게 지구의 환경 보존을 돕거나 방해하는지를 밝히는 데도 도움을 준다. 이런 관점은 세속적 세계관들에도 마찬가지로 적용된다. 예를 들어 마르크스주의 세계에서는 환경 파괴에 대한 엄청난 증거들이 나오고 있다. 그러나 부유하거나 가난한 다른 나라들에서의 개발 역시 이에 못지 않게 환경 파괴적이다.

과학의 발전에서는 의학도 중요한 부분을 차지한다. 특히 최근에는 비서구 세계의 전통 의학들에 대한 관심이 많이 증가하고 있는데, 이러한 전통 의학들은 대개 종교적인 개념들로부터 많은 영향을 받은 것들이다. 또한 종교적 치병도 어느 정도 관심을 끌고 있다. 한마디로 종교와 과학의 상호 작용이 활발히 이루어지고 있으며 이들은 서로 자극을 주고 있다. 과학적 연구의 영역이 급속히 확장되면, 세계의 종교들은 여기에 일정한 영향을 받지 않을 수 없게 된다. 종교적 세계관들 속에 자유주의적 사고가 개입하게 되는 것은 바로 이 때문이다. 이는 또한 과학적 휴머니즘이 앞으로도 중요한 이데올로기로 남을 것이라는 점을 말해 준다(실제로 과학적 휴머니즘은 여러 대학의 철학과에서 하나의 이데올로기로 가르쳐지고 있다). 과학은 개방된 사회에서만 제대로 발전할 수 있다. 따라서 자유주의는 과학의 성과를 민감하게 받아들이는 종교들에게 중요한 요소가 될 것이다. 그러나 이는 혼란을 야기할 수도 있다. 이런 분위기 속에서는 비판적인 과학자들이 계시에 도전할 수도 있기 때문이다. 이에 대해서는 나중에 다시 이야기하도록 하겠다.

페미니즘과 동성애자 해방 운동이 종교와 종교학에 끼친 영향

20세기 들어 여성의 지위는 크게 향상되었다. 서구 여성들은 19세기 말에 뉴질랜드에서 최초로 선거권을 획득한 이래, 점차 다른 민주 국가들에서도 선거권을 획득해 갔다. 그러다가 1970년대 초부터 활발하면서도 때로 급진적인 페미니즘이 펼쳐지기 시작했다. 페미니즘은 여성들이 사회적 가치들과 지식 세계 자체에 대해 전혀 다른 관점을 갖고 있다는 사실을 강조했다. 페미니즘은 다양한 권리를 위해 강력한 운동들을 펼쳤다. 그리하여 남녀 평등이 현격하게 증가하면서 이는 서구 사회(특히 미국)의 분위기를 크게 바꾸어 놓게 되었다. 페미니즘은 또한 기독교 전통 안의 보다 자유로운 교회와 교파들에도 상당한 영향을 끼쳤으며, 이러한 영향은 개혁 유대교에서도 강하게 나타났다. 물론 페미니즘은 아직까지 그 밖의 다른 종교들에 대해서는 별다른 영향을 끼치지 못하고 있다. 하지만 결국 다른 종교들도 언젠가는 페미니즘의 영향을 받게 될 것이다. 이는 심지어 이슬람교도 마찬가지일 것이다. 성립 초기의 이슬람교는 여성 문제에 관한 한 다른 종교들보다 훨씬 앞서 있었다. 하지만 이런 가능성에도 불구하고 이슬람교는 여성들에게 극심한 제한을 가해 왔다. 아무튼 종교의 세계에서 여성의 지위는 점점 개선되고 있으며, 이는 분명 전통적인 구조들에 상당한 변화를 가져오게 될 것이다.

한편 종교 영역에서의 변화 외에, 여성들의 깨인 의식은 학문 영역에서도 변화를 일으키고 있다. 여성학적 시각의 종교 연구들은 많은 것을 밝혀냈다. 예를 들어 남성들과 가부장들이 경전의 형성 과정에서 어떤 역할을 했는지, 유일신교 전통에서 여성적 이미지가 어떤 위상을 차지하고 있었는지, 힌두교와 그 밖의 다른 종교들에서 여신들이 얼마나 중요한 위치를 차지하는지, 왜 다양한 맥락에 맞추어 의례를 재구성해야 하는지, 왜 여성적 가치와 관심을 고려해야만 하는지 등에 대한 설명이 이루어졌다. 또한 빙겐의 힐데가르드Hildegard of Bingen(1098~1179)나 라비아Rabi'a(713/4~801) 같은 여성 종교가들의 잊혀졌던 삶이 복원되기도 했다. 일반적으로 여성 운동은 좀더 많은 사람들을 "대중적" 종교로 끌어들이고 있다. 종교라는 것이 언제나 평범한 사람들에게 다가가고 그들을 통해 드러난다는 점을 생각하면 이는 당연한 일이다.

페미니즘은 다른 어떤 영역에서보다도 특히 기독교 신학에서 매우 급진적인 모습으로 나타났다. 페미니즘은 과거와 같은 방식으로 신에 대해 이야기하는 것을 거부했으며, 위계적인 교권 제도와 다양한 경향의 신학들을 신랄하게 비판했다. 사제와 목사가 되기 위한 여성들의 투쟁은 개신교 교파들에서는 어느 정도 성공적이었지만, 가톨릭에서는 여전히 바티칸 지도부의 강력한 반대에 부딪히고 있다. 하지만 나는 언젠가는 결국 가톨릭에서도 여성 사제를 인정하지 않을 수 없을 것이라고 생각한다. 유럽은 물론 아프리카나 라틴아메리카에서 사제가 되고자 하는 젊은 남성의 수가 점점 줄어들고 있고, 그 결과 여성 사제를 금지하는 지금의 제도가 어려움에 처해 있기 때문이다.

또한 1960년대 이후로 성적 자유가 더욱 확대되면서 동성애자 해방 운동이 나타났으며, 전반적으로 동성애에 대한 선입견도 많이 사라지게 되었다.

페미니즘과 마찬가지로 게이-레즈비언 연구는 주로 동성애자들의 지위를 좀더 나은 상태로 개선하려는 세계관에만 초점을 맞추고 있다. 그럼에도 불구하고 이러한 연구는 과학적이고 현상학적이라고 자처하는 종교학 안에 숨어 있는 편견들을 제거하는 데 일정한 영향을 끼쳤다.

근본주의와 보수주의의 반격

기독교, 유대교, 이슬람, 힌두교 등의 다양한 종교와 이데올로기에서 나타났던 다양한 해석과 운동에 대해 서술할 때 "근본주의fundamentalism"라는 용어는 사실 그리 썩 적합하지는 않다.

하지만 어쨌든 근본주의라는 용어는 일반적으로 철저하고, 경전 해석에서 보수적인 (또는 다른 여러 가지 면에서 보수적인) 운동들을 언급하는 용어로 사용되어 왔다. 기독교의 경우 근본주의라고 하면 대개『성서』를 문자 그대로 보수적으로 해석할 것을 강조하는 복음주의evangelical 운동들을 지칭한다. 복음주의 운동은『성서』를 좀더 느슨하게 이해하는 자유주의적 견해가 신자들의 삶에 막강한 영향을 끼치기 시작할 때 이에 대한 반동으로 나타나는 경향이 있다. 이 운동은 미국에서 특히 1980년대에 두드러지게 나타났으며 정치적으로 상당히 많은 영향력을 행사했다. 이들은 낙태, 여성 사제나 여성 목사, 그리고 동성애자들이 떳떳하게 교회 생활에 참여하는 것 등을 인정하는 개방적인 견해에 반대하는 경향이 있었다. 한편 이 시기에 라틴아메리카에서는 근본주의적인 개신교 선교사들의 활동이 크게 증가하기도 했다.

이슬람교에는 이러한 근본주의적 집단들이 오래전부터 있었다. 그중에서 가장 잘 알려진 것은 이집트에서 특히 활발히 활동하고 있는 무슬림 형제단 Muslim Brothers이다. 1979년 이란 혁명에서 아야톨라 호메이니Ayatollah

Khomeini가 권력을 잡은 이후 이러한 이슬람주의 운동들은 이슬람 세계의 지지를 받으며 이스라엘과 격렬하게 맞부딪쳤다. 소련 붕괴 이후 탈리반 Taliban이라는 이슬람 근본주의자들은 아프가니스탄의 대부분을 장악했다. 한편 알제리에서는 1983년 선거에서 다수당인 이슬람 정당이 많은 표를 얻어 선거에 승리할 뻔했지만, 군사 정부의 개입으로 좌절당하고 말았다. 그 후로 급진주의자들은 정권에 대항하여 계속 테러 행위를 하고 있다.

인도에서는 1990년대에 바라티야 자나타 당Bharatiya Janatha Party이 전면에 부각되었다. 이 당은 공공연하게 힌두교가 인도를 다스려야 한다고 주장하면서 명백한 힌두교 국가를 출범시키고자 했다. 1993년에 이들은 힌두교인들을 부추겨 바브리의 이슬람 사원을 파괴했는데, 그 이유는 이곳이 라마(라마는 비슈누 신의 여러 화신들 가운데 하나로 크리슈나와 더불어 인도의 대중적인 신이자 영웅이다)의 출생지로 여겨졌기 때문이었다. 이슬람교인들은 이에 강하게 반발하였다. 물론 바라티야 당의 모든 당원이 다 근본주의자인 것은 아니지만, 어쨌든 이들은 인도의 자유 헌법에 반발하는 보수적 힌두교를 대표하고 있다. 이들은 인도의 헌법이 이슬람에게 너무 우호적이라고 여긴다. 이슬람 세계나 인도의 이런 근본주의 집단들은 소수파들과 지하 정치 운동 세력이 1960년대부터 계속 주도해 온 도시전과 테러 행위의 진원지가 되고 있다.

그러나 근본주의자들 중에는 폭력과 거리가 먼 이들도 적지 않다. 기독교 복음주의와 오순절 성령 운동은 비폭력적이며, 무슬림 형제단의 많은 단원들과 이와 비슷한 다른 조직들도 대부분 비폭력적이다(이들은 『쿠란』이 장려하는 성스러운 전쟁 지하드를 흔히 "영적 싸움"으로 해석한다).

하지만 기독교의 경우 많은 신자들이 기독교의 계시를 다소 엄격하게 믿는 것은, 그들이 전통을 자유롭게 해석함으로써 나타나는 불확실성과 모호성을 거부하기 때문이라는 점을 강조할 필요가 있다. 이들은 힌두교 같은 다른 종교들에 대해 적대적인 경향을 보이기도 하는데, 이는 그들이 우상 숭배를 금지하는 『성서』의 가르침을 따르기 때문이기도 하지만, 다른 종교를 진지하게 받아들이는 것이 곧 기독교의 전통적인 계시에 대한 믿음을 저버리는 일이라고 생각하기 때문이기도 하다.

모든 종교들에서 자유주의를 거부하고 보수주의로 회귀하고 있는 사람이 적지 않기 때문에, 아마 앞으로는 전 세계적으로 종교가 극단적으로 양분화되는 일이 계속될지도 모른다. 그러나 중요한 것은 이로 인해 생기는 긴장이 폭력적인 투쟁으로 귀착되지는 말아야 한다는 것이다. 이런 상황은 우리로 하여금 현 시대에서 어떤 전 지구적 이데올로기가 과연 나타날 수 있을 것인지 하는 문제를 생각하게 만든다.

전통 종교의 근본주의가 활발한 것 못지 않게, 세속 이데올로기의 보수주의도 역시 활발하다. 최근 서구에서는 나치즘이 되살아나고 있는데, 이런 현상이 나타나는 것은 실업의 증가와 교육의 실패 때문이다. 또한 과거의 소련이나 한때 소련의 지배를 받았던 나라들에서는 공산주의에 대한 향수 같은 것이 남아 있다. 그리고 일부 서구 세계에서는 종교적 가치를 거부하는 보수적인 과학 만능주의가 확산되고 있다.

연방주의, 교육, 그리고 함께 살아가기

세계의 다양한 세계관들은 사실상 서로 매우 다르다. 어떤 사람은 창조주인 인격신을 믿는다. 또 어떤 사람은 비인격적으로 묘사되는 절대 원리를 신봉한다. 또 신이나 절대 원리 같은 것을 믿지 않는 사람도 있고, 아예 초월적인 것은 아무것도 믿지 않는 사람도 있다. 휴머니즘과 유신론의 차이는, 유교와 불교의 차이나 과학적 휴머니즘과 아프리카 종교의 차이만큼이나 큰 것이다. 하지만 우리는 이들 사이에 서로 겹치는 부분도 많다는 사실을 알게 되었다. 그렇기 때문에 각각의 세계관들이 서로에게서 배우지 못할 하등의 이유가 없는 것이다. 또한 우리는 모두 지구촌 세계의 시민이기 때문에, 제대로 된 지식에 근거한 감정 이입을 통해 서로의 가치 체계를 이해하려고 애써야 한다. 마찬가지로 세계사적으로도 이와 비슷한 연방주의 federalism의 흐름이 증진될 것이다. 지구촌 사회는 러시아, 중국, 미국, 아프리카, 태평양 등등의 다양한 역사들을 되돌아보게 될 것이다. 그리고 이 다양한 문명들을 들여다보고 경험함으로써 우리는 세계 문명이라는 새로운 융단을 짜게 될 것이다. 각각의 전통이 그들 고유의 메시지를 충실하게 간직한다 하더라도, 그들은 이 연방적인 세계 문명의 맥락 안에서 움직이게 될 것이다.

이러한 변화 속에서 종교학은 교육적인 측면에서 흥미로운 역할을 담당하게 될 것이다. 엘리아데는 이미 종교학이 현대 세계에서 바로 이런 역할을 맡게 될 것이라고 예견한 바 있다. 그는 종교학이 현대 세계를 위해 고대인들의 세계를 해석해 줄 것이라고 지적했다. 나는 이를 좀 다른 말로 이렇게 풀어 쓰고자 한다. 구조화된 감정 이입에 따라 과거의 다양한 종교들이 갖는 의미를 가능한 한 정확하게 서술하려고 애쓰다 보면, 우리는 이들이 우리의 지구촌 문명을 위해 어떤 창조적인 메시지를 전달해 주는지를 알 수 있게 될 것이라고. 예를 들어 우리는 조상 숭배의 현대적인 형태를 갖고 있다. 전통 사회들이 죽은 조상들과 소통했던 것과 마찬가지로, 오늘날 우리도 역사를 통해 짜라투스투라, 석가모니, 그리스도, 마이모니데스, 가잘리, 맹자, 마르크스 같은 이들과 소통할 수 있다.

세계관 분석은 우리가 정신적인 조상들과 소통할 수 있게 해줄 뿐만 아니라 우리들 서로와도 소통할 수 있게 해준다. 그러기 위해서 우리는 서로를 창조적으로 이해해야만 한다. 또한 다른 문화나 신념 체계가 제공하는 가르침을 받아들일 수 있어야 한다. 물론 그렇다고 지금 내가 우리 문화나 다른 문화의 모든 것이 다 좋고 완벽하다고 주장하고 있는 것은 아니다. 우리는 우리 자신과 타자를 올바르게 이해해야 할 뿐 아니라 비판적으로 이해할 수도 있어야 한다. 하지만 과연 어떤 기준을 가지고 그럴 수 있을까? 물론 이런 문제도 매우 중요한 문제일 수는 있다. 하지만 더 중요한 것은 적어도 모든 문화가 우리가 세계를 이해하는 데에 나름대로 독특하게 기여하고 있으며, 우리가 이 사실을 받아들일 수 있다는 점이다.

더욱이 새롭게 출현하고 있는 지구촌 문명의 "연방주의적" 성격을 종교 연구와 세계관 연구가 제시하는 통찰과 결합시킨다면, 우리는 여기서 과거의 전통을 창조적으로 평가할 수 있는 약간의 실마리를 얻을 수도 있을 것이다.

첫째, 문화에 대한 연방주의적 접근을 확립한다는 것은 그 자체로 우리가 한편으로 각자 자신의 전통에 충실히 머물면서 동시에 다른 사람의 전통에 대해 관용적인 태도를 취하려고 애쓴다는 것을 의미한다. 여기서 지적할 필요가 있는 것은, 오늘날 서구 학계 전반(종교학을 포함한 인문학과 사회 과학)에서 그토록 활발하게 진행되고 있는 종교와 세계관에 관한 공정한 연구가 앞에서 지적했던 일원적 사회에서는 결코 불가능할 것이라는 점이다. 폐쇄적인 사회에서는 다양한 신앙과 정체성에 대한 개방적인 연구가 제대로 이루어질 수 없다. 폐쇄된 사회에서는 중국이나 북한의 경우처럼 정당과 국가 간에, 또는 사우디아라비아나 수단의 경우처럼 종교와 국가 간에 명확하고 적절한 구분이 이루어지지 않기 때문이다. 하지만 감정 이입과 관용적인 태도에서 중요한 것은, 배타적인 태도를 야기할 수 있는 불안의 요소들이 무엇인지를 이해할 수 있는 능력이다. 관용적인 사회는 배타적인 말이나 편협한 견해가 아무리 넘쳐 나도 이를 잘 감당하며 견뎌 낼 수 있다. 마찬가지로 관용적인 우리의 지구는 아무리 배타성과 편협함이 넘쳐 나도 어느 정도는 이를 견뎌 낼 수 있다. 하지만 관용성은 관용성 자체를 위협하는 실제적이고 긴급한 도전에 대해서만큼은 결코 묵과하지 않는다.

둘째, 종교와 세계관에 대한 비판적 연구는 어떤 신념 체계의 주된 핵심과 목적이 무엇인지를 살펴야 한다. 예를 들어 우리는 기독교에 대해 그 포용적인 사랑이나 신과의 밀접한 만남 속에서 이루어지는 영적 삶을 긍정적으로 평가할 수도 있다. 또 우리는 불교가 지닌 통찰과 자비를 긍정적으로 평가할 수도 있다. 또 자유주의에 대해서는 그것이 이루어 낸 실질적인 사회 개혁과 평범한 사람들이 좀더 잘 살 수 있도록 애쓴 노력에 대해 긍정적으로 평가할 수도 있다. 이렇게 본다면 다양한 목적과 핵심 목표를 지니고 있는 상이한 신념들이 함께 공존할 수 없는 것은 아니라는 사실이 드러나게 된다. 그리고 이들이 이렇게 함께 공존할 수 있다는 것은 이들이 이미 서로 협력하고 있다는 사실을 시사하는 것이다.

셋째, 어떤 하나의 세계관이 갖는 타당성을 지지하거나 거부할 수 있는 증거란 있을 수 없기 때문에, 우리는 다양한 삶의 방식들이 결국 삶을 살아가는 다양한 모색과 실험이라는 사실을 인정해야만 한다. 그 어떤 세계관도 스스로 절대성을 주장할 수는 없다. 절대성은 혹시 모든 것이 다 밝혀지는 때가 온다면 그때에 가서야 비로소 주장될 수 있을 뿐이다. (하지만 그런 때가 과연 올 것인가 하는 문제는 그 자체로 각자의 상황에 따라 불분명하고 막막하게만 논의될 수 있는 그런 문제다.)

그러나 사실 대부분의 사람들은 신앙을 갖고 있으며, 그것도 오직 하나의 신앙만을 갖고 있다. 어떤 사람은 『성서』를 절대적으로 여기고, 어떤 사람은 『쿠란』을 절대적으로 여긴다. 또 어떤 사람은 『베다』를, 어떤 사람은 마르크스 전통을 절대적으로 여긴다. 이렇게 사람들은 실제로 모두 저마다 하나의 절대성을 주장하고 있다. 물론 나는 그들의 이런 강한 확신 자체를 무시할 생각은 추호도 없다. 하지만 이것만은 지적해야겠다. 즉, 그들의 이런 신념과 확신은 그들만의 것일 뿐이지 모든 사람이 똑같이 공유할 수 있는 것은 아니라는 점이다. 신앙심이 두터운 사람들은 흔히 그들에게 그토록 명백해 보이는 것이 다른 사람들에게도 똑같이 명백해 보일 것이라고 생각하는 경향이 있다. 그러나 사실은 전혀 그렇지 않다. 만일 정말로 그랬다면 세상에 이토록 다양하고 이질적인 세계관들이 존재하게 되지도 않았을 것이다. 따라서 누군가가 어떤 확신을 갖고 있다면 이는 그 자체로 존중되어야 하지만, 그것이 어떤 외적인 증거를 갖고 있다고 착각해서는 안 된다. 그런 증거를 찾으려는 시도는 종교인들이나 그 밖의 모든 사람이 결코 빠져들어서는 안 되는 함정일 뿐이다.

넷째, 다른 사람의 신발을 신고 걸어 보려는 시도는 이미 그 자체로 다른 사람에 대한 존중을 함축하고 있다. 만일 우리가 인류가 세계 전체를 조용히 변화시킬 수 있는 의식을 지니고 있다는 사실—또는 인류가 저 너머에 있는 무언가에 대해 성찰할 수 있는 능력을 지니고 있다는 사실—을 인정한다면, 아마 이러한 존중의 태도는 더욱 강해질 것이다. 그러나 다른 사람을 존중한다는 것은 물론 단지 다른 사람의 견해를 이해한다는 정도에서 그치는 문제가 아니다. 다른 사람을 존중한다는 것은 곧 다른 사람의 존엄성을 인정한다는 것이다. 그래서 나는 우리에게는 어떤 종교나 세계관을 평가하는 시금석이 있다고 생각한다. 어떤 종교나 세계관은 그것이 가난과 굴욕 그리고 학대와 무자비에 의해 존엄성을 위협 받고 있는 사람들에게 얼마나 실제적인 도움을 주는지에 따라 평가될 수 있다. 종교는 고통 받는 이들의 울부짖음을 외면하지 않으면서도 그 자체의 온전함을 유지해야 한다.

이런 시금석을 가지고 살펴본다면 "진정한" 종교는 어떤 전통 전체에서 찾을 수 있는 것이 아니라 오히려 개별적인 운동들과 거기에 참여하는 사람들에게서 찾을 수 있다. 어쨌든 세상에는 세상의 아픔에 무감각한 종교인도 있고 이를 함께 아파하는 종교인도 있는 법이다. 이는 세계관 연구를 통해서 얻을 수 있는 또 하나의 교훈이다. 다시 말해 세상에는 우리가 생각하는 것보다 훨씬 더 많고 다양한 세계관이 존재한다는 것이다. 그렇기에 우리가 "무슨 주의-ism"라고 뭉뚱그려 사용하는 범주들은 종종 잘못된 것일 수도 있다. 이 범주들은 너무도 복잡한 인간 세계를 지나치게 단순화하기 때문이다. 물론 그 범주들은 때로 유용할 수도 있다. 하지만 그 유용성이란 노란색, 자주색, 빨간색, 흰색, 파란색의 온갖 꽃들이 흐드러지게 피어 있는 언덕을 보고 거기에 다섯 가지 종류의 꽃이 있다고 생각하는 것과 비슷한 정도의 유용성이다. 실제로 그 언덕에 직접 올라가서 보면 같은 색깔을 띤 꽃들도 저마다 종류가 다르며, 한 종류의 꽃이 온갖 색깔을 띠기도 한다는 것을 발견하게 된다. 그래서 결국 우리는 꽃들이 너무도 다양하기 때문에 색깔만 가지고는 이들을 분류할 수 없다는 사실을 알게 된다.

내가 제시하고 있는 연방주의는 지구상에 있는 소규모 문화들이 취할 기치로도 유용할 수 있다. 인류학자들이 뛰어들어 조사했던 소규모 사회들은 아주 급속히 사라지고 있다. 과테말라 고산 지대의 인디언들은 한때는 그들만의 사회를 유지하며 살았지만, 이제는 값싼 라디오를 통해 세계의 생생한 소식을 듣고 있으며, 게릴라들과 정부 관리들에 의해 자신도 모르는 새에 온갖 정치적 압력 속에 휘말려 들어가고 있다. 아프리카 저 구석진 곳에서 살아가는 유목민들은 이제 목축업 전문가의 상담을 받기도 하고 역시 전파를 통해 세상의 소식을 듣기 시작하고 있다. 뉴기니아의 첩첩산중에서 사는 사람들은 이제 밖으로 나와 선거에도 참여하고 돼지도 내다 팔라는 요청을 받고 있다. 산호섬들 사이로는 여객선과 거대한 순양함이 마치 먹이를 찾는 짐승처럼 돌아다니고 있다. 이제는 그 어떤 부족이나 소규모 민족도 외부의 영향을 전혀 받지 않고 살아갈 수는 없게 되었다. 그들에게 이런 상황은 매력적이면서도 동시에 위협적이다. 만일 소규모 사회들이 신종교를 창출한다면, 이는 그들이 어떻게든 그들의 정체성을 재확인하면서 변화에 대처하고자 한다는 사실을 보여 주는 표시가 될 수도 있다. 결국 이들은 좀더 넓은 세계에서 살아가야 하는 동시에 자신들이 이 세계 안에서 어떤 위상을 차지하는지를 파악해야만 한다. 이는 매우 힘든 일이기는 하다. 하지만 이는 연방주의의 영혼에, 다시 말해 갈수록 작아지면서 갈수록 다양해지고 있는 우리 세계의 주된 흐름인 영혼의 연방주의에 무의식적으로 생명력을 불어넣어 주는 중요한 사회적·심리적 기획이다.

미래는 아마 놀라운 격동의 시대가 될지도 모른다. 우리는 한편으로 서구의 공리주의와 마르크스주의 그리고 실존주의 같은 철학들이 그 막강한 영향력을 상실하고, 다른 한편으로 오래된 종교 전통들이 오만한 자기 확신을 버리기 시작하는 시대로 들어서고 있다. 우리는 인류 역사의 새로운 국면으로 접어들고 있다. 그리고 이 새로운 국면에서 종교학과 세계관 분석은 매우 중요한 역할을 하게 될 것이다.

지금까지 이 책 전체를 통해 종교학이라는 학문을 이해하는 데 필요한 기본 사항들을 살펴보았다. 이제 마지막으로 종교학의 작업에 대해 좀더 많은 것을 알고 싶어하는 사람들에게 도움이 될 만한 몇 가지 방법을 소개하고자 한다.

후기: 세계관 분석의 탐험 계속하기

지금까지 나는 종교학이 무엇인지 그리고 넓게는 세계관 분석이 무엇인지 설명하기 위해 책이라는 매개를 사용했다. 하지만 책이 유일한 방법은 아니라는 점을 기억해 둘 필요가 있다. 우리 앞에는 다른 많은 방법들이 열려 있다. 종교들에 대한 균형 잡힌 관점을 견지하기 위해 우리는 이 책에서 여섯 개의 점검표를 사용했다. 그런데 이 점검표를 가만히 살펴보면 금세 종교의 물질적인 측면은 물론 경험과 의례 그리고 실천이 중요하다는 사실을 발견하게 된다. 예를 들어 만일 당신이 로마 가톨릭의 분위기를 느끼고 싶다면 미사에 참석해 보아야만 한다. 믿음을 가지고 미사에 참여해야 한다는 말이 아니라 일종의 참여 관찰을 해야 한다는 말이다. 또는 만일 당신이 상좌부 불교에 관심이 있다면 사찰에 가 보는 것이 좋을 것이다. 이 경우 당신은 자신이 이해하고자 하는 문화에 몰입하는 인류학자와 비슷해지게 될 것이다. 또한 어떤 종교 전통을 연구하고 이해하든 간에, 당신은 당신이 그 전통의 모든 신앙 형태를 다 이해하고 있다고 생각해서는 안 된다.

당신이 이미 미사에 익숙하다면, 그것은 아마 당신이 바로 가톨릭 신자이기 때문일 수도 있다. 그러나 당신은 당신이 가톨릭이라는 종교 전통을 정말로 잘 이해하고 있지는 못하다는 점을 잊지 말아야 한다. 당신은 당신이 실제로 알고 있는 것보다 더 많이 알고 있다고 착각할 수도 있다. 또 당신은 미국, 영국, 이탈리아, 폴란드, 인도 등지에 있는 다양한 형태의 가톨릭 사이에 미묘한 차이가 존재한다는 사실을 알고 나서도 그리 놀라지 않을 수도 있다. 더욱이 가톨릭에 친숙하기에 가톨릭을 이해하는 데 무관심해질 수도 있는 것이다. 그렇기에 다른 종교들을 연구하면 대개 자신이 속한 종교 전통을 새롭게 바라볼 수 있게 되기도 하는 것이다.

때로는 미사를 잘 모르는 사람이 미사의 생생한 특성을 더 잘 파악할 수도 있다. 게다가 가톨릭 전통 안에서 자란 사람은, 제2차 바티칸 공의회(1962~1965) 이후에 옛날 식 라틴어 의례가 폐지되는 등 미사가 근본적으로 변화되었다는 사실을 알지 못할 수도 있다. 지난 30여 년 동안 미사는 아주 단순한 형태로 변해 왔다. 음악 역시 문화권에 따라 변화를 겪었으며, 그래서 예를 들어 교회 오르간 대신 기타를 사용하는 경우도 생겼다.

또한 다행스럽게도 현대는 여행이 쉬워진 시대이다. 많은 서구 국가들에는 상당히 큰 이주민 집단들이 많이 존재한다. 그래서 로스엔젤레스 같은 대도시들에는 평범한 서구식 기독교 교회와 유대교 회당 외에도, 스리랑카식 사찰, 힌두교 사원, 이슬람 모스크, 자메이카 교회, 시크교 사원 등 수많은 외국계 종교들이 존재한다. 만일 지금까지 당신이 외국을 여행한 적이 없더라도 언젠가는 분명 외국 여행을 하게 될 수도 있다. 뿐만 아니라 그동안 많은 서구인들이 동양 종교들(특히 다양한 형태의 불교와 힌두교)에 입교해 왔다. 이 덕분에 서로 다른 종교 전통들 간의 상호 이해가 훨씬 더 쉬워지고 있다. 당신이 힌두교를 알고 싶다고 해서 굳이 인도까지 갈 필요도 없는 것이다. 물론 직접 인도에 간다면 좀더 풍부한 경험을 할 수 있겠지만 말이다.

비행기나 기차만이 유일한 여행 수단은 아니다. 상상력을 통해서도 여행은 가능하다. 소설이나 영화는 상상력 여행을 하는 효과적인 방법이다. E. M. 포스터의 유명한 소설 『인도로 가는 길』은 당신이 힌두교와 이슬람교 그리고 기독교 신자들의 정신 속으로 생생하게 들어갈 수 있게 해준다. 도스토예프스키의 걸작 『카라마조프가의 형제들』은 당신을 러시아 정교회의 사상과 느낌 속으로 끌어들인다. 마찬가지로 당신은 아이스킬로스나 셰익스피어, 포가자로, 소잉카 같은 작가들의 문학 작품을 통해서도 신앙이나 세속적 세계관에 흠뻑 빠져들 수 있다. 문학은 종종 심오한 방식으로 사람들을 이끌어 주곤 한다.

그러나 또한 우리는 이렇게 예술이라는 렌즈를 통해 사람들의 세계관을 이해하기보다는 그 사람들 자신의 눈으로 그들의 세계관을 이해할 수도 있다. 우리는 이 책에서 구조화된 감정 이입을 아주 중요하게 다루었는데, 감정 이입은 일상 생활에서도 얼마든지 실행할 수 있다. 다른 사람들의 삶 속으로 들어가는 것은 대개 사람들과 대화하는 것만으로도 충분히 가능하다. 당신은 친지나 친구와 대화하면서 그들의 삶 속으로 들어갈 수 있다. 물론 인생 경험이 풍부하고 좀더 진솔한 어른들과 대화를 나누는 것은 특히 중요한 일일 수도 있다. 그러나 더 중요한 것은 바로 올바른 물음을 던지는 일이다.

올바른 물음을 던지게 만드는 것은 대개 종교학을 가르치는 사람들의 몫이다. 종교학자들은 우리를 세계의 종교들로 안내해 주고 그 종교들을 경험하게 해준다. 우리는 그들에게서 감정 이입의 태도를 배울 필요가 있다. 미식 축구와 관련된 물음을 아무리 많이 물어도 정작 축구에 대해서는 별로 알게 되는 것이 없는 것과 마찬가지로, 기독교적인 관점에서 불교에 대해 묻는다면 이는 바보짓이나 다름없다. 도움이 되는 방법 중 하나는 다른 종교 전통의 어휘를 배우는 것이다. 예를 들어 불교의 업이나 힌두교의 브라흐만 또는 이슬람교의 하지hajj[1] 같은 어휘를 배워야 한다. 이런 용어들을 영어로 번역할 때는 종종 약간의 오류가 생기기도 한다. 예를 들어 『신약

---

[1] 연례적인 메카 순례.

『성서』의 아가페agape는 보통 영어로 "사랑love"이라고 번역한다. 그런데 예를 들어 "사랑을 나누다make love"는 말에서 보듯이 현대 영어권에서는 사랑이라는 말에 성적인 의미도 들어 있다. 그러나 그리스어에는 이런 식의 표현이 없다. 또한 중국의 한문은 단음절로 되어 있으며 추상적이기보다는 일종의 구체성을 띠고 있다(이와 달리 영어에서는 "추상화abstraction", "모호성ambiguity", "다수성multiplicity" 등과 같이 추상적인 어미로 끝나는 긴 단어를 사용할 수 있으므로 추상성을 표현하기가 쉽다). 그래서 『도덕경』의 수많은 번역본들이나 간명한 한문 시가들은 이해하기 쉬운 말로 번역되는 것이 보통이다. 어떤 언어의 전반적인 구조와 어휘를 배우면 그 언어가 가진 힘을 어느 정도 알 수 있게 된다. 그뿐 아니라 언어들 일반에 대해 그리고 특히 우리 자신의 언어에 대해서도 많은 것을 배우게 된다.

구조화된 감정 이입을 사용하는 것 외에도 역사의 시간적 측면을 기억할 필요가 있다. 바울이 살던 세계와 석가모니가 살던 세계 그리고 마르크스가 살던 세계는 우리가 살고 있는 세계와 전혀 다르다. 과거의 로마 제국과 고대 인도, 또는 19세기 독일과 영국의 모습을 이해하기 위해서는 이를 느낄 수 있는 상상력이 필요하다. 따라서 우리가 하는 탐구에는 역사학의 방법도 사용되어야 한다. 이를 위해서는 다양한 책을 통해 종교사를 읽는 것이 유용하다.

『브리태니커 백과사전Encyclopedia Britannica』을 사용하는 것도 유용하다. 『브리태니커』는 전통 종교들에 관한 서술은 뛰어나지만, 각 나라들의 영성에 대한 서술은 형편없다. 엘리아데가 편집한 『종교 백과사전The Encyclopedia of Religion』도 있다. 이 책은 여러 종교들과 종교적 주제들을 전반적으로 탁월하게 조망하고 있다.

또한 상징에 대한 느낌을 계발하기 위해서는 주변 세상을 둘러보는 것이 중요하다. 미술관에 있는 아름다운 불상 앞에 앉거나 미술 서적에 실린 불화를 본다면, 그것이 전해 주는 무언가를 느낄 수 있을 것이다. 그러나 우리에게는 여전히 상상력이 필요하다는 사실을 유념해야 한다. 불상의 표현 기법들은 종종 별개의 언어로 이루어지기도 한다. 예를 들어 불상의 손 모양은 "두려워하지 말라"든가 "나는 지금 분석적인 가르침을 전하고 있다"든가 하는 다양한 메시지를 의미하는 손짓 언어이다. 또는 모스크나 교회에 들어가 본다면 거기서 공간이 어떻게 상징적으로 이용되고 있는지를 알게 될 것이다.

그러나 이런 것들은 겉으로 드러난 것들이다. 그렇다면 과연 우리가 내면적인 공간의 의미도 알 수 있을까? 예를 들어 감정이나 영성에 대해서는? 또 기도에 대해서는? 이 모든 사실들은 우리가 서술하고 있는 것을 우리가 직접 실천해 볼 필요가 있다는 것을 의미한다. 그렇다고 해서 어떤 종교로 개종을 해야 한다는 말은 아니다(물론 때로 그런 일이 발생할 수도 있기는 하다). 하지만 시간을 조금이라도 내서 가능한 한 그 종교를 실천해 보도록 해야 한다. 기도나 명상을 해보거나 낭송이나 찬송을 해보는 것도 도움이 된다. 물론 이를 행하다 보면 태도가 바뀔 수도 있다. 이런 일이 생긴다고 해서 놀랄 필요는 없지만 늘 명심해야 하는 것은 사건들을 서술하고 그 사건들을 서로 연관 지을 때는 반드시 과학적으로 해야 한다는 점이다. 한편 유대교의 기도서, 불교에 관한 소책자, 중세 기독교의 신비주의 문헌, 정교회의 예수 기도서, 이사야 셰베 추종자들이 부르는 찬송가집 같은 실용적인 종교 서적들도 매우 큰 도움이 될 수 있다.

아마 당신은 특정 종교를 지지하거나 거부하는 경향, 모든 종교를 거부하는 경향, 그리고 다른 종교를 거부하기 위해 특정 세계관을 지지하는 경향에 자꾸만 부딪치게 될지도 모른다. 그러나 앞서 말했듯이 당신은 어느 정도 열린 마음을 지녀야 하며, 탐구하는 과정에서 자신의 판단을 접어 둘 줄 아는 능력을 길러야 한다. 여기서 종교 철학을 공부하는 것은 큰 도움이 된다. 종교 철학을 통해 우리는 다양한 문화권에서 제기된 종교 관련 논쟁들을 접할 수 있을 뿐 아니라, 과학 철학에 대한 기본적인 통찰력을 얻을 수도 있다.

  끝으로 당신은 진짜 여행을 하거나 상상 여행을 해서 거기서 얻을 수 있는 최상의 것을 얻어 내고 또한 그 여행 자체를 즐겨야 한다. 종교를 이해하는 것은 그 자체로 중요할 뿐만 아니라 즐거운 일이기도 하다. 종교들, 좀더 일반적으로 세계관들은, 사상, 특이한 관습, 친숙한 주제, 따스한 감정, 이러저러한 위선, 다양한 사건으로 넘쳐 난다. 더 많이 배워야 한다. 나는 다만 여러분의 이해와 탐구에 자극을 준 것일 뿐이다. 계속 앞으로 나아가시기를!

더 읽을 만한 책들

종교학 일반에 대한 입문서로는 다음의 책들이 유용할 것이다.

Harris, Ian. et al. eds., *Contemporary Religions: A World Guide*, London: Longman, 1992.

Zaehner, R. C. ed., *The Concise Encyclopaedia of Living Faiths*, Boston: Beacon, 1969.

Smart, Ninian, *The Religious Experience*, 4th ed., New York: Macmillan, 1991.

Smart, Ninian, *The World's Religions*, 2nd ed., New York: Cambridge University Press, 1998.

『브리태니커 백과사전Encyclopedia Britannica』, 특히 1974년에 나온 Macropedia 편에 실린 종교와 철학 관련 항목들도 유용하다. 또한 엘리아데가 편집한 『종교 백과사전Encyclopedia of Religion』(총 16권, New York: Macmillan, 1986)도 도움이 된다.

종교학의 역사나 종교학 관련 주요 서적으로는 다음과 같은 것들이 있다.

Banton, Michael, ed., *Anthropological Approaches to the Study of Religion*, New York: Methuen, 1968.

Bultmann, Rudolf, *Jesus Christ and Mythology*, New York: Charles Scribner's Sons, 1958;『예수 그리스도와 신화론』, 유동식 옮김, 신암사, 1958.

Capps, Walter H., *Religious Studies: The Making of a Discipline*, Minneapolis: Fortress Press, 1995;『현대 종교학 담론』, 김종서 외 옮김, 까치, 1999.

Douglas, Mary, *Purity and Danger*, Boston: Routledge and Kegan Paul, 1978;『순수와 위험: 오염과 금기 개념의 분석』, 유제분·이훈상 옮김, 현대미학사, 1997.

Durkheim, Emile, *The Elementary Forms of the Religious Life*, Winchester, Mass.: Allen Unwin, 1976;『종교 생활의 원초적 형태』, 노치준·민혜숙 옮김, 민영사, 1992.

Edelman, Murry, *The Symbolic Uses of Politics, Champaign*: University of Illinois Press, 1967; 다음의 책도 도움이 될 것이다.『상징의 정치 시대: 정치 현상은 어떻게 구성되는가 Constructing the Political Spectacle』, 이성헌 옮김, 고려원, 1996.

Eliade, Mircea, *The Quest*, Chicago: University of Chicago Press, 1975;『종교의 의미: 물음과 답변』, 박규태 옮김, 서광사, 1990.

Evans-Pritchard, E., *Theories of Primitive Religion*, New York: Oxford University Press, 1968.

Freud, Sigmund, *The Future of an Illusion*, New York: Norton, 1976;「환상의 미래」,『문명 속의 불만』, 김석희 옮김, 열린책들, 1997.

Hick, John, *The Philosophy of Religion*, Englewood Cliffs, N. J.: Prentice Hall, 1973;『종교 철학 개론』, 황필호 역편, 종로서적, 1975.

James, William, *The Varieties of Religious Experience*, New York: Macmillian, 1961 ;『종교 경험의 다양성』, 김재영 옮김, 한길사, 2000.

Jung, C. G., *Symbols of Transformation*, 5 vols., Princeton, N. J.: Princeton University Press, 1976; 다음의 책도 도움이 될 것이다. 『인간과 상징Man and His Symbols』, 이윤기 옮김, 열린책들, 1996.

Katz, Steven T., *Mysticism and Philosophical Analysis*, New York: Oxford University Press, 1978.

Küng, Hans, *Does God Exist?* New York: Doubleday, 1980; 『신은 존재하는가』, 성염 옮김, 분도출판사, 1994.

Lévi-Strauss, Claude, *The Savage Mind*, Chicago: University of Chicago Press, 1966; 『야생의 사고』, 안정남 옮김, 한길사, 1996.

Ling, Trevor, *Karl Marx and Religion*, Totowa, N. J.: Barnes and Noble Books, 1980.

Mackenzie, W. J. M., *Political Identity*, New York: St. Martin's, 1978.

Macquarrie, John, *Twentieth Century Religious Thought*, rev. ed., New York: Charles Scribner's Sons, 1981.

Martin, David, *A General Theory of Secularization*, New York: Harper & Row, 1979.

Moore, Albert, *Introduction to Religious Iconography*, Philadelphia: Fortress, 1977.

Neville, Robert C., *Behind the Masks of God: An Essay Towards Comparative Theology*, Albany: State University of New York, 1991.

Otto, Rudolf, *The Idea of the Holy*, New York: Oxford University Press, 1958; 『성스러움의 의미』, 길희성 옮김, 분도출판사, 1987.

Sharpe, Eric J., *Comparative Religion: A History*, New York: Charles Scribner's Sons, 1975; 『종교학: 그 연구의 역사』, 윤이흠·윤원철 옮김, 한울, 1986.

Smart, Ninian, *Philosophers and Religious Truth*, New York: Macmillan, 1970.

Smart, Ninian, *The Concept of Worship*, London: Macmillan, 1973.

Smith, Wilfred Cantwell, *The Meaning and End of Religion*, New York: Harper & Row, 1978; 『종교의 의미와 목적』, 길희성 옮김, 분도출판사, 1991.

Stace, W. T., *Religion and the Modern Mind*, New York: Lippincott, 1960.

Turner, Victor, *The Ritual Process*, Ithaca, N. Y.: Cornell University Press, 1977.

van der Leeuw, Gerardus, *Religion in Essence and Manifestation*, Princeton: Princeton University Press, 1985; 이 책의 네덜란드어 판 축약본이 번역되어 있다. 『종교 현상학 입문Inleiding tot de Phänomenologie van den Godsdienst』, 손봉호·길희성 옮김, 분도출판사, 1995.

van Gennep, Arnold, *The Rites of Passage*, Chicago: University of Chicago Press, 1960; 『통과 의례』, 전경수 옮김, 을유문화사, 1992.

Waardenburg, Jacques, *Classical Approaches to the Study of Religion*, vols. 1 and 2, Hawthorne, N. Y.: Mouton, 1974.

Wach, Joachim, *The Comparative Study of Religions*, New York: Columbia University Press, 1958; 『비교 종교학』, 김종서 옮김, 민음사, 1988.

Weber, Max, *The Protestant Ethic and the Spirit of Capitalism*, New York: The Free Press, 1978; 『프로테스탄티즘의 윤리와 자본주의 정신』, 박성수 옮김, 문예출판사, 1990.

Whaling, Frank ed., *Contemporary Approaches to the Study of Religion*, vol. 1, Humanities, The Hague: Mouton, 1984.

Whaling, Frank ed., *Contemporary Approaches to the Study of Religion*, vol. 2, Social Sciences, The Hague: Mouton, 1984; 『현대 종교학과 사회 과학』, 이진구·이용범 옮김, 서광사, 1994.

Wilson, Bryan, *Magic and the Millennium*, Brooklyn Heights, N. Y.: Beekman Publishers, 1978.

Yinger, J. M., *The Scientific Study of Religion*, New York: Macmillian, 1961 ; 이 책 외에 다음의 책도 도움이 될 것이다. 『종교 사회학Sociology Looks at Religion』, 한완상 옮김, 대한기독교서회, 1987.

옮기고 나서

　종교학 입문서들은 대개 두 가지 작업을 함께 진행한다. 하나는 독자가 다양한 종교들의 세계를 접하고 이해하도록 돕는 일이고, 다른 하나는 독자에게 종교학이 무엇을 하는 학문인지를 설명하고 납득시키는 일이다. 종교는 하나가 아니다. 지구상에는 지역과 시대에 따라 모습을 달리하는 다양한 종교들이 존재해 왔으며 존재하고 있다. 또 종교들은 추상적인 관념이 아니라 사람들의 삶 속에 자리 잡고 있는 구체적인 믿음과 실천으로 이루어져 있다. 그리고 그 믿음과 실천은 종교마다 다르다. 종교를 이해한다는 것은 이 다양성을 이해하는 것이며, 바로 이것이 종교학 입문서가 해야 할 첫 번째 작업이다.
　하지만 이것만으로는 충분치 않다. 종교를 이해한다고 해도 과연 어떤 관점에서 이해할 것인지 하는 문제가 남아 있기 때문이다. 종교를 이해하는 관점은 천차만별이며 이들은 스펙트럼 위에 포진해 있다. 한쪽 끝에는 각 종교의 신자들이 있고 그 곁에는 신학자들과 교학자들이 있다. 신자들은 소박한 신앙의 관점에서 자신과 타인의 종교를 이해한다. 신학자들과 교학자들은 좀더 세련된 언어를 구사하지만 역시 신앙의 관점을 취한다. 반대쪽 끝에는 종교를 비합리적이고 쓸모없는 것이라고 보는 이들이 있고, 그 곁에는 심리적 요인이나 사회적 요인을 통해 종교를 이해하려는 사회 과학자들이 있다. 이들은 종교를 이해할 만한 가치가 없는 것으로 치부해 버리거나 또는 종교 외적 요인만으로도 종교가 충분히 설명될 수 있다고 생각한다. 윈스턴 킹Winston L. King은 이들을 각각 종교 안에within 머무는 관점과 종교 바깥에without 머무는 관점으로 대비한 바 있는데, 종교학의 관점은 이 두 극단을 피해 간다. 그것은 두 극단 사이에 또는 너머에 있다. 킹의 말을 빌자면 종교학은 "바깥에 있으면서 동시에 안에 있는detached-within" 제3의 관점을 취한다. 이런 관점에서 종교를 이해한다는 것이 어떤 것인지를 설명하고, 왜 이런 관점이 필요한지를 납득시키며, 종교를 이런 식으로 바라보았을 때 어떤 이해가 도출되는지를 보여 주는 것, 이것이 바로 종교학 입문서가 해야 할 두 번째 작업이다.

니니안 스마트의 『종교와 세계관Worldviews』은 입문서답게 이 두 가지 작업을 함께 진행한다. 그런데 그의 작업은 몇 가지 점에서 독특하다. 우선 그는 관심 영역을 전통 종교에 국한하지 않고 세속적 세계관에까지 확장시킨다. 그는 종교에 대해 별다른 정의를 내리지 않는다. 그는 종교에 대한 정의가 종교의 이해를 돕기보다는 방해한다고 보기 때문이다. 그는 자신의 관심 대상이 "종교"라는 범주에 포함되는 특정한 현상이 아니라, "세상을 움직이는 믿음과 감정의 힘을 지닌 모든 것"이라고 말한다. 그리고 그는 이를 "세계관"이라는 범주로 묶어 낸다. 여기에는 다양한 종교 전통은 물론 다양한 세속 이데올로기가 모두 포함된다. 하지만 스마트의 주된 관심은 어디까지나 종교이다. 그리고 세속 이데올로기에 대한 그의 관심 역시 종교에 대한 이해의 연장선상에 있다. 따라서 스마트는 자신이 전자에 비중을 두고 있음을 분명히 하기 위해 이 책 전반에서 "종교와 세계관"이라는 범주를 계속 사용한다. 이 번역본의 제목을 원제와 달리 『종교와 세계관』이라고 붙인 것은 스마트의 이런 의도를 살리기 위한 것이다.

두 번째로 스마트의 독특성은 그가 취하는 종교학적 태도에 있다. 그는 다른 종교학자들과 마찬가지로 현상학적 태도를 중시한다. 현상학적 태도는 "판단 중지"와 "감정 이입"을 기본으로 한다. 이 태도는 "바깥에 있으면서 동시에 안에 있는" 관점과 상통한다. 다시 말해 종교학자는 선입견을 버리고 자신이 이해하고자 하는 대상을 객관적으로 이해하고자 하면서, 동시에 그 대상 속으로 들어가고자 한다. 그런데 스마트는 여기서 "현상학"이라는 용어 대신 "구조화된 감정 이입"이라는 용어를 사용할 것을 제안한다. 종교학에서 말하는 현상학은 철학적 현상학과는 다르며, 다만 판단 중지와 감정 이입을 통해 이해하고자 하는 대상의 생각과 신념의 구조 속으로 들어가는 것을 의미할 뿐이기 때문이다. 이런 태도는 종교 현상학자만의 것이 아니라 종교를 이해하고자 하는 모든 사람이 취해야 하는 기본적인 태도이다. 더욱이 종교 현상학자는 결코 현상학적 태도에 대한 배타적 소유권을 주장한 적이 없다. 스마트는 종교 현상학 비판자들이 일반적인 현상학적 태도와 특정한 연구 경향으로서의 종교 현상학을 직결시킴으로써 종교학 자체가 정체성과 연구 방법의 혼란에 빠지게 되었던 그 미궁으로부터 종교학을 성공적으로 건져내고 있다. 결국 현상학적 태도는 종교학은 물론 모든 인문학이 추구하는 타자 이해의 기본적이며 핵심적인 태도이다.

스마트의 작업이 갖는 세 번째 독특성은 종교를 여섯 차원으로 나누어 살피는 데 있다. 그동안 많은 종교학자들이 종교의 다양한 내적 차원을 구분하려는 시도를 해왔다. 대표적인 예로 요아힘 바흐Joachim Wach가 종교를 신화, 의례, 공동체의 세 차원으로 구분한 것을 들 수 있다. 이 구분은 새로운 것은 아니다. 이미 20세기 초에 고전학자 제인 해리슨Jane Harrison은 종교를 신화, 경전, 교리 등의 언어적 차원legomena과 의례 및 여타 실천의 행위적 차원dromena으로 구분한 적이 있었다. 바흐는 여기에 사회적 차원을 부가하여 모두 세 가지 차원을 구분한 것이며, 이는 지금까지도 종교를 이해하는 모든 작업의 토대가 되고 있다. 하지만 이런 구분은 너무 단순해서 종교의 복잡성을 충분히 담아 내지 못하기도 한다. 그래서 많은 종교학자들이 나름의 새로운 구분을 제시해 왔다. 스마트의 경우는 이 세 차원 외에 다른 세 차원을 더하여 교리와 철학, 신화와 서사, 윤리와 율법, 의례와 실천, 경험과 감정, 사회와 조직 등의 여섯 차원으로 구분한다. 물론 이런 구분은 절대적인 것이 아니다. 그가 구분한 차원들은 서로 중첩되기도 하고 또 여기에 포함되지 않는 다른 차원들도 여전히 존재한다. 따라서 우리는 각자의 기준에 따라 얼마든지 나름대로 구분을 시도해 볼 수도 있다. 하지만 어쨌든 종교를 여섯 차원으로 구분해서 접근하는 스마트의 방법이 복잡한 종교의 세계를 구체적으로 들여다보는 유용한 통로가 되는 것만은 분명하다.

이 책은 어디까지나 입문서에 불과하다. 오늘날 세계 종교학계의 흐름은 지금껏 상상하지 못했던 새롭고 다양한 방향으로 펼쳐지고 있다. 그 흐름 중 하나는 20세기 후반에 주요 학문 방법으로 부각된 담론 분석을 활용하는 것이다. 그 결과 사람들이 종교에 대해 갖고 있던 통념이나 종교학자들이 당연하게 사용하던 범주들이 전면 재검토되기 시작했다. 예를 들어 "종교"라는 범주가 명확한 경계를 갖지 않으며 사실상 종교를 정의 내리는 것 자체가 불가능하다는 생각은 이미 상식이 되었다. 많은 종교학자들이 치밀한 담론 분석을 통해 서구 중심적인 종교 정의를 비판하고 종교를 정의 내리는 과정에 내재한 정치적 동기와 심층 메커니즘을 해부해 왔으며, 덕분에 종교학의 영역은 더욱더 넓어지게 되었다.

이러한 재검토는 "종교" 범주 외에 "신화"나 "의례" 같은 다른 범주에 대해서도 이루어지고 있다. 브루스 링컨Bruce Lincoln은 "신화"를 정의하려는 모든 시도를 거부한다. 그는 정의될 수 있는 실체로서의 "신화"가 존재하는 것이 아니라 "무엇이 신화인가"를 규정하는 담론 투쟁만이 있을 뿐이라고 지적하면서 이 과정에 내재한 권력의 은밀한 작용을 파헤친다. 탈랄 아사드 Talal Asad는 서구에서 형성된 "의례" 범주를 비서구 사회의 행위와 실천에 적용하는 것이 무리임을 지적하면서 "의례" 범주가 구성되는 제국주의적 동인을 해부한다. 캐서린 벨Catherine Bell은 "의례"를 명확한 행위 실체로 보는 통념을 거부하면서 "의례"가 있는 것이 아니라 다만 몸의 정치에 의해 특정한 실천이 "의례"로 규정되는 "의례화" 과정이 있을 뿐이라고 지적한다.

종교학의 다변화는 종교 현상학과 환원주의의 논쟁을 통해 더욱 가속화되었다. 종교 현상학자들을 비롯한 대개의 종교학자들은 사회 과학자들의 작업을 환원주의적이라고 비판하면서 종교를 종교 "그 자체로sui generis" 이해해야 한다고 주장해 왔다. 하지만 로버트 시갈Robert A. Segal은 환원주의에 대한 종교 현상학의 비판에 맞서 환원은 사실상 모든 학문의 기본 원리이며 오히려 정직한 환원주의가 학문적으로 더 바람직한 태도라고 주장한다. 그리하여 시갈을 중심으로 하는 사회 과학적 진영이 미르치아 엘리아데Mircea Eliade 이후 종교학의 주류를 점해 온 현상학적 진영에 맞서는 새로운 세력으로 등장하게 되었다. 같은 맥락에서 러셀 맥커천Russell T. McCutcheon은 "종교 자체"를 추구하는 현상학자들의 이상이 사실상 연구 대상을 비역사화하고 비정치화하며 신성화하려는 이데올로기적 욕망을 은폐하고 있을 뿐이라고 비판한다.

이에 대응하여 종교학계 일반과 종교 현상학 진영에서는 엘리아데를 새롭게 재평가하면서 환원주의자들의 반격에 맞서 왔다. 브라이언 레니Brian S. Rennie는 기독교 신학과 낭만적 몽상에 가깝다고 오해 받기도 하는 엘리아데의 작업을 새로운 맥락 안에 위치시킴으로써 그에 대한 전혀 새로운 평가를 도모하고 있다. 그리고 엘리아데의 비판적 계승자인 조나단 스미스Jonathan Z. Smith는 종교학이 추진해 온 비교 작업이 결국 선택과 배제와 판단의 권력 작용을 은폐하는 기만에 불과했음을 지적함으로써 종교학의 주요 방법이었던 비교 방법과 이에 기초한 종교학의 학문적 토대 자체를 송두리째 뒤흔들고 있으며, 이로써 종교학의 환골탈태를 촉발하고 있다.

이 밖에도 개별 종교 전통이나 종교 문화 일반 그리고 세속적 세계관과 실천에 대한 종교학적 연구의 최근 경향은 이루 헤아릴 수 없을 정도로 다양하다. 1960년대 이후 2세대 페미니즘과 동성애자 해방 운동이 출현하면서 종교학계에서도 종교와 사회의 역사와 현실에서 나타나는 가부장제와 남성 중심주의 그리고 이성애 중심주의를 파헤치는 새로운 연구들이 쏟아져 나오고 있다. 또 인공 지능, 생명 복제, 휴먼 게놈 프로젝트, 인터넷 같은 새로운 과학적 성과가 제기하는 윤리적·문화적 현안들에 대한 다각적인 논의가 이루어지고 있다. 또한 인간 문화의 주요 영역인 문학과 예술에 대한 종교학적 이해를 도모하려는 노력도 매우 오래전부터 이루어져 왔다.

옮긴이의 말을 쓰는 자리에서 본분을 넘어 이렇게 종교학의 최근 동향을 장황하게 늘어놓은 이유는 딱 한 가지다. 이 책을 읽는 독자들이 스마트의 평이하고 개괄적인 논의에 만족하지 않기를 바라는 마음 때문이다. 스마트는 종교학의 관심 영역이 종교라고 정의된 것의 울타리 안에 갇히지 않는다고 분명하게 지적하고 있으며, 위에서 보았듯이 실제로 많은 종교학자들이 이리저리 쳐진 울타리를 넘나들면서 흥미롭고 중요한 연구를 수행하고 있다. 그런데 입문서 차원에 그치고 있는 이 책은 세계 종교학계의 다양한 연구 경향을 소개하지 못하고 있다. 하지만 스마트가 책을 끝마치면서 말했듯이 이 책은 앞으로 더 나아가기 위한 하나의 자극제에 불과하다. 여기서 더 나아가는 것은 우리들 자신의 몫이며, 우리는 이제 겨우 그 입구에 서 있을 뿐이다.

하지만 국내 종교학계의 현실은 종교학을 하는 이들이나 일반 독자들이 그 입구에서 그다지 멀리 나아가지 못하게 하고 있다. 예를 들어 엘리아데의 저서가 다수 번역되기는 했지만, 그에 대해서는 감상적인 일반 독자들의 열광이나 그의 시대가 끝났다며 일축해 버리는 대다수 종교학자들의 무관심만 있을 뿐, 진지한 관심 속에서 그의 학문 세계를 면밀히 분석하거나 비판하는 종교학자는 극소수에 불과하다. 엘리아데가 종교학의 전부인 양 과대평가된다면 그것도 문제겠지만, 더 큰 문제는 엘리아데에 대한 온당한 평가 없이 시류에 따라 무작정 그를 백안시하는 천박한 학문 풍토 자체이다. (이 점에서 지난 8월 남아프리카 공화국에서 열린 세계종교학회에서 엘리아데에 대한 대대적인 재평가가 이루어진 것은 매우 고무적인 일이다.) 한편 조셉 캠벨Joseph Cambell의 대중화된 신화학이 마치 신화학과 종교학의 주류인 양 오해될 정도로 많이 소개되고 번역된 반면, 다른 종교학자들의 눈부신 연구 성과들은 전혀 소개되지 않고 있다는 점 역시 우리가 종교학의 입구에서 앞으로 더 나아가지 못하도록 막는 장애가 되고 있다.

물론 이것이 종교학을 하는 이들의 잘못은 아니다. 국내에서 종교학을 하는 이들은 예나 지금이나 힘겨운 작업을 하고 있다. 미국의 모든 주립 대학과 유럽이나 일본의 주요 대학에는 대개 종교학과가 설치되어 있는 반면, 국내에서는 국립 대학에 종교학과가 단 한 군데밖에 없고 종교계 사립 학교에 서너 군데의 종교학과가 있는 것이 고작이다. 하지만 문제는 종교학과가 적고 종교학을 하는 이가 적다는 데 있지 않다. 문제는 종교를 제대로 이해하려는 관심과 시각이 우리 사회에 충분히 자리 잡고 있지 못하다는 데 있다. 우리의 현실에는 다양한 종교가 공존하고 있고 우리 모두가 이 현실 속에 깊이 연루되어 있음에도 불구하고, 종교에 대한 맹목적인 옹호나 근거 없는 비난이 아닌 진정한 이해와 건전한 비판은 찾아보기가 힘들다. 하지만 이러한 이해와 비판은 종교를 제대로 이해함으로써 종교의 원천이면서 종교의 영향을 받기도 하는 사회와 문화를, 그리고 우리 자신을 이해하는 데서 절대적으로 요청되는 작업이다. 그리고 이는 종교학을 하는 학생이나 학자뿐 아니라 모든 종교인은 물론 종교에 관심이 있거나 없는 모든 사람이 함께 공유해야 하는 작업이다. 스마트가 의도하는 것은 바로 이러한 작업의 필요성을 보여 주고 그 작업의 출발점과 방향을 제공하는 데 있으며, 실제로 그는 이 짧은 입문서에서 그 목적을 효과적으로 성취하고 있다.

1983년에 나온 이 책의 초판은 이미 국내에서 『현대 종교학』(강돈구 옮김, 청년사, 1986)이라는 제목으로 번역된 바 있다. 그런데 이 번역본은 이미 오래전에 절판되었고, 이 책은 시대 상황의 변화에 맞추어 내용을 대폭 고쳐 쓴 재판(1995)과 제3판(1999)으로 계속 간행되었다. 더욱이 국내에

쓸 만한 종교학 입문서가 그리 많지 않은 상황에서 이 책의 필요성이 계속 제기되어 왔다. 그래서 이번에 본 역자가 새로 번역을 맡아 이 책을 내게 되었다. 하지만 강돈구 선배가 옮긴 초판 번역본이 없었다면 새 번역 작업은 훨씬 힘들어졌을 것이다. 거기에는 종교학이 아직 제대로 정착하지 못하고 있던 시절에 낯선 용어와 개념을 정확히 옮기기 위해 고심해야 했던 젊은 종교학도의 땀이 배어 있다. 그 땀의 흔적이 길잡이가 되어 준 덕분에 본 역자는 그만큼 덜 헤맬 수 있었다. 하지만 아무리 초판과 제3판에 적지 않은 차이가 있다 해도 어쨌든 둘은 같은 책이고, 같은 책을 십여 년 만에 다시 번역하게 된 후학으로서 정말 몸둘 바를 모르겠다.

다른 누구보다도 한국종교연구회의 윤용복 선배에게 감사를 드린다. 애초에 선배와 본 역자는 함께 이 책을 번역할 계획이었다. 그런데 작업을 진행하던 도중에 선배가 여러 가지 사정으로 번역에서 손을 떼고 본 역자 혼자서 번역을 마치게 되었다. 하지만 이 번역본 구석구석에는 선배의 손길이 미치지 않은 곳이 없으며, 사실 이 책은 우리 두 사람의 공역이나 마찬가지이다. 서울대학교 종교학과 대학원의 윤대영 동학에게도 감사를 드린다. 그는 번역 원고를 원문과 일일이 대조하면서 치명적인 오역을 바로잡고 어색한 문장을 가다듬어 주었다. 본 역자를 도와주느라 몇 날 밤을 새워 가며 고생한 그에게 어떻게 고마움을 표해야 할지 고민이다. 끝으로 도서출판 이학사의 여러분들, 특히 엉성한 원고를 다듬고 또 다듬어 제대로 된 책으로 만들어 준 오영나 주간과 어려운 인문학 출판계의 실정에도 불구하고 기꺼이 먼저 이 책의 번역을 추진하고 출판해 준 강동권 사장께도 감사를 드린다.

2000년 가을에
김 윤 성

찾아보기

〔ㄱ〕

가언 명령 176
가이아 18
가족 유사성 21
가톨릭
　남아메리카의 - 70
　미국의 - 209
　이탈리아의 - 43~50, 55
간디, 마하트마 53, 72
감정 이입 21~22, 35, 95, 239~240, 247
　구조화된 - 34, 43, 51, 53~54, 58, 247
　~248
개신교
　-와 자본주의의 관계 41~42
갠지스 강 44, 151, 211

거듭남의 경험 106, 193
거석 유적 68
게이 해방 전선 197
게이-레즈비언 연구 236
계몽주의 65, 95
고대 근동 32, 121, 126
고백성사 47, 213
공空 88~89, 98, 101, 140, 149~152, 158, 199
공리주의 163~164, 179, 181, 244
공산주의 63, 222
　-에 대한 향수 238
　구 소련의 - 8, 11, 63, 65, 75, 222~226, 230, 238
　동유럽의 - 8, 11, 65~66, 75~76, 215, 222, 226

중국의 - 210
공자 41, 68, 163
과달루페 44
관음 보살 175
괄호치기 → "에포케" 항목 참조
교리
　　-와 진리 153~161
　　-의 기능 138~149
교황 요한 23세 53
교황 요한 바오로 2세 22
교회법 28
구조주의 202
그레함, 빌리 22~23
그루지야 65, 75
근본주의 67, 236~238
　　-자 131~132, 232, 237
기독교
　　- 선교 16, 36
　　- 신학 59~62
　　-와 휴머니즘의 관계 80~82
　　-의 다양성 38~39
　　-의 세계관 20
　　-의 우주론 83~84
　　-의 윤리 172~175
　　인도의 - 67
　　현대 서구의 - 63, 65~66

『기타Gita』→『주의 노래』항목 참조
깨달음의 나무菩提樹 97
꿈의 시간 73, 124~125

〔ㄴ〕

나가르주나 27
나낙 29
나치즘 35, 65, 75, 111, 222, 225, 238
남아메리카 18, 69, 78, 86, 228
남아시아 64, 67~68
냉전 69, 222, 226
노자 68, 163
『도덕경』 248
녹스, 로날드 37
누미노제 경험 47, 50, 94~111, 148, 62,
　　169, 172, 181, 193, 199
뉴델리 56
뉴 에이지 229, 233
뉴턴, 아이작 232

〔ㄷ〕

다르마 136, 166

다르샤나 141
다문화주의 18
다바모니, 마리아수사이 39
다신교 32, 84~85, 89
　-의 우주론 84~85
다원주의 37, 65~66, 180
다윈, 찰스 31, 108
달라이 라마 22, 67
대만 69, 227
데카르트, 르네 154
도道 89, 136, 158, 230
도교 68~69, 89, 158
　-의 우주론 89
도덕 162~164
　-의 본질 176~179
도상학 121
도스토예프스키, 표도르
　『카라마조프가의 형제들』 52, 247
동굴 벽화 78, 200
동남아시아 64, 67~68
동아시아 67~68
동일성 진술 98
동성애 197, 234~236
뒤르켐, 에밀 203~204
드 샤르댕, 테이야르 135
디아스포라 228~229

〔ㄹ〕

라마 163, 237
라비아 235
라스 타파리 72
　-교 72
라오스 63~64, 67, 69
라틴아메리카 69~70
레닌 47
레비-브륄, 뤼시앙 192
렌스키, 제라드 212
로마 22, 27, 44, 50, 56, 78, 85, 94, 114,
　130, 138~140, 173, 219, 248
루터, 마르틴 59, 106, 109~111, 173~
　174, 205, 211, 213
루터교 214

〔ㅁ〕

마나mana 73
마니교 78
마더 테레사 174
마르크스, 칼 33, 100, 118~119, 157,
　205, 212, 239, 248
마르크스주의 7, 8, 15, 18, 20~21, 33,

36, 42, 53, 63, 68~70, 77, 79~81,
90, 121, 135, 137, 143, 164, 212, 214,
222, 225, 233, 244
마야maya 87
마오쩌둥 20, 47, 69, 210, 215
 -주의 20, 42
마케도니아 65, 224
만유재일적 경험 100, 148
말레이시아 66, 69, 86, 223, 228
맹자 239
메루 산 128
메이지 유신 68
메카 44, 56, 66, 189~190
멜라네시아 72, 217
명예 혁명 214
모스, 마르셀 191
모스크바 47
목적론적 논증 158
몰도바 65, 66, 75, 224
모르몬교 24, 39, 129, 217, 228
 『모르몬경』 129
무굴 제국 56, 66
무솔리니, 베니토 27
무슬림 형제단 236~237
무신론 32, 46, 82, 90, 207~208, 214
무함마드 27~28, 66, 92, 94, 129, 159,

163, 169~171, 190
문선명 220
문화 혁명 47
밀러, 막스 33, 38
미국종교학회 15
미사 28, 45~46, 49, 55, 121, 149, 173~
174, 184~185, 191, 195, 245~246
미얀마 64, 67~68, 223
미크로네시아 73
민간 신앙 69, 88
민속 종교 86
민족주의 7, 27, 52, 68~69, 73~80,
116, 181, 205, 212, 222~225
 -의 흥기 73~77
민주주의 65, 81, 163, 209, 215, 222~
223, 226~227
밀, 존 스튜어트 163

〔ㅂ〕

『바가바드기타』 92
바라나시 44, 56
바라티야 자나타 당 237
바르트, 칼 59
바울 29, 41, 44, 61, 92, 94, 118, 248

바하이교 67
박티 20, 41
반 게넵, 아놀드 195
반 데어 레우, 게라르두스 39
반유대주의 111
(방법론적) 불가지론 208
버거, 피터
　『성스러운 천개』 207
버마 → "미얀마" 항목 참조
『법화경』 129
『베다』 129, 154, 158~159, 230, 241
베드로 44
베버, 막스 41~42, 118, 205~206, 210, 218
베트남 63~64, 68~69, 220, 224
벨라, 로버트 195
벨로루시 65, 75
보드가야 97
보살 149, 151~152, 175
보스니아 18, 76, 225, 228
복음서 117, 130, 133
복음주의 154, 220, 236~237
봉건 사회 33
부두교 72
부버, 마르틴 133, 164
　『나와 당신』 164

부처 28, 88, 129, 151, 175, 231
북한 8, 63, 69, 240
불교
　-의 교리 137, 149~153
　-의 우주론 88
　-의 철학적 측면 27
　-의 윤리 167~168, 175
　대승 - 104, 129, 149~152, 175
　상좌부 - 67, 149~150, 167~168, 245
　선 - 89, 200, 206, 211
　소승 - 149~151
　중국의 - 68
　티베트 - 18, 67
불트만, 루돌프 132~134, 137, 156
붉은 여단 219
브라흐마 98
브라흐만 98~99
비교 종교학 17, 37~38, 40
비교 종교 윤리학 164~176
비덴그렌, 게오 39
비슈누 27, 40, 99, 106, 237
비신화화 132
비어 있음 → "공" 항목 참조
비트겐슈타인, 루드비히 21, 156
빅뱅 88, 155
빙겐의 힐데가르드 235

〔ㅅ〕

「사도신경」 125, 143
사르트르, 장-폴 81
사리 194
사이언톨로지 220
사해 문서 52, 118
사회 이론 203~207
사회주의 70, 81, 121, 164, 212~213, 222, 226
사회학 18, 20, 23~24, 33, 41, 43, 51, 54, 118, 207, 218
　-과 인류학 23, 51
산테리아 운동 72
삼위일체 49, 137~138
상대성 이론 231
상징 16, 32, 38, 43, 48, 55~58, 61, 109, 113, 120, 124~126, 128, 136, 139, 143, 160~161, 190, 193, 198, 207, 221, 248
　- 분석 57~58, 61
　심층 - 124~125
생태학 232~233
샤리아 28, 166
샤머니즘 100~101, 125, 231
샤먼 100

샤먼 경험 100
서구 세계 63, 65~66
석가모니 27~29, 89, 97~98, 125, 140, 149~152, 159, 163, 171, 176, 194, 211, 230, 239, 248
성모 마리아 44, 48~49
성사聖事 174
성서
　-에 대한 역사적 연구 117~118
　-의 문자적 진리성 33
　『구약 -』(히브리 -) 27, 139
　『신약 -』(기독교 -) 27, 56, 61, 130 ~131, 210, 247
성체성사 47, 121, 149, 184
세계관 분석 7, 16, 18~19, 25, 35~36, 53~54, 57, 61, 112, 239, 244~245
세계관
　-들의 충돌(갈등) 52
　과거의 유산 77~79
　세속적 - 181~182
세계종교학회 40
세례 38, 193, 195, 198
세속 국가 67, 213~216, 225
세속 의례 194~195
세속화 79, 202, 212~216
셰베, 이사야 72, 249

찾아보기 269

소련
　-의 붕괴　8, 11, 63, 65, 75, 222~224, 226, 237
소크라테스　41, 138
수니파　66
수피즘　67, 103, 169
수행 발화　122, 197
순수 의식　87, 96~98, 101~102, 162, 171, 200
술라웨시족　126
스리랑카　15, 35, 38, 64, 67, 165, 194, 218, 223~224, 246
스마트, 니니안
　『숭배의 개념』191
　『이성과 신앙』156
　『종교 경험』25
스톤 헨지　78
시민 종교　195
시바　27, 40, 99
시아파　66
시온교　72
시온 산　128
시카고 학파　40
식민주의　68, 72
신도神道　22, 68, 206
신비 경험　22, 96~105, 152, 156, 162, 181

신비적 참여　192~194, 198
신비주의　39, 66, 99, 101~103, 105, 169, 199~200, 207, 249
신의 편재성　146, 149
신종교　68, 71~72, 77, 129, 209, 211, 216~218, 221, 230, 243
신플라톤주의　77
신학　59~62
　-과 종교 철학　59~62
　계시 -　154
　부정의 -　102
　자연 -　154
신할리즈족　67
신화
　-의 힘　119~129
　-의 해석　130~136
실존주의　81, 244
심층 심리학　54, 109, 112~113
십계명　28, 172
십자고상　48
십자군 전쟁　173

[ㅇ]

아가페　173, 175, 248

아담 88, 120, 173, 187, 190, 193, 198
아드바이타 베단타 87, 104, 137
아마테라스 오오미카미 22
아르메니아 63, 65~66, 75, 224
아르주나 92, 94, 106
아리스토텔레스 139, 142
아메리카 원주민 23, 229~230, 233
아브라함 166
아빌라의 성 테레사 53
아우구스티누스 59, 78
아일랜드 18, 35, 74, 225
아퀴나스, 토마스 26, 50, 59, 154
아트만 98
아프가니스탄 170, 237
아프리카
   검은 -의 세계관 71~72
   광범위한 - 70~72
   불어권 - 71
악의 문제 147
안셀무스 154
알라 27, 66, 92, 103~104, 169~171, 190
알비파 운동 78
알-할라즈 103~104
애니미즘 32, 84, 89
   환경주의 - 85~86

야훼 101, 139, 188, 204
양자 역학 231
업karma 167~168, 171, 178, 199, 211, 247
에덴 동산 115, 120, 190
에이어, A. J. 157
에포케epoche 16, 21~22, 45
엘리아데, 미르치아 40, 100, 124~126, 128, 134, 191, 239, 248
『원시 종교에서 선까지』 126
여성학 235
여신 18, 27, 40, 84, 99, 235
여여如如 152
역사의 힘 115~118
연방주의 238~243
열반nirvana 81, 88, 108, 112, 136, 149~151, 167~168, 175, 194, 230
영성체 → "성체성사" 항목 참조
영지주의 77~78
예레미야 101
예루살렘 44, 56, 139, 217
예수 그리스도 26~28, 36, 38, 44, 46~50, 57~58, 61, 82, 92, 106~107, 114~115, 120, 124, 133, 135, 138, 145~146, 159, 163, 172~174, 181, 184, 191, 193, 230, 239

오계 167

오순절 성령 운동 237

오스만 제국 223

오스트레일리아 원주민 32, 73, 85, 124

오스틴, J. L. 122

오토, 루돌프 46, 94~96, 105

　『거룩함의 의미』 94

올림포스 산 128

왓츠, 앨런 207

「요한복음」 124, 145~146

욥 92, 94

우상 숭배 36, 49, 161, 237

우주론적 논증 155~157

우크라이나 65, 75, 224

『우파니샤드』 98~99, 103

움반다 운동 72

『원리강론』 129

원죄 154

원형Archetype 124

원형Prototype 124

유교 21, 42, 68~69, 86, 163, 206, 220, 238

유니테리언파 26

유대교 15, 17, 20, 24, 26, 29, 31~32, 36~38, 44, 59, 61, 67, 78~79, 81, 83, 107, 129, 133, 138, 145~146, 152, 164, 166, 172~173, 188, 201, 204, 211, 214, 217, 236, 249

　개혁 - 234

　-의 우주론 83~84

유물론

　마르크스주의 - 33~34, 90

　철학적 - 90

유신론 83~84, 89, 101, 103, 238

유일신교 32, 138, 149, 166, 232, 235

　-의 우주론 83~84

유추 153

유형론 39, 55

윤리학 62, 95, 163

윤회 79, 88, 150~151, 167~168, 178

율법 26, 28, 82, 146, 172

융, 칼 구스타프 53, 109, 120, 124, 128, 134

이념형 218

이단 77~78, 143

이란 혁명 76, 236

이브 120, 173, 187, 190

이사야 92, 94

이스탄불 56

이슬라마바드 56

이슬람교

　- 근본주의 67, 237

-와 힌두교의 충돌 18
　　-의 우주론 83~84
　　-의 윤리 169~171
이슬람 세계 63, 66~67
인도 15, 22~23, 31, 39, 41, 44, 52, 62,
　　63, 66~67, 78, 86~87, 89, 92, 97,
　　100, 104, 115, 126, 128, 139, 141, 153,
　　157, 162, 171, 198, 206, 214, 220, 223,
　　225, 228~229, 237, 246, 248
인류학 16, 18, 20, 23~24, 32, 43, 45,
　　51, 108, 189, 192, 205
　　-과 사회학 23, 24
일본 22, 42, 64, 68~69, 75, 89, 100,
　　175, 206, 223, 228

〔ㅈ〕

자본주의 33
　　-의 발전 226~227
　　-와 개신교 윤리의 관계 41~42
　　-와 종교의 관계 227
　　다국적 - 227
자유주의 65, 214, 223, 231~234, 236,
　　238, 241
　　-자 132

『장로계』 53
재너, R. C. 99~101
전적 타자 94, 97, 99~106, 109, 149,
　　199
전체주의 109, 222~226
전통주의 210, 215
정교회 15, 49, 59, 86, 124, 174, 212~
　　213, 249
　　러시아의 - 15, 52, 247
"정당한" 전쟁 173
정언 명령 176~177
정통과 이단 143
제우스 22, 85
제2차 바티칸 공의회 70, 246
제임스, 윌리엄
『종교 경험의 다양성』 53
조로아스터교 67, 213, 228
존재론적 논증 154
종교
　　-에 대한 사회 과학적 연구 207~
　　212
　　-와 과학 91, 156, 216, 231~232
　　-와 세속 국가 212~221
　　-와 주술 189, 216~217
　　-의 교리적·철학적 차원 26~27,
　　137~161

-의 신화적·서사적 차원 27~28, 114~136

-의 윤리적·율법적 차원 28, 162~182

-의 의례적·실천적 차원 28~29, 183~201

-의 경험적·감정적 차원 29, 92~113

-의 사회적·조직적 차원 29, 202~221

- 조직의 유형(교회·교파·종파·컬트) 218~220

계시 - 37

종교 개혁 17, 42, 50, 193, 205, 210, 213

종교사학 18, 33, 37, 40

종교 사회학 51, 209, 216, 218, 221

종교 심리학 54

종교 언어와 과학 언어 156

종교 인류학 51

종교 철학 24, 60~62, 142, 156, 159, 249

종교학

    공시적 연구 50~51

    교차 문화적 연구 22, 40~42, 57~58

    다학문적 연구 19~20, 22, 43

    비교 - 17, 37~38, 40

    주제별 비교 39, 43

    통시적 연구 50~51

종교 현상 39~40, 51

종교 현상학 8

주술 189, 216~217

『주의 노래』 92, 106, 127

줄루족 72, 220

중국 18, 31, 41, 52, 68~69, 100, 210, 228

중동 15, 78

지고신 22, 85, 89, 127, 129, 230

지하드jihad 166, 170~171, 237

진화론 17, 31~32, 232

[ㅊ]

참여 관찰 45~46, 245

「창세기」 32, 38, 59, 88, 126, 173

창조 신화 126

천년왕국 216

체코 공화국 65, 75, 223

초월 명상 219

최후의 만찬 55, 121

최후의 심판 123, 168

출애굽 125

[ㅋ]

카리브해 지역 64, 70
카리스마 210, 220~221
카스트 제도 166, 206
칸트, 임마누엘 95, 141, 154, 176~179, 201
칼리 40, 99
칼뱅, 장 24, 42
칼뱅주의 24, 205
캔터베리 56
콘스탄티누스 50
콤포스텔라 44
쾌락주의 50
쾨스틀러, 아르투어
　『칠흑 같은 한낮』 50
쾰른 56
『쿠란』 81, 92, 129, 158~159, 231, 237, 241
쿠바 8, 29, 63, 72
퀘이커교 26, 166, 191
크로아티아 65, 76, 225
크리슈나 40, 139, 163, 237
크리스천 사이언스 219
크메르 루주 68
키에르케고르, 죄렌 81

킴방구교 72

[ㅌ]

타밀족 68
탈리반 237
태국 38, 58, 65, 67, 218, 223
태평양 지역 64, 72~73
테르툴리아누스 139
토라 166
토인비, 아놀드 118
토테미즘 107~108
토템 73, 107
통과 의례 22, 185, 195~201
통일교 129, 211, 220
투사 이론 33, 106, 203
트뢸치, 에른스트 218
티베트 18, 64, 67, 224, 228
티아마트 126

[ㅍ]

파르시 67
파시즘 27, 65, 223

파쿠하, J. N. 36
『힌두교의 왕관』 36
파키스탄 56, 66, 214, 223, 225
판단 중지 → "에포케" 항목 참조
팔정도 87, 166~167
페미니즘 234~236
포세이돈 186
포스터, E. M.
　『인도로 가는 길』 52, 246
폭력 181, 201
폴리네시아 72~73
프랑스 혁명 73, 116, 214
프로이트, 지그문트 33, 53, 106~110
　『토템과 타부』 106~107
프롬, 에리히 109~111
플라톤 77, 138~139

〔ㅎ〕

하느님　26~28, 80, 83, 92, 124, 129,
　　131, 134, 137~138, 146, 188, 193,
　　232~233
『하디스』 27
하레 크리슈나 220
하이데거, 마르틴 81

하지hajj 247
한국 64, 68, 224
해석학 131~132
허블, 에드윈 231
헉슬리, 올더스
　『영원의 철학』 105
헤겔, 게오르그 118
헤르메스 131
헤버 36
헤이스팅스, 제임스
　『종교와 윤리 백과사전』 165
현대 서구의 세계관 63, 65~66
현상학 19, 21~22, 34, 39
　-적 방법 16, 34
형태론 22, 40
호메이니, 아야톨라 236
화물숭배 73, 216~217
환경주의 232~233
　- 애니미즘 85~86
훗설, 에드문트 73
휴머니즘　7, 15, 65, 79~82, 108~110,
　　112, 164, 181, 233~234, 238
　과학적 - 80~81, 164, 233~234, 238
　세속적 - 79~82
　초월적 - 181
희생 제의 39, 162, 185~195

힌두교
  -와 불교 38
  -와 이슬람교의 충돌 18
  -의 우주론 87
히틀러, 아돌프 35, 223